Malcolm Godwin **DER HEILIGE GRAL**

DER HEILIGE GRAL

Ursprung, Geheimnis und Deutung einer Legende

MALCOLM GODWIN

BECHTERMÜNZ VERLAG

Ins Deutsche übertragen von Helmut Gerstberger und Ursula Wulfekamp

Genehmigte Lizenzausgabe für
Bechtermünz Verlag im
Weltbild Verlag GmbH, Augsburg 1996

Titel der englischen Originalausgabe: The Holy Grail

Umschlagmotiv: AKG, Berlin
Umschlaggestaltung: Claus Danner, Augsburg
Gesamtherstellung: Milanostampa
Printed in Italy
ISBN 3-86047-247-X

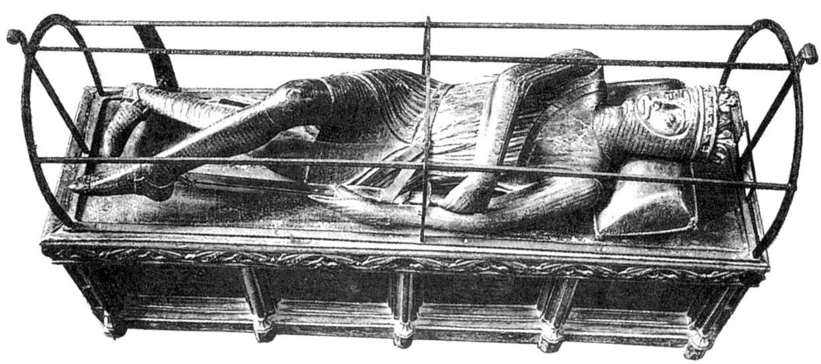

INHALT

EINFÜHRUNG 6

ERSTER TEIL

DER TRIADISCHE BAUM 14

Der keltische Zweig 16

Der christliche Zweig 80

Der chymische Zweig 136

ZWEITER TEIL

EIN MYTHOS FÜR UNSERE ZEIT 182

KAPITEL EINS
Eine lebende Legende 184

KAPITEL ZWEI
Der Verlust des Weiblichen 196

KAPITEL DREI
Das wüste Land 214

KAPITEL VIER
Der verwundete König 228

KAPITEL FÜNF
Die Heilung 241

Einführung

Mehr als jeder andere abendländische Mythos hat die Legende vom Gral die kraftvolle Magie bewahrt, die noch heute die Phantasie und den Geist beflügelt. Kein anderer Mythos ist so reich in seiner Symbolik, so mannigfaltig und oft widersprüchlich in seiner Bedeutung. Und in seinem Kern verbirgt sich ein Geheimnis, das die mystische Anziehungskraft des Grals über neun Jahrhunderte hinweg lebendig erhalten hat, während andere Mythen und Legenden längst verblaßt und in Vergessenheit geraten sind. Es ist beinahe, als werde in unserem kollektiven Unbewußten ein alchemistischer Prozeß in Gang gesetzt, der diese oft verworrene und schemenhafte Geschichte in ein archetypisches Traumbild von der Suche nach »den letzten Dingen« verwandelt.

Gibt es irgendwelche Beweise oder Anhaltspunkte dafür, daß ein Gral existiert hat? Oder ist die Legende nichts weiter als die ergötzliche literarische Hinterlassenschaft von Troubadouren und *conteurs*, die damit die höfische Gesellschaft Europas unterhielten, während diese nach dem übermäßigen Genuß von gefülltem Auerochsen oder gebratenem Wildschwein langsam eindöste? Auf unserer Suche nach den Antworten all dieser Mysterien müssen wir uns in eine mythische Welt begeben, deren Komplexität und Schönheit endlos scheinen. Irgendwo zwischen den Fäden dieses schillernden Gewebes der mittelalterlichen Geschichte ist eine Botschaft versteckt, die auch heute noch genauso aktuell und lebendig ist wie vor achthundert Jahren.

Die Legende vom Heiligen Gral erschien zum ersten Mal in schriftlicher Form am Ende des 12. Jahrhunderts. Sie wurde von einem begabten Dichter namens Chrétien de Troyes niedergeschrieben. Über das Leben Chrétiens wissen wir so gut wie nichts, abgesehen von dem, was wir aus seinen eigenen Werken erfahren. Gewiß ist, daß seine Werke zu jener Zeit die große Popularität von Artuslegenden ausgelöst haben. Ohne Chrétien de Troyes hätte die Gralssage vielleicht nie Eingang in die Kultur und Vorstellungswelt des Abendlands gefunden.

Zu Chrétiens Zeiten war der literarische Versroman ein neues Phänomen, das seine Stoffe aus mündlichen Überlieferungen bezog, die in den von Kelten bewohnten Landstrichen seit Jahrhunderten ein wichtiger Bestandteil des sozialen Lebens waren.

Für die Kelten war der Barde schon seit alters her der wichtigste Bewahrer ihrer Stammesgeschichte. Er war die Autorität in bezug auf ihre Genealogie, er besang ihre und ihrer Väter Taten, ihr Festhalten am Königtum, an sozialer Gerechtigkeit und Ordnung. Der Barde war der Verfasser und Bewahrer der kollektiven Erinnerung und des Mythos. Ohne einen Barden lief der Stamm Gefahr, seine Wurzeln und seine Identität zu verlieren.

Die neuen *conteurs*, die mit ihren Liedern und Geschichten durch Europa zogen, sangen nicht mehr von den heroischen Taten einzelner Geschlechter, ihre Themen waren nun die alten Überlieferungen vieler Stämme, die sie zu Legenden verwoben, mit denen sich ein König, ein Hof oder ein Kloster identifizieren konnte. Sie waren die neuen literarisch inspirierten Barden, die einen kollektiven Traum in Verse faßten, der in ganz Europa Anklang fand.

Man sagt, daß ein Mensch, der keine Träume hat und unfähig ist, seine Ängste, Befürchtungen und Sehnsüchte in verständlichen und sinnvollen Bildern auszudrücken, krank wird. Eine Gesellschaft, der die Fähigkeit abhanden gekommen ist, den kollektiven Traum oder Mythos aufzunehmen und darauf zu reagieren, ist ebenfalls nicht in der Lage, sich selbst zu heilen. Und das Europa des 12. Jahrhunderts war krank. Die von Männern dominierte Kirche von Rom hatte alle regionalen Mythen in ihrem eigenen System unterworfen.

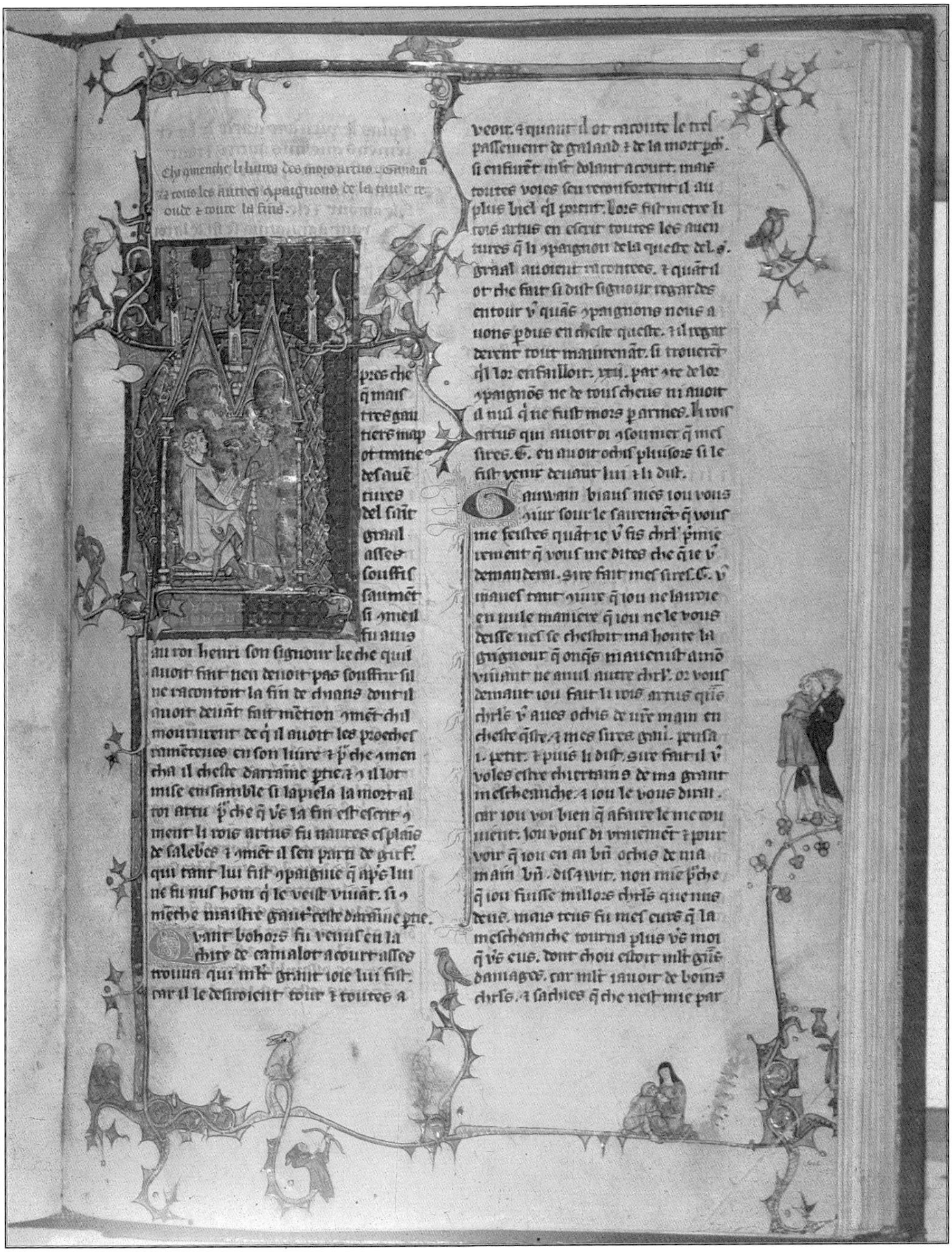

Walter Map, *Dichter des späten 12. Jahrhunderts, schreibt die Gralssuche nach König Artus' Diktat.*

Deshalb ist die Entstehung und Verbreitung der Gralslegenden in dieser Epoche gewiß kein Zufall. Vor dem Ausklang des 10. Jahrhunderts war das gesamte christliche Abendland von einer Welle der Hysterie erfaßt worden, die sich zwischen den Extremen von Untergangsprophezeiungen und religiöser Verzückung bewegte. Mit dem Jahr 1000 erwartete man das Ende der Welt und die Ankunft des lange ersehnten Reichs Gottes. Doch anstatt im versprochenen Paradies auf Erden fanden sich die Menschen in einer kargen und hoffnungslosen inneren und äußeren Wüstenei wieder. Jerusalem, die Heilige Stadt, war zwar erobert worden, aber der Kreuzfahrerstaat hatte nicht lange Bestand, und Jerusalem fiel wieder an die »Ungläubigen«. Die christlichen Heere waren auf die Dauer den Heerscharen des Islam nicht gewachsen; die so faszinierende und hochentwickelte Kultur des Orients schien der eigenen überlegen. Es war kein Geheimnis, daß die Repräsentanten des christlichen Gottes in Rom untereinander zerstritten und völlig von der weltlichen Macht korrumpiert waren, und selbst der Papst bezeichnete seine Priester als »Schweine in einem Pfuhl«.

Das Abendland war in eine tiefe Krise geraten und durchlebte seine dunkle Nacht der Seele. Und doch war diese Epoche auch die hohe Zeit ritterlicher Ideale, durchdrungen von dem Streben nach geistiger und spiritueller Vervollkommnung. Es war eine Zeit der Unruhen und Umwälzungen, eine Zeit des Aufbruchs und der Unterdrückung, des Glaubens und der Häresie. Die romantischen Erzählungen vom Gral befriedigten ein Verlangen nach einem Mythos, mit dem sich das im Wandel begriffene Europa identifizieren konnte. Europa schickte sich an, einen radikalen geistigen Schritt zu tun, und allenthalben war die erregende Brise der Veränderung zu spüren.

Die Suche nach dem Paradies

Das Aufeinanderprallen der christlichen und der islamischen Kultur während der frühen Kreuzzüge – unter Führung der christlichen Fürsten des Abendlandes auf der einen Seite und der islamischen Kalifen des Orients auf der anderen – bewirkte eine gegenseitige geistige und kulturelle Befruchtung, wie sie vor diesem Jahrhundert noch nie erreicht worden war. Oft waren es dieselben Kreuzritter, die die Festungen der Sarazenen erstürmt hatten, die nun begannen, die Kultur und Lebensart des Orients, die der ihren so offenkundig überlegen waren, zu respektieren und zum Vorbild zu nehmen. Die nach Europa zurückkehrenden Kreuzfahrer brachten gefährlich neue und revolutionäre Ideen mit in die Heimat zurück, die sich wie eine Epidemie durch die abendländischen Reiche ausbreiteten. Doch es waren nicht nur wundersame Geschichten über sagenhafte Schätze und Reliquien aus dem Heiligen Land, nach Ansicht der Kirche brachten sie vor allem ketzerische Gedanken mit.

Nach der Eroberung der heiligsten aller Städte im Jahr 1099 beflügelten die in Europa eintreffenden Berichte über die prachtvollen und hochzivilisierten Paradiese im Heiligen Land die Phantasie der Menschen im gesamten Abendland und entfachten den religiösen Eifer von Bauern und Fürsten gleichermaßen. Doch es war auch eine Zeit des Niedergangs der politischen Macht in Europa, ihrer Zersplitterung und Auflösung; bewaffnete Banden durchstreiften die Lande, beraubten die Bauern und brandschatzten ihre Höfe. Im letzten Jahrzehnt des 11. Jahrhunderts wandte sich sogar das Wetter gegen die Armen, vernichtete in weiten Landstrichen die Ernten, was zu schrecklichen Hungersnöten und furchtbaren Epidemien führte. Viele Ritter des niederen Adels waren gezwungen, ihr Land der

Bronzerelief eines Ritters. *Stoke d'Abernum, England, 13. Jh.*

Kirche zu verpfänden, um an den Kreuzzügen teilnehmen zu können. Der Preis für Land fiel ins Bodenlose. Bauern verließen ihre erbärmlichen Hütten, um den Verheißungen von orientalischen Schätzen – sowohl geistiger wie auch fleischlicher Art – zu folgen. Die Kirche, die freizügig Ablaß erteilte und dafür reiche Erträge einstrich, lockte mit dem zusätzlichen Anreiz, daß jeder Kreuzfahrer automatisch von allen Sünden freigesprochen sei.

Wie gewinnsüchtig die Motive mancher Kreuzfahrer auch gewesen sein mochten, die Frömmigkeit und religiöse Inbrunst der meisten Pilger und Ritter war unbestreitbar. Die hohe Geistlichkeit in Rom unterstützte die allenthalben empfundene Überzeugung, die Pilgerfahrten ins Heilige Land seien von allerchristlichster Frömmigkeit durchdrungen und getragen vom Streben nach geistiger Vervollkommnung, und fachte sie nach Kräften an. Heilige, von übernatürlicher Kraft beseelte und wundertätige Reliquien überschwemmten die Marktplätze von Sizilien bis Schottland.

Jedes Kloster oder kirchliche Zentrum hatte seinen eigenen authentischen Heiligen anzupreisen, oder zumindest dessen sterbliche Überreste, und brüstete sich mit der Häufigkeit und der Kraft der von ihm vollbrachten Wunder sowie der Anzahl der angeworbenen Pilger. In diese überreizte Atmosphäre hysterischer Frömmigkeit hinein wurde die Gralslegende geboren, und während die Blicke der meisten gierig auf das Heilige Land gerichtet waren, erwuchs von Merlins Insel im hohen Nordwesten Europas ein Gegengewicht.

Hier beginnen die Wunder

Die Artuslegenden, die Chrétien de Troyes und seine Zeitgenossen so fesselnd zu fabulieren wußten und von denen die Gralssage nur eine ist, wurden in Frankreich »Matière de Bretagne« (britannischer Sagenkreis) genannt. Aus diesen ursprünglich durch mündliche Überlieferung weitergegebenen Heldenepen, die von bretonischen, walisischen und normannischen Geschichtenerzählern an den Höfen Frankreichs, Englands und Deutschlands verbreitet wurden, entwickelte sich die höfische Literatur des Hochmittelalters, die sich sehr bald großer Beliebtheit erfreute. Drei Themenkreise lassen sich bei den damals populären Abenteuererzählungen unterscheiden, der »britannische«, der »französische« und der »römische« Sagenkreis. Der römische widmete sich vor allem klassischen, griechischen und lateinischen Sagen, während sich der französische mit Legenden um Karl den Großen und Roland befaßte. Die Erzählungen und Romane aus diesen beiden Themenkreisen griffen vor allem historische Begebenheiten auf, die sie romantisch überhöhten, während die Legenden aus der »Matière de Bretagne« die Phantasie der Menschen durch wundersame Begegnungen mit dem Übernatürlichen und den magischen und mystischen Mächten anregten.

Durch die Kreuzzüge kam das Abendland in Kontakt mit der islamischen Kultur. Neue mystische Vorstellungen aus dem Orient, insbesondere die Mysterien der Sufi, zeigten verwandte Züge mit der magischen Welt der keltischen Legenden. Aus dieser Synthese entstand die höfische Dichtung, die mit ihren phantastischen Ritterromanen die Imagination ganz Europas beflügelte.

Zu dieser faszinierenden Mixtur wurde eine der radikalsten Ideen jener Epoche hinzugefügt – der Minnedienst. Diese Liebesauffassung wurde im wesentlichen geboren aus der Begegnung der Kreuzfahrer mit der arabischen und islamischen Liebespoesie. Die quasi-mystischen Ergüsse, in denen die Frau eine erhöhte Position einnahm und von ihrem Liebhaber oder Bewunderer angebetet wurde, fielen in einem Europa, das keine Göttinnen mehr kannte, auf fruchtbaren Boden. Ambitionierte und selbständig denkende Frauen wie Eleonore von Aquitanien, die Gemahlin von Heinrich II. von England, oder ihre Tochter Marie de Champagne ergriffen entschlossen die Initiative und gründeten sogenannte Liebeshöfe. An diesen Höfen entstand ein Kodex von Verhaltensregeln in Liebesdingen, ähnlich dem an König Artus' Tafelrunde erstrebten Kodex ritterlicher Kardinaltugenden. Wir wissen, daß Chrétien de Troyes einen seiner ersten Romane unter der strikten Anleitung von Marie de Champagne verfaßte, und viele seiner späteren Werke lassen erkennen, daß er die Lektionen seiner Mentorin sehr wohl verstanden hat.

Eine der frühesten Erwähnungen des Grals findet sich in der Chronik des Helinandus, der gegen Ende des 12. Jahrhunderts

Mönch in Froidmont war. Helinandus berichtet von einem Einsiedler, der im 8. Jahrhundert in Britannien lebte und eine Vision von Joseph von Arimathia hatte, dem Hüter des Kelchs, den Christus beim Letzten Abendmahl benutzte. Dieses Thema wird in der Einführung zum »Lancelot Gral« aufgegriffen; in diesem Werk ist das genaue Datum der Vision angegeben – Karfreitag des Jahres 717 n. Chr. Christus erscheint dem Einsiedler und spricht: »Dies ist das Buch seiner Herkunft; Hier beginnt das Buch des Heiligen Grals; Hier beginnen die Schrecken; Hier beginnen die Wunder.« Vermutlich war dieses Buch zu Zeiten des Westsachsenkönigs Ina populär; dieser Herrscher hatte vor allem ein Ziel, Glastonbury, den Sitz der ersten christlichen Kirche Europas, die von Joseph von Arimathia errichtet worden sein soll, in seinen Besitz zu bringen. Es gelingt Ina schließlich, Frieden zwischen Sachsen und Briten zu schließen und sie zu vereinen. Es ist durchaus möglich, daß die Gralslegenden in dieser Zeit der Wirren einen großen Einfluß ausübten.

Die den meisten Lesern vertrauten Gralslegenden sind vermutlich bereits stark von christlichen Einflüssen gefärbt. In diesen frühen Erzählungen heißt der Ritter, der den Gral schließlich erringt, Perceval (Parzival). Dieser muß sich auf eine lange und gefahrvolle Suche begeben, um würdig zu werden, mittels des geheimnisvollen Grals mit Christus die Heilige Kommunion zu teilen. Außerdem muß er den König, den Hüter des Grals, von einer mysteriösen Wunde heilen und ein unfruchtbar gewordenes und verödetes Land wieder zum Blühen bringen. Weil er nicht die richtigen Fragen stellt, als er das heilige Gefäß erblickt, gelingt es ihm nicht, den König zu heilen, und in einigen Versionen der Legende scheitert er auch, das verödete Land in seinen ursprünglichen paradiesischen Zustand zurückzuführen. Erst nach mühsamen und gefährlichen Abenteuern ist die Suche des Ritters von Erfolg gekrönt, und es gelingt ihm, den König und das Land zu heilen.

Wie unschwer zu erkennen ist, trägt die christianisierte Legende die Züge eines Heilsmythos. Es ist eine Erlösungsgeschichte, die an den Verlust des Paradieses durch Adam und Eva erinnert, das dann durch Christus wiedererlangt wird. In einigen Versionen ist der heroische Erlöser, der vollkommene Ritter, ein kaum verhülltes Abbild von Christus selbst.

Obgleich Chrétiens letzter Roman, *Le Conte del Graal*, ein scheinbar christlich inspiriertes Werk ist, wird darin mit keinem Wort eine Beziehung zu Christus angedeutet. Das mag daran liegen, daß die Erzählung unvollendet geblieben ist und abrupt abbricht, bevor wir die letzten Geheimnisse erfahren. Doch sind bei dieser Interpretation Zweifel angebracht, denn in Chrétiens Werken taucht der Gral immer nur als eine kostbare und magische Schale auf, deren Funktion nie ganz enthüllt wird. Dennoch erregte das Geheimnis um diesen mystischen Gral wie auch um eine blutende Lanze, eine verschwindende Burg und einen tödlich verwundeten König, der nicht sterben kann, die Neugier der Höfe und Klöster.

Ob Chrétien starb, ehe er den Roman vollenden konnte, oder ob er ihn einfach zur Seite gelegt hat, ist nicht bekannt, doch die faszinierenden Möglichkeiten, wie die Geschichte geendet haben könnte, inspirieren in den folgenden 25 Jahren eine Reihe von Dichtern, das Thema neu aufzunehmen. In den nächsten Kapiteln werden wir die höchst einfallsreichen Variationen, die in einem guten Vierteljahrhundert – zwischen 1190 und 1225 – über dieses Rätsel geschrieben worden sind, näher untersuchen.

Das verlorene Manuskript

Eine Frage hat die Neugier der Gralsforscher mehr beschäftigt als alles andere, die Frage, woher Chrétien den Stoff für seine Erzählung hatte. Denn obwohl die meisten der späteren Erzähler die Grundzüge der Handlung offenkundig von ihm übernommen haben, legen etliche Variationen die Vermutung nahe, daß eine gemeinsame Originalerzählung zugrundegelegen haben muß, die unter nicht bekannten Umständen verlorenging. Die Epigonen Chrétiens sahen sich oft zu umständlichen Erklärungen veranlaßt, dem Leser die Glaubwürdigkeit ihrer Quellen zu versichern, wobei sie sich in der

Linke Seite und **rechts: Mappa Mundi**, *im 13. Jahrhundert von Matthew Paris für die Kathedrale von Hereford, England, angefertigt. Diese Karte wurde den damaligen geographischen Kenntnissen angeglichen; Jerusalem liegt im Zentrum einer als flach angenommenen Welt, im Gegensatz zu früheren kartographischen Werken, die den Orient im Norden ansiedelten. Matthew Paris zeigt eine Sicht der Welt, wie sie von den Verfassern der Gralslegenden gesehen wurde; viele von ihnen glaubten, das Paradies liege jenseits des Heiligen Landes.*
Die Karte **unten** *zeigt die wichtigsten Ursprünge der Gralslegende. Obgleich wir dazu neigen, nach einer singulären Originalgeschichte zu suchen, zeigt sich, daß im 12. und 13. Jahrhundert ein erstaunlicher Zusammenfluß von Ideen stattgefunden hat, die auch den talentierten Dichter Chrétien de Troyes erreicht haben, und er hat sie zu einem einheitlichen Ganzen zusammengefaßt. Der Mythos vom Heiligen Gral kann als das weltliche Kind der Aristokraten der großen europäischen Fürstenhöfe betrachtet werden und als Werk der Barden und* conteurs, *die für ihr täglich Brot singen mußten. Obwohl die Legende auch innerhalb von Klostermauern fortgeschrieben wurde, besaß sie nie einen wirklich christlichen Ursprung.*

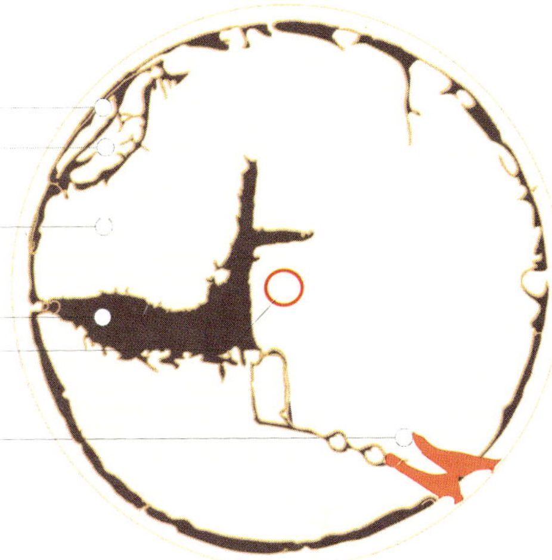

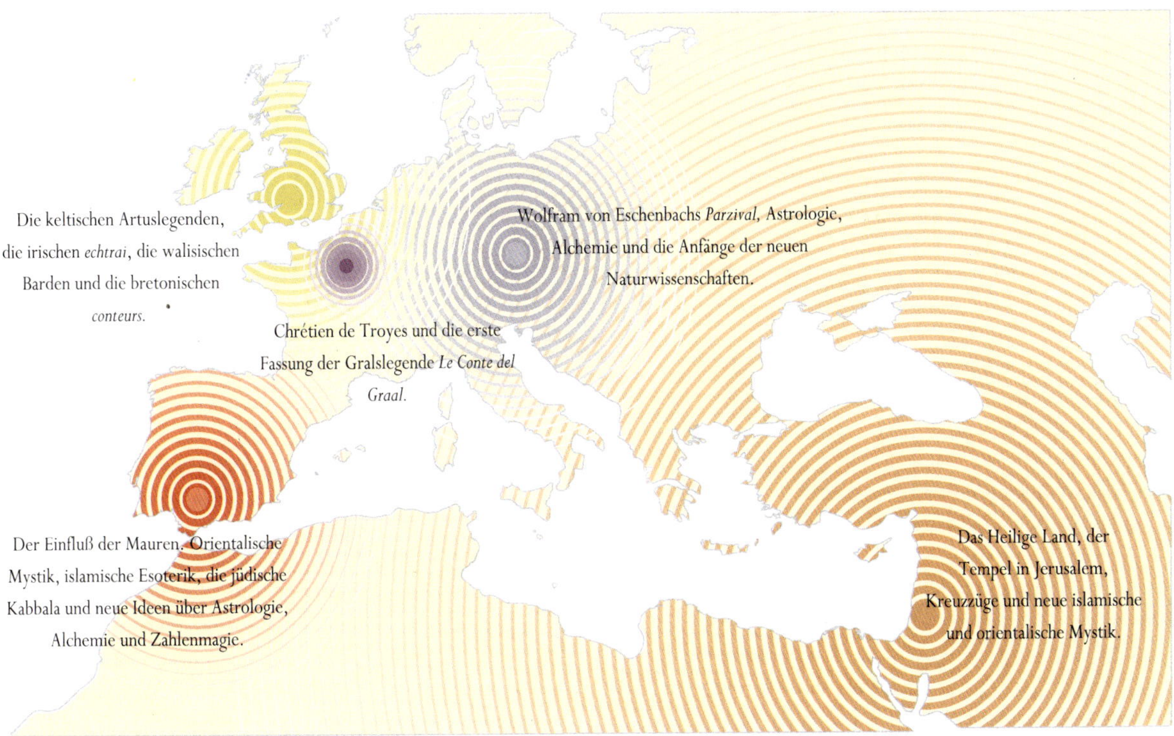

Regel in vagen Hinweisen auf mysteriöse Dokumente ergingen, die unter anderem als geheime Mitschrift authentischer Christusworte oder als die Aufzeichnung einer Botschaft eines Engels bezeichnet wurden, als Abschriften aus mysteriösen alchemistischen Traktaten oder als ein Originalmanuskript aus Britannien, Spanien oder dem Fernen Osten.

Soweit es die Werke Chrétiens betrifft, kann das Szenario für die meisten seiner Motive ohne Schwierigkeiten bis in die irische und walisische Sagentradition zurückverfolgt werden. Doch trifft dies nicht auf die bemerkenswerten Variationen späterer christlicher oder alchemistischer Autoren zu, die offenbar mehr mit der jüdischen Kabbala, den Tempelrittern oder den häretischen Katharer vertraut waren als mit der keltischen Mythologie.

Im *Parzival,* der deutschen Version der Gralslegende, stellt der Dichter Wolfram von Eschenbach die Gralssuche als das Streben des Individuums nach Ganzheit dar. Der Gral wird als Quell dieser Ganzheit bezeichnet; seine schiere Gegenwart nährt bereits den Suchenden. In Wolframs *Parzival* lesen wir über die Trennung zwischen spontaner Natur und dem strikten christlichen Glauben an Gott oder das Über-Natürliche, das von der Natur getrennt und über sie gestellt ist. Hier wird die Suche des Helden als eine radikale Versöhnung beschrieben, eine Wiedervereinigung der beiden scheinbar unversöhnbaren Gegensätze von Erde und Himmel, von Natur und Über-Natürlichem.

Im Prolog von Wolframs *Parzival* finden wir einen Satz, der im Licht der folgenden Ereignisse besonders aufschlußreich ist: »Jede Tat zeitigt gute und auch schlechte Folgen.« Wolfram siedelt die Suche nach dem Heiligen Gral zwischen den Extremen von Schwarz und Weiß an. Der geheime Plan der Gralssuche ist im natürlichen und spontanen und daher mitfühlenden Impuls zu finden. Der Name Parzival oder Perceval kann mit »Perce à Val« (»das Tal durchdringen, durchqueren«) oder mit »Par ce Val« (»durch das Tal«) – das Tal zwischen den beiden Extremen – übersetzt werden. Was uns an Wolframs Erzählung besonders fasziniert, ist sein Versuch, eine Geisteshaltung zu beschreiben, die fest in der Natur verankert ist. Der natürliche und spontane Mensch wird sich immer für das Gute entscheiden, davon ist Wolfram überzeugt. Dies liegt für ihn im Wesen der Natur begründet. Gewiß hätte er einem Mann wie dem chinesischen Meister des Tao, Lao Tse, große Verehrung entgegengebracht. In seinem *Parzival* vernimmt das Abendland zum ersten Mal eine Stimme, in der die Philosophie des Ostens, der Weg des Tao, widerhallt: der Versuch, seine Handlungen vom natürlichen Fluß des Lebens bestimmen und führen zu lassen.

Von der Gralslegende als einer einzigen Legende zu sprechen, ist irreführend; richtiger ist es, sie als einen zentralen Mythos zu betrachten, der mit einer Vielzahl von bunten Handlungsfäden verwoben ist, die von verschiedenen Autoren stammen. Diese haben an unterschiedlichen Orten und zu unterschiedlichen Zeiten und mit höchst unterschiedlichem geschichtlichen und kulturellen Hintergrund geschrieben.

Die ursprüngliche Geschichte ist in einer nicht näher bezeichneten Epoche des Rittertums angesiedelt, die in Beziehung mit dem Hof von König Artus gesetzt wird. Historisch betrachtet, müßte dies das 6. Jahrhundert gewesen sein, obgleich der chronologischen Genauigkeit in den meisten Erzählungen nur flüchtige Aufmerksamkeit gewidmet wird und die Handlung oft fünf Jahrhunderte später, in der Zeit der Kreuzzüge, angesiedelt wird. Auch der Ort der Handlung verlagert sich meist beträchtlich: Als Schauplätze werden so weit auseinanderliegende Orte wie Britannien und das Heilige Land genannt, aber auch Schottland, Wales, Süd-

frankreich, Deutschland, Spanien, sogar der Orient, Ägypten und Indien.

Obwohl häufig historische Orte und Schauplätze mit einer Fülle von genauen Details beschrieben werden, sollte der Leser nie aus dem Auge verlieren, daß die eigentliche Handlung meist in der Traumlandschaft einer mythischen Jenseitswelt oder Gegenwelt stattfindet und der historischen Zeit weit entrückt ist. In diesen mythischen Ort wird ein Held geboren, dem es bestimmt ist, sich auf die Suche nach einem geheimnisvollen, jenseitigen Objekt zu begeben, das der Gral genannt wird. Dieser Held trägt so unterschiedliche Namen wie Artus, Gawa(i)n, Peredur, Perlesvaus, Parzival, Perceval, Galahad oder Bors. In der Regel wird er als der Sproß einer geheimnisvollen, im Dunkel der Mythologie liegenden elterlichen Verbindung vorgestellt, die geprägt ist von einer Mischung aus höchstem Heldenmut und jungfräulicher Reinheit, den machtvollsten magischen und spirituellen Kräften. Er wächst allein auf, ohne Geschwister oder Freunde, und wird entweder von der Mutter oder einer mit Zauberkräften begabten Kriegerin erzogen. Oft fehlt ihm der Sinn für das Weltliche, doch ist ihm eine Unschuld eigen, die ihm in manchen Situationen den Beinamen »tumber Tor« oder »großer Narr« einbringt.

Als er schließlich diese Domäne der Frauen verläßt, ist es sein erster und sehnlichster Wunsch, der bedeutendste Ritter seiner Zeit zu werden. Er begibt sich an den Hof von König Artus, wo er zum Ritter geschlagen und in die Gemeinschaft der Tafelrunde aufgenommen wird. Auch in dieser Phase seiner Entwicklung, in der sich der junge Held nach Kräften auszeichnet und bereits untrügliche Anzeichen seiner Bestimmung erkennen läßt, wird er stets als der im Kreis seiner galanten Rittergefährten ein wenig tumb und einfältig wirkende, doch wohlgestaltete Eigenbrötler gezeichnet. Sein hohes Ansehen, das er sich durch hervorragende Waffentaten und aufgrund seiner untadeligen Abkunft erwirbt, aber auch durch schicksalhafte Handlungen, wie etwa, indem er sich in der Tafelrunde auf den Platz der Gefahr setzt, kennzeichnen ihn deutlich als den Auserwählten.

Schließlich reitet er entweder fort, um den geheimnisvollen Heiligen Gral aus eigenem Antrieb zu finden, oder der Gral erscheint an König Artus' Tafelrunde und verbreitet ein so wundersames und beglückendes Strahlen, daß, als er wieder verschwindet, alle versammelten Ritter feierlich geloben, sich auf die Suche nach dem Gral zu begeben, um seine Geheimnisse zu enthüllen. Die nun folgenden Handlungen entsprechen den moralisierenden Neigungen des jeweiligen Verfassers, der von den furchtlosen Taten der fahrenden Ritter ohne Tadel erzählt, denen es schließlich gelingt, das Geheimnis zu lüften, aber auch von jenen, die aus irgendeinem Grund mit einem Makel behaftet sind und scheitern.

Die fortschreitende Handlung, die die Suche nach dem geheimnisvollen und heiligen Gefäß beschreibt, gleicht immer mehr einer traumähnlichen Reise ins Unbekannte. Doch die Suche ist individuell, und der Suchende muß der Leere allein entgegentreten, will er das Recht erlangen, in direkten Kontakt mit dem letzten Geheimnis zu treten. Der junge Held muß, um sich würdig zu erweisen, verschiedene Aufgaben lösen: Er muß die richtige Frage stellen, ein Unrecht rächen, den Gral gewinnen, standhaft und loyal bleiben oder eine Burg erobern.

Während er dies alles tut, geht eine Wandlung mit ihm vor, und durch seine Taten gelingt es ihm, den verletzten Hüter des Grals zu heilen und das verwüstete Land wieder zu einem Paradies erblühen zu lassen.

ERSTER TEIL

DER TRIADISCHE BAUM

DOCH WAS GENAU IST DER GRAL und was vermag er zu bewirken? Nicht alle Autoren drücken sich so vage aus wie Wolfram von Eschenbach, der den Gral so beschreibt: »Es gab ein Ding, das der Gral genannt wurde, ... der Inbegriff paradiesischer Vollkommenheit, Anfang und Ende allen menschlichen Strebens und ein nie versiegendes Füllhorn irdischer Köstlichkeiten ...« Auch die lyrischen Formulierungen Wolframs tragen nicht dazu bei, die Nebelschleier zu lüften, die den Gral umgeben. Die Beschreibungen, die wir von dem geheimnisvollen Gral finden, sind ebenso zahlreich und mannigfaltig wie die Gralserzählungen selbst. Da wird er als eine Schale, ein Kessel, als Becher oder als der Kelch des Letzten Abendmahls beschrieben, aber auch als Smaragd, der aus Luzifers Krone fiel, als dieser in die Hölle hinabfuhr, als Stein der Weisen oder als beseligende Gottesschau.

Die Gralsuche wird so unterschiedlich beschrieben wie das Gefäß selbst. Sie wird als die Suche nach dem letzten Ursprung interpretiert, nach dem Kessel der Wiedergeburt, dem Quell der ewigen Jugend, der direkten Kommunion mit Gott durch den Leib Christi, als die Suche nach Erleuchtung, nach Individualität, nach Gott oder schlicht als der Rachefeldzug einer Blutfehde. Der Gral darf nicht getrennt von seiner Suche betrachtet werden. Beides, das Ziel und der Weg, der zu diesem Ziel führt, sind Ausdruck für das höchste menschliche Streben nach Erfüllung, unabhängig davon, welche Form der jeweilige Dichter dem heiligen Gefäß gibt oder wie er die Geschichte der Suche erzählt. Gleich den bunten Fäden eines prachtvollen mittelalterlichen Gobelins sind die Handlungsstränge der vielfältigen Geschichten um Intrige, ritterliche Tapferkeit und die Suche nach dem letzten Geheimnis zu einem schillernden, komplexen Legendenkreis verwoben, der Historiker und Laien gleichermaßen in seinen Bann zieht. Der Gralsmythos, der geheimnisvollste und lebendigste aller bekannten abendländischen Mythen, ist keinesfalls als eine singuläre Erzählung zu verstehen, sondern als ein Bündel von Geschichten, die sich um ein zentrales Thema ranken.

Um etwas Klarheit und Form in die auf den ersten Blick verwirrende und manchmal sogar widersprüchliche Vielfalt zu bringen, hat es sich als hilfreich erwiesen, auf eine altbewährte Strategie – die Triade – zurückzugreifen. Bevor es schriftliche Überlieferungen gab, bedienten sich die Cyfarwyddiaid (professionelle walisische Geschichtenerzähler) einer Reihe von Kunstgriffen, mit deren Hilfe sie sich die umfangreiche Sammlung von Geschichten und Legenden einprägten, deren Kenntnis von ihnen erwartet wurde. Eine häufig angewandte und sehr erfolgreiche Erinnerungshilfe war die Triade. Triaden sind Personen, Orte, Objekte oder Geschehnisse, die auf eine das Gedächtnis unterstützende Weise mit einander verbunden sind. Eine solche Triade sind zum Beispiel »Die drei Verhüllungen Britanniens« (Brans unter dem Weißen Turm begrabener Kopf, die Drachen von Dinas Emris und die Gebeine des heiligen Vortimer).

Wenn wir unseren Weg durch das Labyrinth der diversen Gralsstoffe finden wollen, erscheint es ratsam, eine ähnliche Vorgehensweise anzuwenden. Zugleich wollen wir auf ein weit verbreitetes mythologisches Bild zurückgreifen: Das Bild des Baums der Weisheit, der im Mittelpunkt der Welt neben der Quelle der ewigen Jugend emporwächst – der Axis Mundi. Wir können uns vorstellen, daß dieser Baum drei Verzweigungen hat.

Die erste können wir den keltischen Zweig nennen. Er repräsentiert die altüberlieferten und im wesentlichen magischen Mythen von Wiedergeburt und Erneuerung. Das mythische Interesse der Kelten galt vor allem dem lebendigen Verhältnis zwischen rechtmäßigem Königtum und der Göttin der Herrschaft, die das Land selbst repräsentiert. Nur eine lebendige, fruchtbare Verbindung zwischen dem Land und dem König gewährleistet die Fruchtbarkeit des Reichs und der Erde schlechthin. In allen Legenden, die sich auf den keltischen Sagenkreis zurückführen lassen, ist auf irgendeine Weise die natürliche Harmonie, oder genauer, die Beziehung zwischen dem sterblichen Menschen und den unsterblichen Göttern, in Unordnung geraten. Es ist die Aufgabe des mythischen Helden, diese Harmonie wiederherzustellen.

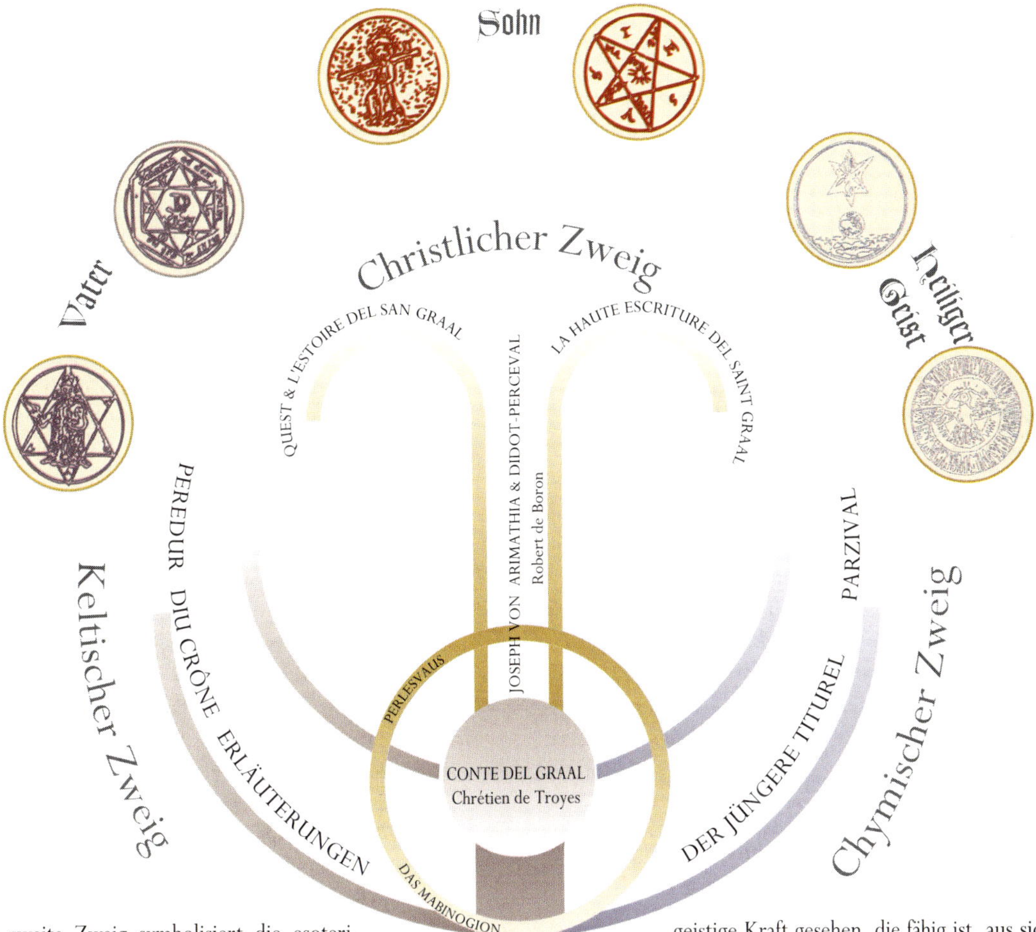

Der zweite Zweig symbolisiert die esoterischen christlichen Heils- und Erlösungslegenden. In diesen Legenden sucht der Held seinen Schöpfer, und in seinem Streben nach Vervollkommnung trachtet er danach, das Himmelreich auf Erden zu errichten, beziehungsweise das Über-Natürliche und die Natur miteinander zu versöhnen oder die Natur zu überwinden und das Jenseits zu betreten.

Der dritte Zweig des Baumes steht für die alchemistischen Vorstellungen von Wiedergeburt und der Transformation des Individuums. In dieser Sichtweise wird die Natur an sich als geistige Kraft gesehen, die fähig ist, aus sich heraus im Herzen der Menschen Liebe und Erbarmen zu erwecken.

Dieser triadische Baum kann auch das Symbol für die drei Zeitalter der Menschheit betrachtet werden, eine Vorstellung, die viele der besten Köpfe des Mittelalters beschäftigte. Das heidnische oder keltische Zeitalter des Vaters fand seine Entsprechung im Alten Gesetz der Synagoge; das Zeitalter des Sohns im Neuen Testament, während das Zeitalter des Heiligen Geists den Blick auf das Heraufdämmern eines Neuen Erwachens gerichtet hielt.

Der keltische Zweig

Offenbar sind aus der Fülle der Gralslegenden diejenigen am wenigsten bekannt, die dem keltischen Zweig angehören. Natürlich war Chrétien de Troyes kein Kelte, sondern ein Franzose, doch aus dem wenigen, das er über die Entstehung seines Werks erzählt, geht hervor, daß ältere Fassungen der Legende, sowohl als mündliche Überlieferungen wie auch in schriftlicher Form, existiert haben, die mit größter Wahrscheinlichkeit keltischen Ursprungs waren. Bisher jedoch ist keines dieser Werke gefunden worden, die Chrétien und anderen Dichtern seiner Zeit als Vorlage und Inspiration gedient haben. Es wird allgemein angenommen, daß die Ursprünge aller Gralsgeschichten in den irischen *echtrai* zu finden sind. Die Themen und Motive mögen verwischt und durch falsche Übersetzungen und die Übertragung in einen anderen Kulturbereich vermengt worden sein, doch noch immer ist deutlich zu erkennen, daß die Gralslegenden stark von der heidnischen Vorstellungswelt der Kelten geprägt sind.

Die *echtrai* oder Abenteuererzählungen, aus denen der Stoff der Gralsromane entlehnt wurde, berichten von fantastischen Reisen der Helden zu Inselreichen und den Palästen der Götter und Unsterblichen. Dort werden die heldenmütigen Krieger mit erlesenen Speisen und Getränken aus niemals versiegenden, goldenen Schüsseln bewirtet. In diesem Elysium der keltischen Gegenwelt schienen weder die Bewohner noch die Besucher zu altern. Mystische Talismane, magische Schachbretter, verzauberte Schwerter und übernatürliche Speere verleihen ihrem Besitzer alle möglichen Kräfte und Vollkommenheit. Wir begegnen magischen Gegenständen wie dem Füllhorn oder einem Kessel der Wiedergeburt und der Weisheit, deren Entsprechungen wir in den Gralslegenden wiederfinden.

Die Heldensagen der Iren hatten großen Einfluß auf ihre walisischen Nachbarn, die sie begeistert aufnahmen und in ihre eigenen Überlieferungen integrierten. Die Waliser besaßen sowohl mündlich überlieferte wie auch handschriftlich aufgezeichnete Sagen und Heldenlieder von einer Vielfalt, die nur von der ihrer bretonischen Vettern übertroffen wurde. Da Irland nicht von den Römern erobert worden war, hatten dort auch die älteren Traditionen in ihrer unverfälschten Form überlebt, doch als die Briten im 7. Jahrhundert von den einfallenden Angeln und Sachsen nach Wales und in die westlichen Provinzen verdrängt wurden, flohen viele der keltischen Briten in die Bretagne, wo sie von König Alain freundlich aufgenommen wurden.

Und so kam es, daß Waliser und Briten Bretonen wurden. Doch sie bewahrten ihre Legenden aus der alten Heimat und hielten sie durch ihre Geschichtenerzähler, Sänger und Barden am Leben. Bretonische *conteurs* galten als die besten der fahrenden Geschichtenerzähler und erlangten in ganz Europa großes Ansehen. Im Laufe der Zeit bereicherten und vervollkommneten sie die Heldenlieder, die König Artus und seinen Hof besangen, und verbreiteten sie in ganz Europa. Dann, vermutlich im 12. Jahrhundert, griffen die Mönche des neu gegründeten Zisterzienserordens diese heidnischen Geschichten auf und schmückten sie mit christlichen Idealen und mönchischen Leitbildern aus.

Ein immer wiederkehrendes keltisches Thema in den Artus-

legenden ist das Streben nach Souveränität. Ursprünglich war die irische Göttin der Herrschaft ein Symbol für das Land, die heilige Erde Irlands. Das wahre und rechtmäßige Königtum konnte nur in der machtvollen Verbindung des Helden mit der Göttin gefunden werden. Dieser direkte Zusammenhang zwischen dem Wohlergehen und der Unversehrtheit des Königs/Helden und der Fruchtbarkeit seines Reichs ist ein zentrales, immer wiederkehrendes Thema der Artuslegenden. Nirgendwo wird dies offenkundiger als in den Gralsromanen. Eine in allen Versionen wiederkehrende Figur ist der an einer geheimnisvollen Verwundung leidende Fischerkönig, dessen Reich unfruchtbar und öde geworden ist. Für die Kelten war ein verwundeter König nicht fähig, sein Land zu regieren. Seine Verletzung – oder im Fall des Gralskönigs, seine Impotenz – hatten unmittelbar die Verödung seines Landes zur Folge.

Chrétiens großes, unvollendet gebliebenes Epos war eine brillante Revue mittelalterlicher Themen, die aus den Fragmenten dieser keltischen Sagentradition entnommen waren. Er durchtränkte die alten Legenden mit seinem literarischen Genie und erhob die Handlung in mystisch-religiöse Sphären, womit er die Phantasie und das Denken der gebildeten Europäer des Hochmittelalters herausforderte. Obwohl kein Zweifel besteht, daß Chrétiens Erzählung nicht die Originalversion der Gralsgeschichte ist, war sein in kraftvoller, poetischer Sprache geschriebenes Werk Quelle und Inspiration für fast alle späteren Gralserzählungen.

Es ist unbestritten, daß der *Graal* in Chrétiens Erzählung keine besondere religiöse Bedeutung hatte. Das magische Umfeld, das den Gral und die Lanze umgab, war unverhüllt heidnisch. Doch als die Geschichte von der Gralssuche auch in den Schreibstuben der vom Zölibat und religiösen Ernst geprägten christlichen Ordensklöster Einzug hielt, erfuhr sie eine allmähliche Veränderung und gewann eine ganz neue Bedeutung.

Wie wir noch genauer erfahren werden, sind heute die meisten Literaturwissenschaftler der Ansicht, daß die Wandlung des Grals und der Lanze von heidnischen, halb magischen Gegenständen zu wundertätigen, sakrosankten christlichen Reliquien auf einen trivialen Übersetzungsfehler bei einem einzigen Wort zurückzuführen ist – dem Wort *cors*, das im Altfranzösischen unter anderem sowohl die Bedeutung Horn als auch Leib haben kann. Aufgrund einer Reihe von Mißverständnissen wurde aus dem keltischen segensreichen Füllhorn (*cors benoiz*) der Heilige Leib Christi (*cors benoit*). Auf dieselbe Weise entstand aus dem heidnischen Graal der Fülle ein Gefäß, das dem Sakrament des Heiligen Abendmahls zugeordnet wurde, dem zentralen christlichen Ritus, bei dem durch die Wandlung von Brot (Leib Christi) und Wein (Blut Christi) des Letzten Abendmahls Christi gedacht wird. Das erstaunliche Ergebnis dieses Mißverständnisses war ein schöpferischer, die mystischen Vorstellungen verändernder Sprung der Imagination, der das mittelalterliche Denken inspirierte und noch heute nachhallt.

Doch ehe wir die Botschaft enträtseln können, die auf dem farbenfrohen und dicht gewebten Gobelin des Gralsmythos geschrieben steht, müssen wir zunächst die einzelnen Fäden des Gewebes verfolgen.

Mittelalterliche Minnesänger und Troubadoure *aus den* Contigas Sta Maria, *französisches Manuskript aus dem 14. Jh.*

Rückkehr zu den Ursprüngen

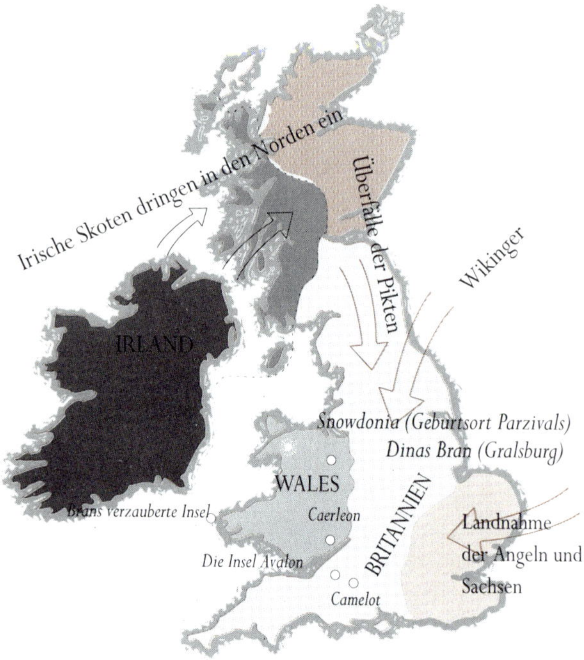

Die Inseln Merlins zur Zeit der Gralslegende.

In der Absicht, die vielschichtigen keltischen Verknüpfungen zu entwirren, aus denen die frühesten Gralslegenden gewoben sind, müssen wir zunächst die geheimnisvolle Welt von Merlins Inseln etwas genauer in Augenschein nehmen. Merlin, der große britische Magier, dem in verschiedenen Quellen die Errichtung von Stonehenge zugeschrieben wird, war auch der Architekt von König Artus' Thron und die geistige Macht, die hinter ihm stand; er war der eigentliche Initiator der Suche nach dem Gral. Wie es scheint, existierte um die Wende des 6. Jahrhunderts eine historische Gestalt, die die Erzählungen von jenseitsweltlicher Magie, von Wundern und Zauberei sammelte. Diese Gestalt trägt einerseits die Züge eines Druiden, kundig der schamanischen Magie und im Besitz großer Macht, zugleich jedoch scheint er ein zivilisierter und christianisierter Romano-Brite gewesen zu sein. Diese prekäre Mischung in der Gestalt Merlins erscheint uns heute beinahe wie eine Personifikation der mißlichen Lage, in der sich Britannien nach dem Abzug der Römer befand. Die Briten waren während der vier Jahrhunderte der römischen Besatzung den massiven Einflüssen einer sehr hoch stehenden Zivilisation ausgesetzt gewesen; sie hatten eine neue Religion und eine radikal andere Weltsicht angenommen, und doch hatten sie sich die alten, von den Vätern tradierten Überlieferungen von Magie, Zauberei und geheimnisvollen Gegenwelten bewahrt. Bald schon waren die alten römischen Villen, Tempel und befestigten Straßen von Grün überwuchert und in Vergessenheit geraten, denn die Menschen hatten alle Hände voll zu tun, die Eindringlinge abzuwehren, die ihre Inseln von allen Seiten bedrängten. Die größte Bedrohung erwuchs den christianisierten Briten der Artuszeit von den Angeln und Sachsen, die sie in die Westprovinzen und nach Wales zurückdrängten und viele Familien zwangen, jenseits des Wassers in Kleinbritannien (der heutigen Bretagne) Zuflucht zu suchen. Und mit diesen Flüchtlingen erreichten die alten keltischen Heldensagen das europäische Festland und bildeten den Grundstock der Artuslegenden, die mit jedem Rezitieren an Umfang und Reichtum gewannen. Es ist durchaus möglich, daß Chrétien de Troyes, als er *Le Conte del Graal* schrieb, Zugang zu einem reichen Fundus von mündlich überliefertem, zum Teil vielleicht sogar schriftlich festgehaltenen Legendenmaterial hatte, aus dem er sein Meisterwerk erschuf. Die irischen *echtrai* oder Adventüren, die so viele Gralsthemen und Bilder enthalten, waren vermutlich die ersten keltischen Legenden, die Chrétien zu Ohren gekommen waren. Die Vier Heiligen Gegenstände oder Insignien des Grals haben offenbar in den Vier Schätzen Irlands ihr Gegenstück, aber auch aus dem walisischen *Mabinogion*, das so reich an wundersamen Sagenstoffen ist, finden Motive, die sich vor allem um den reichen Fischerkönig und den Helden der Erzählung, Parzival, ranken, Einzug in die Gralslegende.

Die Karte auf der folgenden Seite gibt einen Eindruck von der Verbreitung der irischen und walisischen Sagenstoffe und zeigt darüber hinaus die Hauptrouten, auf welchen sich die Gralslegende von ihren keltischen Ursprüngen über ganz Europa verbreitet haben könnte.

Das Europa des Chrétien de Troyes (um 1190)

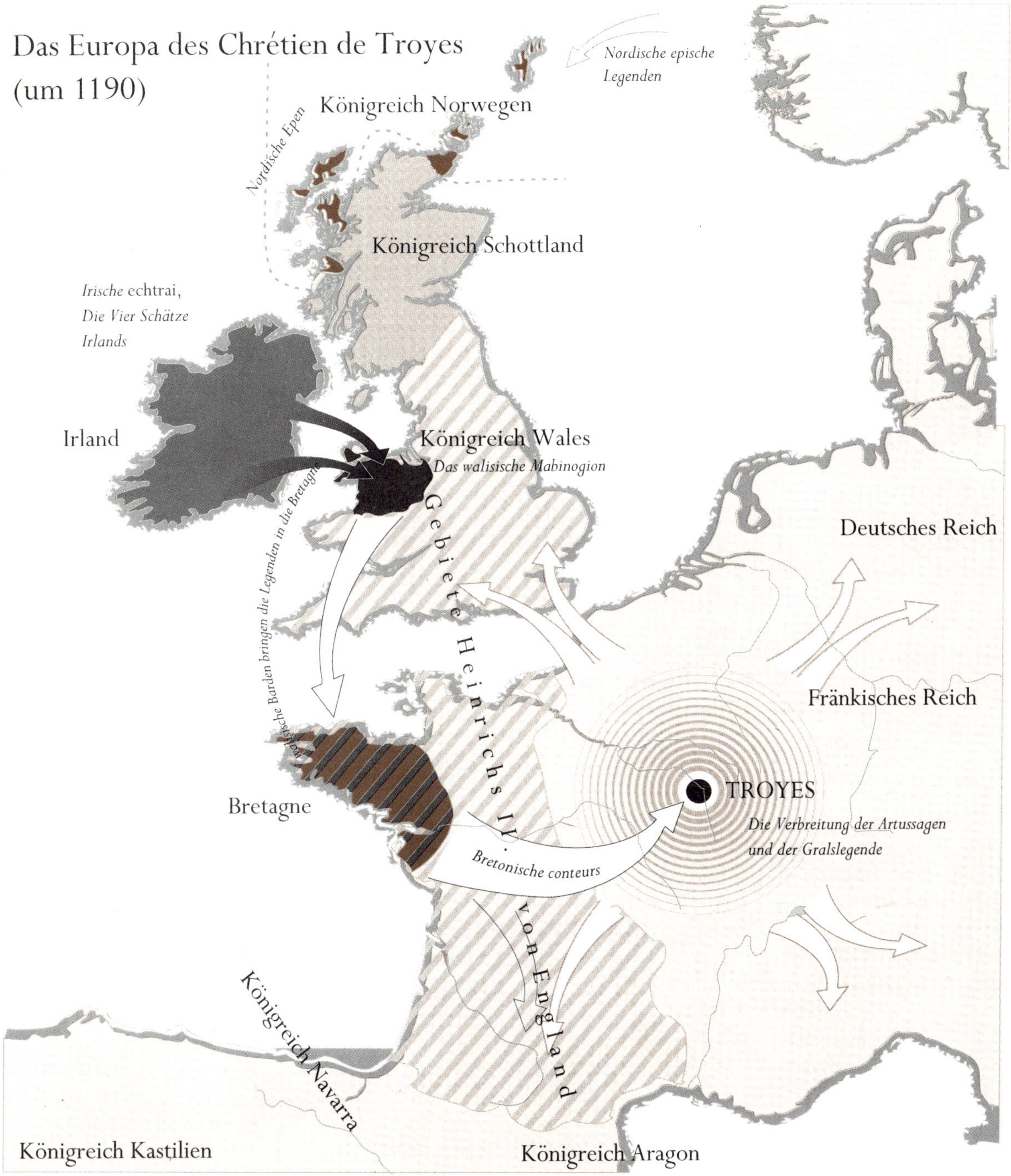

Die paradiesischen Gefilde

TEIL DES KELTISCHEN ZWEIGS unseres triadischen Mythenbaums sind die »Erläuterungen«, die wir im Prolog zu *Le Conte del Graal* finden. Sie beginnen mit einer Beschreibung des Reichs von Logres, das einst ein Paradies auf Erden war. Das ursprüngliche keltische Logres war einer von zwei parallelen Aspekten des Landes, dem die Kelten eine innere und eine äußere Natur zuschrieben. Logres war der innere Aspekt – die Seele des irdischen Britanniens. Gleich in den ersten Zeilen der Erläuterungen wird uns unmißverständlich deutlich gemacht, daß wir uns in einer anderen Welt, in verzauberten, jenseitsweltlichen Gefilden befinden. Den Kelten bereitete es keinerlei Schwierigkeiten, daß sich die Handlung an realen Orten in der historischen Zeit abspielt – vermutlich gegen Ende des 5. Jahrhunderts, nachdem die Römer sich aus Britannien zurückgezogen hatten.

In diesem mythischen und poetischen Land lebten Jungfrauen, die bevorzugt in heiligen Grotten, an Brunnen oder Quellen weilten. Im Denken der Kelten waren die Alltagswelt und die Gegenwelt Zwillingswelten, die parallel existierten. Man glaubte, daß an heiligen Orten wie Brunnen und Quellen die beiden Welten einander so nahe kommen, daß es möglich ist, die Kluft zu überbrücken und in die andere Welt hinüberzugelangen. Die Jungfrauen von den heiligen Brunnen bewirteten den mythischen Wanderer und Reisenden aus goldenen Schalen und Bechern. Es ist historisch verbürgt, daß Britannien in jener Zeit besonders reich gesegnet war mit Hunderten von heiligen Brunnen und Quellen. Die Römer behielten diese Tradition der Verehrung bei und errichteten um viele der Brunnen Schreine und kleine Tempel, wie sie an den Heilquellen von Bath noch heute zu bewundern sind.

Dem im Denken von Freud und Jung geschulten Leser des 20. Jahrhunderts wird sicherlich sogleich die psychologische Bedeutung des Schöpfens aus den tiefen Brunnen des Unbewußten ins Auge fallen, doch für die Kelten jener Zeit waren die aus der Erde hervorsprudelnden Quellen nichts anderes als der Beweis für die liebende und nährende Gegenwart der Erdmutter. Und am fließenden Wasser lagen auch die Orte, an denen ein Übergang zwischen den Welten möglich war.

Im blühenden Reich von Logres bewirteten die Jungfrauen alle Wanderer und fahrenden Ritter gleichermaßen, und allenthalben herrschte Friede und Eintracht, bis eines Tages der böse König Amangons einer der Jungfrauen Gewalt antat, sie auf seine Burg verschleppte und ihre heilige Schale stahl.

Die Gefolgsmänner Amangons' folgten mit Begeisterung dem Beispiel ihres Königs und vergingen sich an anderen heiligen Jungfrauen, ohne die verheerenden Folgen zu bedenken, und bald gab es keine Jungfrauen mehr, die die Reisenden speisten. Von der Zeit an verwandelte sich das Reich von Logres in eine Wüstenei, die »keine Handvoll Haselnüsse wert war«. Die Brunnen trockneten aus, und die Quellen versiegten; die Tiere wurden unfruchtbar, die Bäume trugen weder Blätter noch Früchte, die Blumen verwelkten, und die Menschen zogen fort. »Und seit jener Zeit war der einst blühende und mächtige Hof des reichen Fischers, welcher das Land in Gold und Silber erstrahlen ließ, wo Juwelen und kostbare Pelze, Essen und Trinken im Überfluß und Falken und Habichte Auge und Herz des müden Wanderers erfreuten, vom Antlitz der Erde verschwunden und für niemanden mehr zu finden.

Die Legende spricht davon, daß im Land von Logres »die Stimmen der Brunnen« verstummt sind. Das kahle Ödland – die Folge dieses Verlusts – zeugt davon, daß der Kontakt mit der Gegenwelt verlorengegangen ist. Und so überrascht es auch nicht, daß der Held der Gralssuche, der Auserwählte, der schließlich die »Wasser befreien« soll, den Ort finden muß, an dem sich die beiden Welten treffen und wo er die unentbehrliche Verbindung zwischen der weiblichen Souveränin, der Göttin der Herrschaft, und dem Königtum des äußeren Reichs wiederherstellen kann.

»Das Goldene Zeitalter« *von Lucas Cranach, 16. Jh. Das Gemälde gibt ein paradiesisches Idyll in mystischen Gefilden wieder. Auch hier markiert eine heilige Quelle die Eintrittszone von der realen Welt im Hintergrund in die paradiesische Gegenwelt.*

Die Herrin der Quelle

THEMA DER ERLÄUTERUNGEN zu Chrétiens de Troyes *Le Conte del Graal* ist es, dem Leser das zentrale Anliegen der keltischen Mythologie näherzubringen: den Verlust der Verbindung zwischen der göttlichen Frau, der Königin des Innenlandes, und dem rechtmäßigen Königtum des äußeren Reichs. Der König erlangt die rechtmäßige Herrschaft nur kraft seiner wahren Verbindung mit ihr und dank seines Eintretens für ihre Freiheit.

Oberflächlich betrachtet könnte beim Lesen der keltischen Gralslegenden der Eindruck entstehen, sie handelten in erster Linie von einer von Männern dominierten Suche, von kampfeslüsternen Rittern, denen nichts mehr Freude bereitete, als ihren Widersachern den Schädel einzuschlagen. Doch je tiefer man in den Mythos eindringt, um so deutlicher wird, daß er im Grunde von den Frauen des Landes handelt. Und hinter ihnen verbirgt sich immer eine Figur: die Erdgöttin, die in verschiedener Gestalt auftritt, etwa als Jungfrau, als Nymphe oder altes Weib.

Der für die Kelten typischsten Manifestation dieser vielgestaltigen Gottheit begegnen wir in Eriu, der in Irland verehrten *Herrin des Landes*. Solche Personifikationen tauchten zum erstenmal vor 8000 Jahren im Europa der Steinzeit auf.

Vor allem Quellen und Brunnen betrachtete man als die machtvollste Bekundung der lebenspendenden Fülle der Göttin in der Diesseitswelt, und die in den keltischen Sagen immer wieder auftauchende Herrin der Quelle ist nur eine ihrer Erscheinungsformen. Im walisischen *Mabinogion* begegnet der Ritter Owein (Iwein) der Gräfin der Quelle. Doch es ist die Herrin des Landes selbst, die von einem Ritter beschützt wird, der auch über ihre Quelle wacht. Wer immer diesen Recken besiegt, wird der neue Gefährte und Beschützer der Göttin.

Owein wird zu einem mächtigen Baum geleitet, unter welchem er eine Quelle, einen Stein und eine silberne Schale findet. Er wird aufgefordert, die Schale zu füllen und das Wasser über den Stein zu gießen. Donnergrollen erfüllt die Luft, und riesige Hagelkörner prasseln auf ihn nieder, die die Blätter von den Zweigen reißen. Dann läßt sich eine Schar wunderschöner Singvögel auf dem Baum nieder. Der Schwarze Ritter erscheint und beschuldigt Owein, er habe durch den Sturm viele Menschen und Tiere getötet und das Land verwüstet. Der Schwarze Ritter ist natürlich der Recke der Göttin. Owein besiegt den Berittenen im Zweikampf und verliebt sich daraufhin unsterblich in die Gräfin der Quelle. Schließlich nimmt er sie zur Frau, und drei Jahre lang ist er ihr Beschützer und Recke, bis König Artus und Gwalchmei auftauchen. Die Gräfin läßt Owein mit König Artus ziehen, doch er vergißt sie mit der Zeit. Als ihr Bote Luned ihn schließlich mit seinem herzlosen Verrat konfrontiert, erinnert er sich wieder an seine Zeit im Land der Quelle. Wehmütig durchstreift er das Land, auf der Suche nach diesem verlorenen Paradies. Nach vielen Abenteuern und Schrecknissen findet er die Gräfin der Quelle endlich, und die beiden Liebenden sind wieder vereint.

Diese Geschichte veranschaulicht die zentrale Rolle der Wasserquelle in der Kulturgeschichte Britanniens. Nach wie vor gibt es auf den britischen Inseln eine Vielzahl von Brunnen und Quellen, die von alters her als heilige und wundertätige Wunschbrunnen verehrt wurden und auch heute noch wegen der heilenden und fruchtbar machenden Eigenschaften ihres Wassers aufgesucht werden. In historischer Zeit wurden mit den heiligen Brunnen territoriale Schutzherrinnen des Landes assoziiert, und häufig dienten sie auch als Grenzmarkierungen zwischen den verschiedenen Stämmen.

Links: *Eine kuriose Tradition bringt die heiligen Brunnen mit abgetrennten Häuptern in Verbindung. Die Kelten sprachen dem Kopf magische, heilende, prophetische und sogar fruchtbar machende Eigenschaften zu. Oft sprudelte an dem Ort, wo ein abgeschlagenes Haupt hingefallen war, eine Quelle aus dem Boden. Und wenn ein Schädel in einen Brunnen geworfen wurde, so mehrte sein magischer Einfluß die Heilkraft des Wassers. Als vor kurzem der der keltischen Göttin Coventina geweihte Brunnen von* **Carrawborough**, *Northumberland, ausgegraben wurde, fand man auf seinem Grund einen menschlichen Schädel und mehr als 14 000 Münzen.*

Gegenüberliegende Seite: *In* **Mari**, *Iran, steht in der Mitte des Thronsaals von König Zimrilim die Göttin der überfließenden Vase. Die Statue dieser Gottheit, die mit den keltischen Brunnenjungfrauen gemeinsame Vorfahren hat, stammt aus dem 18. Jh. v. Chr. Sie hält ein Gefäß in Händen, aus dem – gespeist von einem verborgenen Zufluß – Wasser strömt. Überall auf der Welt beschreiben Mythen und Legenden die Frau als das heilige Gefäß oder das heilige Wasserbecken, welches das lebenspendende Wasser in sich trägt.*

Oben: *Illustration aus dem* **Livre du Cueur d'Amours**. *Frankreich, 15. Jh. In diesem französischen Roman trinkt der Ritter Cueur ahnungslos von einer Quelle und gießt dann Wasser aus der Schale über einen Stein, und sogleich bricht ein schrecklicher Sturm los. Die Quelle in der Legende von Owein wurde später mit der berühmten Quelle von Barenton in der Bretagne in Verbindung gebracht, der noch heute die Kraft zugesprochen wird, Regen zu bringen, wenn man ihr Wasser über einen Stein gießt.*

Die Jungfrauen der Brunnen

Bevor Amangons und seine Gefolgsleute den Jungfrauen der Brunnen Gewalt antaten und ihre heiligen Gefäße stahlen, war die Begegnung mit der Herrin des Landes noch möglich. Indem die Suchenden aus den Schalen tranken, die ihnen die Jungfrauen reichten, konnten sie die Vereinigung mit dem jenseitsweltlichen Paradies erlangen. Die Legende erzählt, daß die Gralsburg oder der Hof der Glückseligkeit tief im Herzen des Paradieses liegt und daß auf ihr der Fischerkönig, der Hüter der Heiligen Insignien der Göttin, lebt. Doch mit der Schändung der Jungfrauen wurde die lebenswichtige Harmonie zwischen den beiden Welten zerstört.

Zu Beginn der Gralslegende erfahren wir vom Fall und Verlust des Paradieses. Die paradiesischen Gefilde sind ein Motiv, dem wir nicht nur in den Mythen der Völker Europas und des Orients begegnen, sondern überall auf der Erde. Ein Stammesältester der Hopi-Indianer in Nordamerika beschreibt diesen Zustand mit folgenden Worten: »Wir waren alle gleich erschaffen, aus einer Einheit, und wir folgten dem Weg des Geistes, auf dem das Leben ewig währt. Wir waren glücklich und lebten in Frieden mit unseren Mitmenschen. Alle Dinge gab es im Überfluß, gespendet von unserer Mutter Erde, in deren Schoß wir leben.« Vor zweieinhalb Jahrtausenden erzählte Chuang Tsu, ein chinesischer Weiser, vom paradiesischen Zeitalter der Tugend, als Männer und Frauen »aufrecht und rechtschaffen waren, ohne zu wissen, daß dies tugendhaft war; sie liebten einander, ohne zu wissen, daß dies barmherzig war; sie waren ehrlich und großzügig, ohne zu wissen, daß dies Vertrauen und Treue bedeutete; in ihrem einfachen Tun dienten sie einander, ohne einen Gedanken daran zu verschwenden, daß sie damit schenkten oder beschenkt wurden. Deshalb hinterließ ihr Tun keine Spuren, und es existieren keine Berichte von ihren Taten.«

Inzwischen verfügen wir über genug ernstzunehmende Hinweise, daß das irdische Paradies eine historische Realität gewesen sein könnte und daß viele Mythen so etwas wie eine kollektive Erinnerung darstellen, die bis in das verschwundene Goldene Zeitalter zurückreicht. In den letzten Jahren haben Archäologen in Anatolien, Jugoslawien, Rumänien und in der westlichen Ukraine die Überreste der Siedlungen von Kulturen freigelegt, die in einigen Fällen mehrere Hunderttausend Einwohner beherbergt haben müssen. Diese Siedlungen waren die Zentren von Ackerbaukulturen paradiesischen Zuschnitts, die offenbar fast viertausend Jahre lang in friedlicher Koexistenz und Harmonie miteinander lebten. Während dieser Zeit, die vergleichbar ist mit der Zeitspanne, die zwischen dem alten Ägypten und dem 20. Jahrhundert liegt, haben die Menschen der Jungsteinzeit unter der segensreichen Ägide der Großen Mutter oder Erdgöttin so gut wie alle wichtigen häuslichen und landwirtschaftlichen Technologien entwickelt, auf die wir noch heute zurückgreifen. Unter den mehr als 30 000 Artefakten, die aus jungsteinzeitlichen Schichten dieser heute als Alt-Europa bezeichneten Region ausgegraben wurden, befanden sich keine Kriegswaffen. Ihr Fehlen läßt den Schluß zu, daß wir hier auf eine Kultur gestoßen sind, die sich wesentlich von anderen uns bekannten Zivilisationen unterscheidet. Obgleich diese Menschen das technologische Wissen besaßen, Waffen herzustellen, zogen sie es vor, groteske Masken oder Fischhaken anzufertigen. In Anbetracht unseres bruchstückhaften Wissens über diese Kulturen können wir dennoch davon ausgehen, daß jene Zeit die friedlichste Epoche der Menschheitsgeschichte gewesen ist. Wenn man die kleinen Altäre und Gefäße betrachtet, die aus jener Zeit erhalten sind, fällt es nicht schwer, sich vorzustellen, daß für die Menschen jener Zeit jeder Aspekt ihres alltäglichen Lebens von der nährenden und lebenspendenden Allgegenwart der Göttin durchdrungen gewesen sein muß. Die Funde legen den Schluß nahe, daß dies eine Epoche der Brüderlichkeit, der Gleichheit und Gemeinschaftlichkeit gewesen ist, wie sie die Menschen seither nicht mehr gekannt haben.

Doch dann scheint das Unheil über diese Kulturen hereingebrochen zu sein. Die Funde der Archäologen weisen darauf hin,

daß diese paradiesische Zivilisation, die sich über ein Siedlungsgebiet von der Größe Nordamerikas ausbreitete, wie über Nacht vom Antlitz der Erde verschwand.

In der Gralslegende hallt diese Katastrophe bis heute wider. In unserem kollektiven Unbewußten scheint sie als eine der einschneidendsten Tragödien der Menschheit gespeichert zu sein. In der christlichen Version der Geschichte werden Adam und Eva aus dem Garten Eden vertrieben, weil sie ungehorsam gegenüber ihrem Schöpfer waren, und in ein Land verbannt, in dem nur Dornen und Disteln wachsen. Diese Ursünde wurde von Christus gesühnt, der uns durch seinen Opfertod eine Wiedererlangung des Paradieses ermöglicht hat. Wie wir im weiteren genauer beleuchten werden, kann in den keltischen Mythen das ursprüngliche Paradies allein vom Gralshelden gefunden und wiedererlangt werden.

Gegenüberliegende Seite: **Bronzekopf der Göttin Minerva** *aus der Zeit der römischen Besatzung Britanniens, Bath.* ***Oben:*** *Der schönste aller römischen Quellschreine war der in* **Bath**, *tief im Herzen des keltischen Siedlungsgebiets. Diese einzigartigen heißen Quellen wurden von Briten und den Besatzern gleichermaßen verehrt und wegen ihrer heilenden Wirkung geschätzt.* ***Insert:*** *Der Deckel zum* **Chalice Well** *(Kelchbrunnen) unterhalb des Turms von Glastonbury. Der Kelchbrunnen von Glastonbury ist der berühmteste aller Brunnen und Quellen, die mit der Gralslegende in Zusammenhang gebracht werden. Überlieferungen zufolge soll in diesem Brunnen der Gralskelch versteckt worden sein. Sein auffallend rotbraunes Wasser ist angeblich auf das Blut Christi zurückzuführen, das Joseph von Arimathia im Gralsgefäß auffing. Seit Menschengedenken ist der Brunnen nie versiegt.*

Die Wüstenei

Im Verlauf unserer Suche nach dem verlorenen Paradies des Alten Europa entdecken wir, daß nach dem Verschwinden der offenen und ungeschützten ländlichen Siedlungen im 6. Jahrtausend v. Chr. überall in Europa Siedlungen mit Befestigungsanlagen entstehen. Das plötzliche Auftauchen von tödlichen Waffen fällt zeitlich zusammen mit dem Eindringen kriegerischer Hirtenvölker, die über eine gänzlich andere Gesellschaftsordnung verfügten als die friedfertigen Ackerbauern. Diese Eindringlinge zogen brandschatzend und plündernd durch die blühenden Landstriche, und innerhalb weniger Generationen war das neolithische Paradies vom Antlitz der Erde gefegt; die Menschheit hatte in ihrer Entwicklung einen neuen, unheilvollen Scheideweg eingeschlagen.

Die neue Lebensweise basierte nicht länger auf Kooperation und Gleichheit der beiden Geschlechter, sondern auf einer hierarchischen Abstufung. Im Verlauf der letzten 5000 Jahre hat sich diese pyramidale Gesellschaftsstruktur im wesentlichen nicht verändert. Als die überlebenden Anhänger der Göttin aus ihrem zerstörten Paradies flohen, wurde ein großer Teil der Menschheit zum ewigen Flüchtling. Ganze Völker wurden entwurzelt und waren für Generationen auf der Suche nach einem sicheren und friedlichen Hort in einer zunehmend gewalttätigen und gespaltenen Welt. Friede unter den Menschen und ein Leben in Harmonie mit der Natur und den Göttern war nur mehr in den Legenden über die Alte Zeit zu finden.

Das Wesenhafte der frühen matrilokalen Ackerbaukulturen Alt-Europas findet wohl am treffendsten in dem heiligen Gefäß des Mutterleibes seinen Ausdruck. Das Symbol, welches die eindringenden Hirtennomaden charakterisiert, ist die tödliche Klinge.

Auf den ersten Seiten der Erläuterungen läßt Chrétien de Troyes eine vage, von den Schleiern der Geschichte vernebelte Erinnerung an eine alte matrilokale und egalitäre Gesellschaft aufleben, die von Völkern zerstört wurde, deren Existenz von Eroberung und Kriegszügen, von Mord und Vergewaltigung, Vernichtung und Unterwerfung bestimmt war. Die »verstummten Stimmen der Brunnen« können durchaus Teil einer kollektiven Erinnerung sein an jene Zeit, etwa 5000 Jahre vor den Tagen König Artus', als weite Teile Europas in Ödland verwandelt wurden.

Und doch sind es merkwürdigerweise die blutrünstigen, heidnischen Kelten – unter den einfallenden Volksstämmen wohl die wildesten Horden, die sich der Macht der tödlichen Klinge verschrieben hatten –, die trotz allem die Notwendigkeit erfaßten, ein Gleichgewicht zwischen dem Himmelsgott und der Erdgöttin zu bewahren. Und aus dieser intuitiven Erkenntnis erwuchs die Gralslegende.

Links: **Das Silberne Zeitalter**, *von Lucas Cranach, 16. Jh., zeigt die Veränderung in den idyllischen Gefilden, die in dem Bild »Das Goldene Zeitalter« auf Seite 21 dargestellt sind.* *Oben:* **Votivkarren des Sonnengotts**. *Keltisch; Dänemark, 2.–1. Jh. v. Chr.*

Die verlorenen Kinder der Brunnen

TRAURIGE BEGLEITERSCHEINUNG der rapiden Ausbreitung der Wüstenei über das einst blühende Land ist in den keltischen Legenden der Niedergang von König Artus' Hof und die Auflösung der Tafelrunde. Nicht nur das Land verödet aufgrund des zerstörten Gleichgewichts zwischen Erdgöttin und Königsthron, das Verderben erfaßt auch den Hof König Artus' und droht, die Gemeinschaft der Tafelrunde für immer zu sprengen. Als König Artus ein junger Mann war, regierte er ein blühendes Reich. In den frühesten walisischen Epen wird er stets als viriler, aktiver Mann dargestellt, der sich auf mancherlei Weise als edler und unbezwingbarer Gralsrecke auszeichnet. Als König Artus und seine Ritter die Ursache der Verödung des Landes entdeckten, schworen sie, an den Nachkommen Amangons' Rache zu nehmen, und begaben sich auf die Suche nach den verlorenen heiligen Brunnen. Sie hatten keinen Erfolg, doch sie begegneten einigen Maiden, die von einer Handvoll kampferprobter Ritter eskortiert wurden. Gawain gelang es, einen dieser Ritter namens Blihos Bliheris gefangenzunehmen. Dieser vertraute Artus an, daß die Maiden und ihre Eskorte von den eigentlichen Jungfrauen der Brunnen ausgesandt worden seien und seit langem nach dem Hof des reichen Fischerkönigs suchten, um eine Möglichkeit zu finden, das Land wieder zum Blühen zu bringen. Dies stellte Artus vor ein unlösbares Problem, denn die Nachfahren Amangons' waren zugleich auch die Nachkommen der geschändeten Jungfrauen.

Das Auftauchen von Blihos Bliheris beweist, daß sich der Autor, um seiner Geschichte Authentizität zu verleihen, eines

literarischen Kunstgriffs bediente, indem er die bekannte und historisch verbürgte Figur des Geschichtenerzählers in sein Werk einfügte. Bliheris war ein walisischer Ritter, der im 11. Jahrhundert in Pembrokeshire lebte und bekannt war als der größte Geschichtenerzähler seiner Zeit. Blihos erscheint als ebenso fest integriertes Mitglied der Gralsfamilie – in steter, rastloser Suche nach der verlorenen Gralsburg der Glückseligkeit – wie die legendären Helden selbst. Und als einer aus dem großen Clan der mittelalterlichen Troubadoure und Barden ist er das eigentliche, authentische Echo der »Stimmen der Brunnen«.

Eine weitere Vorgeschichte zu Chrétiens *Conte del Graal* ist der *Bliocadron*. Er wurde im frühen 13. Jahrhundert von einem unbekannten Autor als Prolog für Chrétiens Gralserzählung verfaßt und erzählt die Geschichte der Kindheit und Jugend des Helden. Bliocadron war der Name von Percevals Vater, einem von zwölf Brüdern, die allesamt ihr Leben auf dem Schlachtfeld oder dem Turnierplatz gelassen hatten. Als auch Bliocadron dem verblendeten Beispiel seiner Brüder folgte, zog sich seine Witwe auf eine abgelegene Burg an der Küste von Wales zurück. Um auszuschließen, daß auch ihr Sohn Ritter würde und an Turnieren teilnähme, um dann ebenso zu enden wie sein Vater und seine Onkel, erzieht ihn die Mutter fern von aller Ritterschaft und hält ihn in Unkenntnis der ritterlichen Tugenden. Sie geht sogar so weit, ihn zu warnen, falls er jemals Männer sehen sollte, die »gekleidet« seien, als wären sie »von Eisen bedeckt«, dann wären dies gewiß Teufel. Dann solle er sich bekreuzigen, sein Credo beten und so schnell wie möglich seiner Wege gehen.

Nachdem wir von einem verlorenen Paradies erfahren haben und von der sich ausbreitenden Wüstenei sowie von der verzweifelten Suche nach einem Helden, der fähig ist, die verlorene Harmonie wiederherzustellen, können wir tiefer in Chrétiens Bericht über den Conte del Graal vordringen.

Gegenüberliegende Seite: *Steinerne* **Janusfigur** *aus Holzgerlingen, Deutschland, 6. Jh. v. Chr. Diese zweigesichtige Figur ist über zwei Meter groß und trug ehedem ein Paar Hörner.*
Links: *Schrein aus Bronze, Kupfer und Silber:* **Arm des St. Lachtins,** *Donaghmore, Cork County, 40 Zentimeter hoch.*
Unten: *Illustrationen aus dem Luttrell Psalter.*

Le Conte del Graal

HOCH ÜBER DER KÜSTE VON WALES, in den Vorbergen des Mount Snowdon, übt sich der Sohn einer Witwe im Speerwerfen und begegnet dabei fünf Rittern. Beim Anblick ihrer schimmernden Rüstungen hält er sie für Engel. Von einem der Ritter erfährt der Junge, daß sie vom Hof König Artus' kommen, und er stellt seine Mutter zur Rede. Daraufhin gesteht sie ihm, daß sein Vater ein weithin berühmter Ritter war, der in der Schlacht eine schwere Verwundung in den Lenden davongetragen hatte und an Leib und Seele verstümmelt nach Hause zurückgekehrt war. Als er erfuhr, daß seine beiden anderen Söhne in der Schlacht ihr Leben gelassen hatten, war er an Herzeleid gestorben, worauf sie beschlossen hatte, ihn als letzten Sohn davor zu bewahren, ebenfalls Ritter zu werden und dasselbe Schicksal zu erleiden.

Doch der junge Mann schenkt ihrer Erzählung nicht viel Beachtung; er träumt nur davon, an den Hof des Königs zu gehen, »der Ritter macht«. Seine Mutter näht ihm daraufhin ein lächerlich wirkendes, bäurisches Gewand, in der Hoffnung, daß man ihn wegen seines grotesken und narrenhaften Aussehens bei Hof auslachen und davonjagen werde. Dann gibt sie ihm noch einige Ratschläge mit auf den Weg, wie er sich gegenüber Frauen ritterlich und ehrenhaft zu benehmen habe. Sie erzählt ihm auch von der Kirche und von dem Sohn Gottes. Doch er brennt voller Ungeduld darauf, in die Welt hinauszuziehen, und bald darauf verläßt er die Mutter, die in Kummer und Schmerz zurückbleibt. Als er die Brücke überquert hat, blickt er noch einmal zurück und sieht sie ohnmächtig im Staub liegen, doch er gibt seinem Pferd die Sporen und reitet davon.

Das Thema Mutter und Sohn ist in allen Kulturen verbreitet, doch seinen stärksten Ausdruck findet es sicherlich im Abendland in der Figur der Jungfrau mit dem Kind. Auch den Kelten waren zahlreiche solcher Archetypen bekannt wie Modron und Mabon oder Rhiannon und Pryderi, die als ausdrucksvolle Beispiele einer besonderen Verehrung der Frau als Mutter betrachtet werden können und darüber hinaus von der Verehrung der Kelten für die Göttin zeugen. Im Aspekt der Mutter, die ihr flügge gewordenes Kind loslassen muß, tritt sie uns in der Legende zum ersten Mal entgegen.

Keltischer Kopf *auf einem Opfergefäß mit einem Halsring (Torque) aus Gold oder Silber, 1. Jh. n. Chr.*

Peredur

TIEF IN DEN WÄLDERN VON NORDWALES wächst der junge *Peredur* auf, Held der gleichnamigen walisischen Dichtung, in der wir eine beinahe identische Beschreibung der Kindheit und Jugend des Heroen finden. In dieser Erzählung ist Peredur der siebte Sohn. Sein Vater und seine sechs Brüder waren alle im Kampf gestorben, und seine Mutter war mit ihrem letzten Kind in die Wildnis gezogen, um ihm ein ähnliches Schicksal zu ersparen. Der Junge wächst allein und in völliger Unkenntnis seiner Abkunft auf. Wir erfahren, daß »der Sohn, der keinen Namen hatte, so flink auf den Beinen war, daß er zwei Hirschkühe einholen konnte«, und selbst ohne Übung konnte er hervorragend mit dem walisischen Javelinspeer umgehen. Doch seine Unschuld und sein Mangel an Erfahrung stempeln ihn zum einfältigen Narren.

Eines Tages begegnet er den Rittern Gawain, Urien und Owein, die seine Mutter als Engel beschrieben hatte. Owein erklärt ihm, daß er nichts dergleichen sei, und Peredur verspürt nur noch den einen Wunsch, sich den Rittern anzuschließen. Angesichts seiner Entschlossenheit legt ihm seine Mutter ans Herz, zu König Artus zu gehen, mit dem sie verwandt seien. Dann gibt sie ihm den Rat, in die Kirche zu gehen, sobald er zu einer käme; wenn ihm Fleisch und Trank angeboten würden, diese anzunehmen; falls er einen Hilferuf höre, besonders von einer Frau, diesem zu folgen; wenn er einen Edelstein sehe, ihn zu nehmen und einem anderen zu geben, und falls er einer schönen Jungfrau begegne, solle er sie lieben.

Die Erzählung berichtet, daß Peredur zu einem Pavillon kommt, den er irrtümlich für eine Kirche hält, was bereits erahnen läßt, daß er sich an einem heiligen Ort befindet. Eine wunderschöne Frau mit kastanienrotem Haar und einem goldenen Diadem sitzt auf einem goldenen Stuhl und heißt ihn willkommen. Er bittet sie um Speise und Trank, und sie bewirtet ihn großzügig. Er bittet sie um ihren Ring, und auch diesen Wunsch gewährt sie ihm. Daraufhin kniet er vor ihr nieder, küßt sie und zieht weiter. Der Aufbau dieser Szene legt die Vermutung nahe, daß dies die erste Begegnung des Helden mit der Herrin des Landes ist. Doch er hat noch viel zu lernen und ist noch nicht fähig, Verantwortung für die Konsequenzen seines Tuns zu übernehmen. Der Gemahl und Recke der schönen Frau kehrt zurück und glaubt, der junge Mann habe seiner Dame Schande angetan, und er gelobt, nicht eher zu ruhen, bis er Peredur gestellt und die angebliche Schmach seiner Gemahlin gerächt habe.

Auch in Chrétiens *Le Conte del Graal* hält der junge Narr ein prachtvoll geschmücktes Zelt für eine Kirche und tritt ein. Drinnen findet er eine wunderschöne schlafende Jungfrau vor, die er ohne zu zögern aufweckt. Wie seine Mutter ihm geraten hat, küßt er sie gegen ihren Willen und nimmt, obgleich sie verängstigt erscheint, ihren Ring. Nachdem er sich von den auf einer Tafel ausgebreiteten Speisen reichlich bedient hat, reitet er davon, ohne einen Gedanken an die weinende Frau und das Schicksal zu verschwenden, das sie vermutlich durch die Hand ihres eifersüchtigen Gemahls zu erwarten hat. Als ihr Gemahl zurückkehrt, ist er überzeugt, daß sie ihm untreu gewesen ist, und außer sich vor Zorn schwört er, daß sie leiden werde, bis er sich gerächt habe.

Wie wir sehen, unterscheidet sich das arme Mädchen in Chrétiens Roman doch beträchtlich von der majestätischen Gestalt der Herrin des Landes in der walisischen Erzählung von *Peredur*. Doch bei keiner der beiden Begebenheiten findet irgendein entscheidender Schlagabtausch statt, da der Held noch viel zu lernen und durchzustehen hat, ehe er der Geschenke der Göttin der Herrschaft würdig ist.

Gegenüberliegende Seite: *Szene aus* **Le Livre du Cueurs d'Amours**. *Illuminierte Handschrift, Frankreich, 15. Jh.* ***Rechts:*** *Keltischer Bronzegott oder Heroenstatue aus dem Tal der Juine, Frankreich, 1. Jh. v. Chr.*

Ein Ritter für den König

PERCEVAL TRIFFT SCHLIESSLICH in Carduel ein, wo König Artus Hof hält, doch bevor er die Burg betritt, begegnet er einem Ritter in einer prachtvollen roten Rüstung, der einen goldenen Becher bei sich trägt, welchen er von der Tafel des Königs gestohlen hat. Dabei stieß er unabsichtlich den Pokal der Königin um, so daß sich der Inhalt über ihren Schoß ergoß, womit er die Würde der Königin beleidigte.

Im walisischen *Peredur* ist diese Szene weitaus handfester dargestellt: Der Rote Ritter entreißt Königin Guenevere den Pokal, schüttet ihr den Inhalt ins Gesicht, ohrfeigt sie und fordert dann alle heraus, die Schmach zu rächen. Sein Verhalten ist eine ungeheuerliche Beleidigung, und der Diebstahl des Bechers bedeutet für Artus einen Verlust der Herrschaft, da die Göttin durch diesen Becher den Anspruch auf den Königsthron verleiht.

Beide Versionen dieser Episode lassen bemerkenswerte Ähnlichkeiten mit den älteren Legenden von den Jungfrauen der Brunnen erkennen. Auch die Königin muß wie die Jungfrauen von den Brunnen, die die Repräsentantinnen der Erdgöttin sind, Schande und Erniedrigung erdulden. Nun ist es nicht mehr Amangons, der die Untat begeht, sondern der Rote Ritter, der Gwenhwyfer beleidigt und in ihrer Person auch die Göttin der Herrschaft.

Der Rote Ritter schickt den jungen Mann mit der Botschaft zum König: »Gebt mir das Land, das mir rechtmäßig zusteht, oder schickt mir einen Recken, der mit mir um den Becher kämpft«, doch unser junger Narr hat nur Augen für die schimmernde rote Rüstung und vergißt, die Botschaft zu überbringen. Er begegnet dem gramgebeugten König, der voller Furcht ist wegen der Herausforderung des Roten Ritters.

Weder der König selbst noch einer seiner Ritter besitzt den Mut, dem Roten Ritter entgegenzutreten. Obwohl er, wie berichtet wird, soeben eine große Schlacht gewonnen hat, haben die meisten seiner Ritter der Tafelrunde den Hof verlassen und sich in alle Winde zerstreut, was vermuten läßt, daß im Reich nicht alles zum Besten steht. König Artus wird in zunehmendem Maß zu einer Nebenfigur, die ihre Pflichten an jüngere Ritter wie Gawain delegiert, welcher allerdings während dieser Episode nicht anwesend zu sein scheint.

In den frühesten irischen Epen wurde Artus stets als viril und zupackend dargestellt, inzwischen jedoch erscheint er geschwächt, und über das Land hat sich eine geistige und physische Lethargie gesenkt. Dieser angedeutete Niedergang des Reiches ist auf das Unvermögen Artus' zurückzuführen, die Vereinigung mit seiner Königin und daher auch mit dem Land zu vollziehen.

In der Ballade von König Artus und König Cornwall prahlt letzterer:

»Ich bekam eine Tochter von König Arthurs Weibe,
Die nun genannt wird meine Blume.
Denn König Artus, der brave Hahnrei,
Hat solches nicht zu seinem Ruhme.«

Wie anders klingt dieses Lied als jene aus den glücklicheren Tagen von König Artus' wilder Jugend.

Links: **Schlangenstein**, *Maryport, Cumberland. Diese mehr als einen Meter hohe Skulptur kombiniert Aspekte des keltischen Kopfkults, der Gekrönten Schlangen der Fruchtbarkeit und Spuren eines in die Hoden geritzten Lachses der Weisheit. Der Kopf selbst ist auf die Glans des Phallus modelliert.*

Oben: *Das kreisförmige* **Amphitheater** *in* **Caerleon**, *Wales, wurde lange für die Stätte von König Artus' Hof in Carduel gehalten, doch inzwischen ist nachgewiesen, daß die meisten der Ruinen römischen Ursprungs sind. Zudem vermutete man einen Zusammenhang zwischen dem runden Amphitheater und der legendären Tafelrunde.*

Die rote Rüstung

Trotz der auffallenden Zurückhaltung der anwesenden Ritter brennt der junge Held vor Ungeduld, zum Ritter geschlagen zu werden, damit er hinausreiten kann, um den Roten Ritter herauszufordern und seine Rüstung zu gewinnen. Kai (Keye), König Artus' rauhbeiniger Seneschall, macht sich über den jungen Burschen lustig und versichert ihm, daß Artus seinen Wunsch gewiß erfüllen und ihm Waffen und Rüstung des Roten Ritters überlassen werde. Er brauche nur hinauszureiten und sie sich holen. Als König Artus seinen Seneschall zurechtweist ob seiner Herzlosigkeit, einen unerfahrenen Jüngling nur zum Spaß in den sicheren Tod zu schicken, lacht eine wunderschöne Jungfrau, die ebenfalls an der Tafel sitzt, hell auf und versichert dem erstaunten Jüngling, daß es nie einen tapfereren und besseren Ritter geben werde als ihn. Der aufbrausende und eifersüchtige Kai schlägt der Jungfrau ins Gesicht und versetzt dem Hofnarren einen Fußtritt, weil dieser prophezeit hat, das Mädchen werde erst wieder lachen, wenn sie den Mann erblicke, der der edelste und tapferste unter den Rittern sei. Das prophetische Lachen war unter keltischen Geschichtenerzählern ein besonders geschätztes Motiv, aber nur jene, die über wahrhaft seherische Gaben verfügten, gebrauchten es je. Es geschah häufig, daß Merlin seine Prophezeiungen, selbst wenn sie verhängnisvolle Ereignisse voraussagten, mit einem Lachen aussprach. Dem Lachen wurden magische Eigenschaften zugeschrieben, und oft ritten die Helden lachend in die Schlacht.

Der Jüngling funkelt Kai finster an, doch dann reitet er hinaus und fordert in arrogantem Ton die Rüstung des Roten Ritters. Der Ritter ist jedoch nicht zu Scherzen aufgelegt und versetzt dem ungeschlachten Jüngling einen Stoß mit dem stumpfen Ende seiner Lanze, was diesen veranlaßt, seinen Speer gegen den Ritter zu schleudern, der das Helmvisier durchstößt und sich in das Auge des Roten Ritters bohrt.

Der Jüngling macht sich sogleich daran, dem Toten die Rüstung abzunehmen, doch erst mit Hilfe eines Knappen gelingt es ihm, die ungewohnte Kleidung selbst anzulegen. Zudem weigert er sich, die groben Kleidungsstücke abzulegen, die ihm seine Mutter gesponnen hat. Der Möchtegernritter befielt dem Knappen, den goldenen Becher der Königin zurückzubringen, und schwört, daß er die Jungfrau rächen werde. Dann gibt er seinem Pferd die Sporen und reitet von dannen.

Angesichts der dem König und der Königin zugefügten Kränkung verblaßt der sehnliche Wunsch des Jünglings, ein Ritter zu werden, für eine Weile. Doch das Schicksal nimmt seinen Lauf, ehe der Held das Mannesalter erreicht und seinen Platz in der höfischen Gesellschaft findet. Das Schicksal zwingt ihn früh in die Rolle des jugendlichen Recken, der außerhalb der üblichen sozialen Hierarchie bleibt. Er verdient sich seine Position nicht durch edle Taten, sie wird ihm aufgezwungen. Er selbst *ist* sein Schicksal.

Gegenüberliegende Seite:
Helm, *Begräbnisschiff von Sutton Hoo, 5. Jh. Obgleich der abgebildete Helm vermutlich angelsächsischer Herkunft ist, zeigt er die große Vielfalt an Waffen, über die die Krieger jener Epoche verfügten. Waffen oder Helme wie dieser und zahlreiche andere von den einander bekriegenden Parteien des post-römischen Britanniens erbeutete Trophäen deuten darauf hin, daß jede gute Rüstung geschätzt und von all denen getragen wurde, die stark genug waren, sie sich zu nehmen.*
***Links:* Epona**, *die gallische Pferdegöttin. Epona wurde vor allem von den Soldaten der römischen Kavallerie kultisch verehrt. Sie ist das Pendant zur irischen und walisischen Göttin Rhiannon, deren Sohn Pryderi ein frühes Vorbild für Peredur und Perceval (Parzival) ist.*

Der Kodex

Fern von Carduel gelangt unser Held, der noch einen Namen erringen muß, zu einer trutzigen Burg, auf der er Gurnemanz von Gohort begegnet, der sich bereit erklärt, ihm beizubringen, wie man ein Pferd lenkt und mit Lanze und Schwert umgeht. Er macht Peredur mit den ritterlichen Tugenden vertraut und schärft ihm ein, jedem Ritter gegenüber, den er besiegt hat, Gnade walten zu lassen, nicht geschwätzig zu sein, jedem, der in Not geraten ist, zu Hilfe zu eilen und die Kirche zu besuchen. Auf Gurnemanz' Burg wird unser Held in die Werte der Männergesellschaft seiner Epoche eingeführt, die von einem komplexen Verhaltens- und Ehrenkodex bestimmt ist. Die Ursache für sein späteres Versagen auf der Gralsburg liegt darin, daß er diese Regeln zu wörtlich nimmt oder mißversteht, denn als er sich in einer Situation befindet, die von ihm eine wahrhaftige und natürliche Reaktion verlangt, fällt er zurück in seine alten Verhaltensweisen, die der Situation gänzlich unangemessen sind.

Nachdem Peredur die Hand von Gurnemanz' Tochter dankend abgelehnt hat, in der Überzeugung, sich eine Braut erst durch verdienstvolle Taten erringen zu müssen, begibt er sich auf die Suche nach seiner Mutter. Auf der nächsten Burg begegnet er einem alten, lahmen Ritter, der sein Onkel ist. Der Alte lädt Peredur ein, ihm vor dem Kamin Gesellschaft zu leisten, und gemeinsam sehen sie zwei jungen Burschen zu, die sich im Schwertkampf üben.

Peredur fordert den besseren der beiden zu einem Scheinkampf, und sein Gastgeber prophezeit ihm, in Bälde der tapferste und ruhmreichste Ritter des Landes zu sein, doch zuvor müsse er die Ratschläge seiner Mutter vergessen und die Tugenden erlernen, die einen wahren Ritter auszeichnen.

Peredur reitet davon und gelangt zu einer weiteren Burg, auf der er einen anderen Onkel mütterlicherseits trifft, der ihn im Schwertkampf unterrichtet. Peredur wird aufgefordert, mit dem Schwert dreimal eine Eisenstange zu durchschlagen, doch jedesmal bricht sein Schwert. Zweimal gelingt es ihm, die Klinge wieder zusammenzufügen, doch beim dritten Versuch mißlingt es ihm, und sein Oheim stellt fest, daß er erst zwei Drittel seiner ganzen Kraft erlangt hat, obgleich er jetzt schon der beste und geschickteste Schwertkämpfer des Landes ist.

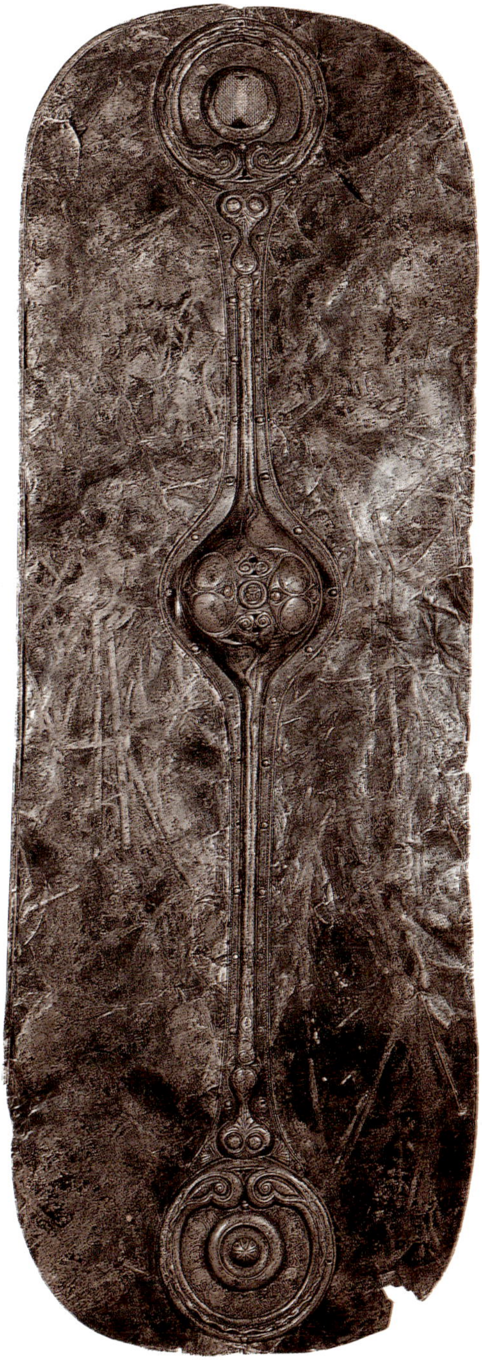

Oben: **Kratzzeichnung,** *3. Jh. n. Chr. Römische Kettenpanzerung, die sowohl das Pferd wie auch den Reiter schützt; die Römer entwickelten solche Kettenrüstungen nach dem Vorbild asiatischer Reiternomaden. In der historischen Epoche, in der die Gralserzählungen angesiedelt sind, also nach dem Ende der römischen Besatzung Britanniens, ist in weiten Teilen Europas eine bis dahin nicht gekannte Verbreitung schwergepanzerter Reiterei zu beobachten. Die ersten Kriegerhorden, die in Mitteleuropa mit Körperpanzerungen aus Horn- oder Metallschuppen für Reiter und Pferd auftauchten, waren die Sarmaten. Diese Reiternomaden aus den osteuropäischen Steppen benutzten auch lange Lanzen und zweischneidige Schwerter. Interessant im Hinblick auf die Ritter der Artusrunde ist die Tatsache, daß die sarmatischen Krieger ein windsackähnliches Kriegsbanner mit sich führten, das einen Drachen darstellte; das Symbol ihres Kriegsgottes war ein in die Erde oder in eine felsige Erhebung gerammtes Schwert. Selbst Excalibur, das heilige Schwert von König Artus, stammt von den Chalyben (von griech. chalyps = Stahl), dem sarmatischen Clan der Schmiede.*

Links: **Bronzeschild** *aus Witham, Lincolnshire.*

Gegenüberliegende Seite: *Aus der Themse in London geborgener* **Schild**. *Beide Schilde stammen vermutlich aus dem 3. Jh. und waren Votiv- oder Zeremonialwaffen.*

Der Narr und die Jungfrau

Chrétiens Erzählung schildert, wie sein Held in einen tiefen Wald reitet, in dessen Mitte er auf eine von Mauern umgebene Stadt stößt, die belagert wird. Das Land im Umkreis der Stadt ist verwüstet, und obgleich die Bewohner der Stadt ihm Obdach anbieten, leiden sie Hunger und können dem Feind nur noch einen Tag widerstehen. Blancheflor, die wunderschöne, goldenhaarige junge Königin des Reiches kommt des Nachts an das Lager des Helden und erzählt, daß ein ungebetener Freier namens Clamadeu die Stadt belagere und daß sie lieber sterben werde als ihm zu Willen zu sein. Das junge Paar verbringt die ganze Nacht in keuscher Umarmung auf dem schlichten Lager, und als der Morgen graut, erbietet sich der junge Ritter, gegen den Feind der Königin zu kämpfen, wenn diese ihm verspricht, sein zu werden, falls er den Sieg davontrage. Sie versichert ihn ihrer Liebe auch ohne solche Bedingungen, doch er ist entschlossen, für sie zu kämpfen. Zunächst trifft er auf Clamadeus Seneschall und streckt ihn nieder, doch er besinnt sich der ritterlichen Tugend der Gnade und sendet den Besiegten zu König Artus mit dem Geheiß, sich dort als der Gefangene der Jungfrau einzufinden, die von Kai geschlagen wurde.

Der siegreiche Held kehrt ins Schloß zurück und verbringt eine weitere Nacht in keuscher Umarmung mit Blancheflor. Am nächsten Tag trifft er auf zwanzig gegen ihn gesandte Ritter, die er besiegt. Die Geschicke der Stadt wenden sich zum Besseren, und in der folgenden Nacht wird ein mit Nahrungsmitteln beladenes Schiff von Sturmböen in den Hafen getrieben. Am dritten Tag besiegt er auch Clamadeu, den er ebenfalls verschont und mit einer Botschaft für die von Kai geschlagene Jungfrau an den Hof König Artus' schickt.

Nun herrscht Friede im Land, und die beiden Liebenden werden endlich Mann und Frau. Doch nur zu bald sehnt sich der junge Ritter danach, seine Mutter wiederzusehen, um sich zu vergewissern, daß es ihr gut geht. Er gelobt, so bald wie möglich wieder zu seiner geliebten Blancheflor und ihrem Schloß Beaurepaire zurückzukehren.

Chrétien de Troyes war bereits ein weithin bekannter Dichter von populären Romanzen, lange bevor der *Le Conte del Graal* niederschrieb. Stoff und Form seines früher verfaßten Heldengedichts *Lancelot* wurden ihm zu großen Teilen von der Gräfin Marie de Champagne diktiert. Die einflußreiche Tochter von Eleonore von Aquitanien hatte in Poitiers nach alter Tradition des Languedoc einen der ersten Liebeshöfe gegründet, die wie fiktive Gerichtshöfe inszeniert waren, an welchen Streitfragen über Liebesdinge erörtert wurden. Dem Minnehof in Poitiers stand mit der Gräfin Marie de Champagne eine außergewöhnliche Edelfrau vor, die dafür sorgte, daß die Gesetze des Minnehofs den Idealen der höfischen Dichtung angepaßt wurden. Chrétien stand während der vier Jahre, die er am Hof von Poitiers verbrachte, unter ihrem direkten Einfluß. Doch wie es scheint, sträubte er sich gegen einige ihrer Vorstellungen, unter anderem gegen ihre Auffassung, daß zwischen Mann und Frau keine wahre höfische Liebe möglich sei. Vermutlich dachte sie dabei an die Ehe ihrer Mutter, der stolzen und ehrgeizigen Eleonore von Aquitanien, mit Heinrich II., doch Chrétien verleiht den Liebesszenen zwischen Blancheflor und Perceval eine entwaffnende Unschuld und Naivität, die sich gänzlich von den verbotenen Vorkommnissen zwischen Königin Guinevere und Lanzelot unterscheiden.

Rechts: **Bemaltes Tablett**, *um 1400. In dieser bildlichen Darstellung der Herrschaft der Liebe wird Venus in ähnlicher Weise verehrt wie die Heilige Jungfrau. Die hier in anbetender Bewunderung dargestellten Verehrer sind die sechs großen Liebhaber der abendländischen Kulturgeschichte, zu denen neben Paris auch Tristan und Lanzelot gehören. Der Einfluß der Minnehöfe von Eleonore von Aquitanien und Marie de Champagne war inzwischen an allen Höfen Europas zu spüren, und Chrétien, der einstige Hofdichter von Marie, war sich der Anziehungskraft ihrer Ideen durchaus bewußt.*

Die Burg des Fischerkönigs

OHNE ZU RASTEN, REITET PERCEVAL und gelangt an einen breiten Fluß ohne Furt. Er erblickt zwei Fischer in einem Boot und fragt sie, ob er hier Unterkunft finden könne. Die beiden schicken ihn zu einer mächtigen Burg mit einem großen viereckigen Turm. Der Saal der Burg ist von prachtvollen Arkaden umgeben. Er wird willkommen geheißen und trifft später seinen Gastgeber, der sich als einer der beiden Fischer herausstellt. Der Burgherr entschuldigt sich, daß er sich nicht erheben könne, doch der junge Ritter versäumt es, nach dem Grund zu fragen. Nun sind wir endlich in der Gralsburg angelangt. Sie ist für alle Menschen unsichtbar, außer für jene, die sich als würdig erwiesen haben. Wir dürfen nicht vergessen, daß wir uns tief in der Gegenwelt befinden, im Herzen des Reichs von Logres, das darniederliegt, weil der Fischerkönig in seinen Lenden verwundet und impotent ist. Ein realer historischer Standort für die Gralsburg läßt sich nicht benennen, und doch berühren sich die beiden Welten an bestimmten heiligen Orten. Der Standort, der mit den meisten Beschreibungen übereinstimmt und dazu über eine untadelige Ahnenreihe verfügt, ist Castell Dinas Bran in Llangolan in Nordwales, das hoch über dem Fluß Dee thront. Der Überlieferung zufolge war dies die Burg des walisischen Heldengottes Bran. Der legendäre König Bran besaß einen magischen Wiedergeburtskessel und eine nie versiegende Schüssel der Fülle, was an den reichen Fischer, den ersten Hüter des Grals, denken läßt, der im *Perlesvaus* Bron genannt wird.

Chrétien de Troyes gibt uns keine weiteren Erklärungen zu seinem Fischerkönig, doch wir wissen, daß Bran der walisische Gott des Meeres war und daß der Dee berühmt für seinen Fischreichtum ist. Zudem litten beide – sowohl Bran als auch der Fischerkönig – unter Verwundungen, die nicht heilten, und beide bewirteten ihre Gäste überreichlich.

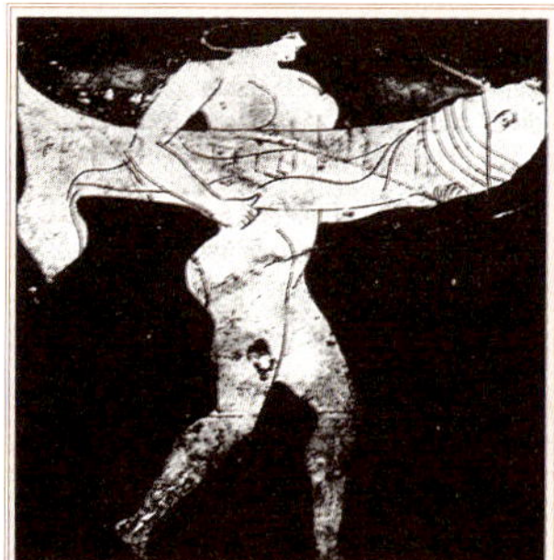

Oben links:* Griechisches Vasengemälde**, *5. Jh. v. Chr. Frau, die einen imponierenden Fisch-Phallus trägt. Bei Fruchtbarkeitsfeiern im alten Athen waren erotische Darstellungen wie diese zur Stimulierung der Teilnehmer gedacht.* ***Doppelseite: **Castell Dinas Bran**, *Llangolan, Wales.* ***Oben rechts:*** **Grabplastik**, *13. Jh., Museum v. Lerida.*

Identifikation Christi mit dem Fisch ist in dieser Darstellung eines riesenhaften Fischs in einem Gefäß klar zu erkennen. Die frühen Christen benutzten in der Absicht, ihren wahren Glauben zu verbergen, den Fisch als Symbol, dessen griechische Bezeichnung ICHTHYS ein Anagramm der Worte »Iesoús CHristós THeoú HYiós Sotér« (Jesus Christus, Gottes Sohn, der Erlöser) bildet.

Die Gralsjungfrau

Das Schwert und die Gralsprozession, französische Handschrift, 14. Jh.

Als der König und der Ritter an der mit üppigen Speisen gedeckten Tafel sitzen und in ein angeregtes Gespräch vertieft sind, erscheint ein junger Bursche, der ein Schwert in Händen trägt. Er überreicht es dem Gastgeber mit der Nachricht, es stamme von der Nichte des Königs und seine Klinge sei so hart, daß sie nie zerbrochen werden könne, außer in einem sehr gefahrvollen Augenblick, den nur Trebuchet kenne, der die Klinge geschmiedet hat. Der König reicht das Schwert dem Ritter und erklärt, daß ihm bestimmt sei, das Schwert zu tragen.

Dann tritt ein zweiter Bursche in den Saal, der eine weiße Lanze trägt, von deren Spitze Blut tropft. *»Zwei weitere junge Burschen erschienen, die Kandelaber trugen und von einer schönen Jungfrau gefolgt wurden, die einen mit Edelsteinen geschmückten, goldenen Gral in beiden Händen hielt. Sie war wunderschön, von großer Anmut und mit wohlgeschmückten Kleidern angetan, und als sie mit dem Gral vorwärtsschritt, erfüllte den Saal ein so strahlendes Licht, daß die Kerzen ihren Glanz verloren, gleich den Sternen, wenn der Mond oder die Sonne aufgeht. Eine zweite Jungfrau folgte ihr, die eine silberne Schale trug.«* Die Prozession und der Gral ziehen ein zweites Mal an der Tafel vorüber, doch der junge Ritter fragt nicht, was es damit auf sich habe, aus Angst, er könnte den Burgherrn mit seiner Neugier verletzen. Der Held hat zum ersten Mal die Gralsjungfrau erblickt und die vier Heiligen Insignien; das Schwert, die silberne Schale, die Lanze und den Gral. Die Herrin des Landes selbst in Gestalt einer Jungfrau trägt den heiligsten aller Gegenstände, den Gral. Der Burgherr ist zwar nach wie vor höflich und gastfreundlich, zieht sich jedoch zur Nachtruhe zurück.

Nach tiefem Schlaf erwacht der junge Held am Morgen allein in einer, wie es scheint, unbewohnten Burg. Er legt seine Rüstung an und sucht sein Pferd, doch als er über die Zugbrücke reitet, wird diese plötzlich hochgezogen, und er muß mit seinem Pferd ins Freie hinabspringen. In der Annahme, die Burgbewohner, die er am Abend zuvor an der Tafel kennengelernt hatte, seien zur Jagd ausgeritten, folgt der junge Ritter den Pfaden, die von der Burg fortführen, und trifft alsbald auf ein junges Mädchen, das ihren Liebsten beweint, der soeben von einem Ritter erschlagen worden ist. Sie fragt, wo der Jüngling die Nacht verbracht habe, und er beschreibt ihr die Burg. Sie erklärt ihm, daß dies die Burg des reichen Fischerkönigs sei, der an einer schweren Verletzung zwischen den Schenkeln leide. Dann erkundigt sie sich, ob er die Lanze und die Gralsprozession gesehen habe. Als sie erfährt, daß er stumm geblieben sei, als er diese Dinge sah, fragt sie ihn nach seinem Namen.

Einer instinktiven Eingebung folgend, erwidert er, daß er Perceval von Wales sei, obgleich bis zu diesem Punkt weder er noch wir seinen Namen kannten. Sie nennt ihn Perceval, den Unglücklichen, denn hätte er nur die Frage ausgesprochen, die ihn beschäftigte, wäre der König genesen. Er hätte wieder sein Reich regieren können, und großer Segen wäre für alle daraus erwachsen.

Sie erklärt ihm, daß sein Unglück eine Folge des Unrechts sei, das er seiner Mutter angetan habe, die seinetwegen vor Kummer gestorben ist, und prophezeit ihm, daß das Schwert ihm im Augenblick der größten Not den Dienst versagen werde.

Perceval ist der Herrin des Landes und ewigen Jungfrau begegnet, die ihren Recken tadelt und ihm doch zugleich Einblick in seine mißliche Lage gewährt.

»Thronendes Mädchen«, *von Thomas Gotch, 1894, Privatsammlung.*

Das Schwert

TATSÄCHLICH SCHEINEN DIE VIER HEILIGEN Insignien, die Chrétiens Perceval überreicht werden, beziehungsweise die man in der Gralsprozession an ihm vorüberträgt, aus früheren keltischen Quellen der Mythologie Britanniens und Irlands zu stammen. Viele Wissenschaftler neigen zu der Ansicht, daß die vier Schätze der Tuatha de Dannaan – des Geschlechts der großen irischen Muttergottheit Danu – als Vorbild für die Heiligen Insignien des Grals fungierten. Zumindest ist eine weitgehende Übereinstimmung dieser vier magischen Schätze – das Schwert des Nuada, der irische Königsstein Lia Fail, der Kessel des Dagda und der Speer des Lugh – mit den späteren heiligen Insignien des Grals nicht von der Hand zu weisen.

Blut ist das zentrale Leitmotiv der gesamten Gralssage. Und es ist gewiß kein Zufall, daß die Heiligen Insignien nicht allein aufgrund der ihnen zugeschriebenen Eigenschaften verehrt werden, sondern vor allem wegen ihrer engen Beziehung zu Blut. Später werden wir erfahren, daß Gawain das Heilige Schwert erringen muß, mit dem Johannes der Täufer enthauptet wurde. Dieses Schwert blutet zu Mittag. Soeben haben wir von einer Lanze gehört, von der Blut tropft. Und in der Gralsprozession, die Peredur miterlebt, wird eine Schale getragen, auf der ein blutendes Haupt liegt. Zudem ist in den meisten der christlich beeinflußten Versionen der Gralskelch die Schale, in der Joseph von Arimathia das Blut Christi aufgefangen hat. Auch der Fischerkönig hat eine blutende Wunde, die nicht heilen kann – ein Umstand, der uns daran erinnert, daß das Leben ein immerwährender, fortschreitender Prozeß ist, der sich uns stets nur im Schwebezustand des Augenblicks eröffnet.

Wenn wir bereits zu einem so frühen Stadium unserer Betrachtungen die vier Heiligen Insignien in Augenschein nehmen wollen, werden wir uns des öfteren außerhalb der keltischen Tradition begeben müssen, doch dies ist unumgänglich, wenn wir die außerordentliche Dichte und Komplexität des Bildes verstehen wollen. Die vier heiligen Gegenstände können dem männlichen Prinzip der

Die Stationen der vier Heiligen Insignien

Der irische Dichter W.B. Yeats scheint der erste gewesen zu sein, dem die bemerkenswerten Parallelen zwischen den vier Schätzen der Tuatha de Danaan und den vier Assen der Tarot-Familien auffielen. Wenn wir die vier Asse des Waite-Tarot-Decks mit den vier Heiligen Insignien des Grals vergleichen, finden wir verblüffende Ähnlichkeiten. Oberflächlich betrachtet scheint der Speer bzw. die Lanze mit dem As der Stäbe nicht viel gemein zu haben, doch wenn wir uns ins Gedächtnis zurückrufen, daß die Lanze das heilige Objekt ist, welches das Land heilt, das Leben erneuert und die Fruchtbarkeit zurückbringt, dann paßt der sprießende, grünende Stab der Tarotkarten sehr gut ins Bild.

Schwert
Luft
Frühling
Gelb
Artus
Osten

Teller
Erde
Winter
Grün
Gawain
Norden

Gral
Wasser
Herbst
Blau
Parzival
Westen

Speer
Feuer
Sommer
Rot
Amfortas
Süden

Oben: *Artus' Schwert Excalibur wird an die Herrin vom See zurückgegeben, womit der Anspruch des Königs auf das Reich und den Ehebund mit der Herrin des Landes erlischt.*

Klinge (Schwert und Lanze) oder dem weiblichen Prinzip des Gefäßes (Schale und Gralskelch) zugeordnet werden.

Auf der Suche nach dem Prototyp des heiligen Schwerts stoßen wir auf keltische und christliche Überlieferungen. Das früheste bekannte keltische Beispiel ist das Schwert des Nuadu, das in der christlichen Legende der *Queste del San Gral* als einer der vier Schätze der Tuatha de Danaan bezeichnet wird. Das früheste christliche Beispiel eines legendären Schwerts ist das Schwert Davids, welches Salomons Weib in das Schiff ihres Gemahls legt, damit es die Zeitalter hinabschwimme, bis die Gralsritter es entdecken.

In dem walisischen Versepos *»Die Kriegsbeute von Annwn«* wird ein machtvolles Schwert erwähnt, das von Llwch Lleminawc geschmiedet wurde, hinter dem sich der Gott Lugh verbarg. Dieses Schwert taucht später in dem walisischen Heldenepos *»Culhwch und Olwen«* wieder auf und wird Caledfwlch (Excalibur) genannt. Dort erhält der jugendliche Held ein magisches Schwert aus Licht von dem Riesen Gwrnach. Es ist das legendäre keltische Glaive, der Vorläufer aller großen Klingen, die allein von Helden geschmiedet werden können, die von der Bestimmung dazu auserwählt sind. Solche Schwerter besitzen einzigartige Eigenschaften, und oft verleihen sie dem Besitzer übermenschliche Fähigkeiten. Doch solche mit magischen Kräften ausgestattete Geschenke sind immer zweischneidig, denn sie fordern von dem, der so kühn ist, sie zu benutzen, einen hohen Preis: Das Schicksal des Mannes ist unweigerlich mit dem Schicksal des Schwerts verbunden.

Häufig ist das Schwert in zwei Teile zerbrochen. In *Peredur* zerbricht der Held das Schwert zweimal, doch bei seinem dritten Versuch gelingt es ihm nicht mehr, die Teile zusammenzufügen. Er kann das Schwert erst dann wieder zusammensetzen, wenn er sich dessen würdig erweist und eine Reihe von Aufgaben auf seinem Gralsweg erfüllt hat.

In Wolframs *Parzival* erhält der Held ein fabelhaftes Schwert, das jedoch einen Riß hat, und just in dem Augenblick, als er es im Kampf braucht, zerbricht es. Zum Glück für den Helden geschieht dies während eines Kampfs mit seinem eigenen Halbbruder Feirefiz, der den Vorteil nicht ausnutzt und sein Schwert ebenfalls fallen läßt. In *Le Conte del Graal* ist es Gawain, der begreifen muß, daß es gefährlich ist, sich nur auf das Schwert allein zu verlassen, und daß der Suchende besser beraten ist, wenn er auf sich selbst vertraut. Wie Parzival besitzt auch Gawain ein Schwert, das zerbricht, wieder zusammengefügt wird und in einem entscheidenden Augenblick möglicherweise wieder bricht.

In dem Versroman *Perlesvaus* ist es Gawain, der sich auf die Suche nach dem Schwert begibt, mit dem Johannes der Täufer enthauptet wurde. Dieses Schwert blutet zu Mittag, der Tageszeit, als Johannes der Täufer starb. In den traditionellen Überlieferungen wird Gawain die Aufgabe zugeschrieben, Artus' magisches Schwert Excalibur in Verwahrung zu halten, bis der junge König reif ist, die damit verbundene Last zu tragen.

Ein Schwert ist für Artus' Aufstieg natürlich von größter Wichtigkeit. Sein Anspruch auf den Thron und die Vermählung mit der Herrin des Landes und damit auf das Land selbst steht und fällt damit, ob er ein Schwert aus einem Felsen ziehen kann. Doch seine wahre Macht liegt in einem anderen Schwert begründet, dem sagenumwobenen Excalibur, das ihm von der Herrin vom See gegeben wird, der Schutzherrin und Lehrerin von Lanzelot und dessen Sohn Galahad.

Im *Queste del San Graal* wird die Geschichte des Schwerts Davids erzählt. Salomons Weib legte die Waffe in ein Schiff, das sie gebaut hatte und das durch die Zeitalter segelt und schließlich von den drei christlichen Gralsrittern Galahad, Perceval und Bors gefunden wird. Als sie das wundersame Schwert endlich entdecken, erzählt ihnen Percevals Schwester Dindraine seine Geschichte. In dieser Legende ist das Blankziehen des Schwerts durch unwürdige Hände die Ursache für die Verödung des Landes, welches der Held nun wieder in seinen ursprünglichen blühenden Zustand zurückversetzen muß. Die letzte Hand, die das Schwert berührt hat, bevor sie es finden, war die König Parians, der von einer Lanze zwischen den Schenkeln verwundet und impotent gemacht wurde.

Die Scheibe

Trotz der Vielzahl an Formen, in denen uns die Scheibe oder der Teller in den Gralslegenden begegnet, ist es doch immer dasselbe heilige Objekt, welches als Stein, Spielbrett, Scheibe, Teller, Platte, Tisch, als Schale und sogar als Steinthron beschrieben wird. Das früheste in der keltischen Literatur erwähnte Beispiel dieses heiligen Objekts ist wohl der Stein von Fal, der aufschrie, wenn ihn der rechtmäßige König von Irland berührte. Er ist auch als der *Lias Fail*, der irische Königsstein, bekannt, der keinen unwürdigen Herrscher tolerierte und in der Gralslegende als der Platz der Gefahr auftaucht. Dieser gefährliche Platz an der Tafelrunde blieb stets leer, da er für alle Ritter den Tod brachte, außer für den, der den Gral erringen würde. Selbst Perceval, der schließlich den Gral findet, erscheint zunächst als unwürdig, auf dem Stuhl Platz zu nehmen, denn als er sich in Unwissenheit der besonderen Bewandtnis darauf niederläßt, schreit der Stuhl unter ihm auf und zerbricht. Er prophezeit, daß er nur dann, wenn die richtige Frage zum richtigen Zeitpunkt und vom richtigen Ritter gestellt wird, wieder ganz werde und das Ödland sich wieder in paradiesische Gefilde verwandeln werde.

Artus mußte das heilige Schwert aus dem heiligen Stein ziehen, um zu beweisen, daß er der rechtmäßige König ist, und Galahad tat es ihm gleich, um zu demonstrieren, daß er der Suche nach dem Gral würdig sei. In der Gralsprozession, die in der Legende von Peredur beschrieben wird, kommt eine Platte vor, auf der das blutende Haupt eines Mannes liegt. In der Geschichte von Bran, dem König von Britannien, wird dieser von einem Speer verwundet, und die Wunde kann nicht geheilt werden. Darum befahl er, man solle ihm den Kopf abschlagen, denn nach der wahren keltischen Tradition war er aufgrund der Verletzung nicht mehr fähig, das Land zu regieren. Sein Kopf wird von sieben Getreuen zum Weißen Berg in London gebracht, doch unterwegs geraten sie in eine Zone ohne Zeit, in der sie über achtzig Jahre verbringen, wo sie reich bewirtet werden und das sprechende Haupt von Bran sie in die Geheimnisse einführt. Manchmal wird die Scheibe auch von dem Gwyddbwyll-Brett symbolisiert.

Offenbar war dieses mit dem Schach verwandte Brettspiel in jener Zeit äußerst beliebt. Das Spielbrett ist ein Symbol für das Land, und die Figuren, die man darauf bewegt, sind die Protagonisten der Gralssuche. Das Brett, so erfahren wir aus dem Mund der Schwarzen Jungfrau, die Peredur ärgerlich ausschilt, weil er, unzufrieden mit dem Ausgang des Spiels, das Brett aus dem Fenster geworfen hat, ist Eigentum der Göttin der Herrschaft und Herrin des Landes.

In welcher Form wir ihr auch begegnen, die Scheibe ist sicherlich die am schwersten faßbare der vier Heiligen Gralsinsignien. Die Scheibe repräsentiert die stützende Basis allen menschlichen Trachtens. Sie ist aber gleichzeitig ein Symbol für die wahre Natur der Tafelrunde und der Tafel Salomons.

Gegenüberliegende Seite: **Hostienteller**, *vermutlich 7. Jh. n. Chr. Teller wie dieses herrlich gearbeitete Beispiel aus Irland könnten als Vorbild für die Gralsscheibe in den Legenden von Perceval und Peredur gedient haben.*

Rechts: **Der Thron** *in der Hexham Abbey, Britannien, 7. Jh. n. Chr. Dieser Thron wurde ursprünglich als Krönungsstein für die Könige von Northumbria benutzt. In späteren Zeiten wurde er zu einem »Stuhl der Zuflucht«. Flüchtlinge, die in einer Kirche Schutz suchten, konnten ihren Fall dem Bischof vortragen, der auf einem solchen »Stuhl der Zuflucht« saß.*

Oben: **Der Platz der Gefahr** *an der Tafelrunde. Illustration aus einer Handschrift, Frankreich, 15. Jh.*

Der Speer

TRIEFEND VON FRISCHEM BLUT erscheint in den Gralslegenden der Speer oder die Lanze als ein Symbol für die wie ein Pfeil alles durchdringende Wahrnehmung, die auf das Wesentliche der Dinge zielt. Der Speer gewährt Einsicht und Verstehen, doch ebenso verletzt er alles, was unlauter und verderbt ist. Zugleich besitzt er von allen Gralsinsignien die größte Heilkraft.

In nahezu allen keltischen Heldengedichten wird die Meisterschaft mit der Lanze besungen, und die walisischen Krieger waren weithin bekannt dafür, daß sie hervorragend mit dem Speer umgehen konnten. Im Mittelalter war der Speer als Kriegswaffe bereits weitgehend durch die Lanze ersetzt worden, einem Symbol der ritterlichen Tugenden und Zeichen der Herausforderung.

Der im ursprünglichen Gralsmythos beschriebene keltische Speer läßt jeden, der von ihm getroffen wird, kraftlos niedersinken und versetzt ihn in einen Zustand, in dem er weder genesen noch sterben kann. Dieser »Schmerzvolle Stich« verwüstet das Land, und nur ein mit außerordentlichen Kräften begabter Held von erwiesener Würdigkeit ist fähig, die Wüstenei zu beenden und den Verwundeten zu heilen, indem er ihn mit demselben Speer, der ihn verwundet hat, berührt. In der christlichen Legende wird der Speer zur heiligen Lanze des Longinus, des römischen Zenturios, der Christus am Kreuz damit in die Seite stieß. Das Blut aus dieser Wunde fing Joseph von Arimathia angeblich in einer Schale auf, die er nach Glastonbury im Südwesten Britanniens brachte.

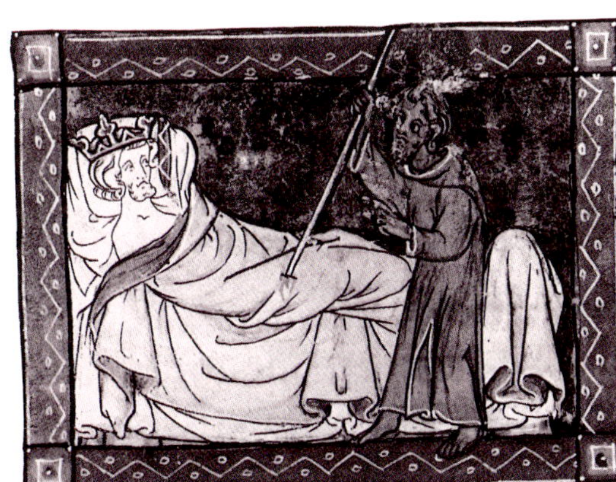

Oben: Der **Grabstein des Longinus** *in Colchester, Ostbritannien. Die christliche Legende erzählt, daß Longinus ein blinder römischer Zenturio gewesen sei, der Christus bei der Kreuzigung seinen Speer in die Seite stieß. Ein paar Tropfen vom Blut Christi spritzten dabei auf seine Augen, und fortan war er wieder sehend. Durch dieses Wunder wurde Longinus bekehrt. Die Urfassung dieser Geschichte ist in der nordischen Legende von Höd zu finden, dem blinden Gott, der den Helden Balder erschlug. Der dem heiligen Longinus geweihte Feiertag fällt auf die Iden (15.) des März, denselben Tag, der auch Höd geweiht ist.*

Oben rechts: **Elfenbeinspange**, *die den am Kreuz verwundeten Christus darstellt. Anglosächsisch, 9. Jh.*

Rechts: **Der Fischerkönig** *und seine Wunde, illuminierte französische Handschrift, 14. Jh.*

Der Gral

TAFELGESCHIRR WIE DER GRAL, den Chrétien de Troyes beschreibt, war zu dessen Lebzeiten offenbar relativ gebräuchlich und ganz und gar nichts Außergewöhnliches. *Scutella lata et aliquantulum profunda* kann übersetzt werden als »breite und etwas vertiefte Schale«, etwa 60 bis 70 Zentimeter im Durchmesser, in welcher – wie der Abt von Froidmont im Jahr 1215 notiert – »den Reichen gewöhnlich köstliche Speisen vorgesetzt werden«.

Unter den legendären Dreizehn Schätzen Britanniens, die sich in der Obhut des Magiers Merlin befanden, entdecken wir ein eindeutiges Pendant zu Chrétiens Gral: Die Dysgl des Rhydderch, des Königs von Strathclyde im 6. Jahrhundert. Sie wird als eine breite, vertiefte Schale mit magischen Eigenschaften beschrieben, denn *»jedwede Speise, die man sich auch wünscht, erschien sogleich darauf«*. In der Manessier-Fortsetzung von Chrétiens Roman zieht der Gral vorüber und bewegt sich ohne menschliches Zutun. *»Dann waren alle Tische mit köstlichen Gaumenfreuden auf das reichlichste bedeckt, so daß keiner eine Speise nennen konnte, die er nicht dort fand.«* Diese Beschreibung könnte jedoch ebensogut das gesegnete Füllhorn des britannischen Königs Bran zum Gegenstand haben, aus welchem man *»den Trank und die Speise erhielt, die man sich wünschte«*. Brans Bruder hatte einen Stiefsohn, Pryderi genannt, der nicht nur als Vorbild für die Percevalfigur betrachtet werden kann, er trug auch dazu bei, die Wüstenei über Südwales zu bringen, indem er sich auf einem Gefährlichen Hügel niederließ, ähnlich wie Perceval im *Didot-Perceval* die Verzauberung Britanniens verursacht, weil er sich auf den Platz der Gefahr an König Artus' Tafelrunde setzt.

Wir kennen jedoch noch eine Reihe anderer Erscheinungsformen des Grals, in denen sich keltische und christliche Überlieferung berühren, etwa in dem wundertätigen und magischen Kessel der irischen und walisischen Mythologie, aber auch in dem Kelch des Letzten Abendmahls, in den Christus Wein goß und sprach »dies ist mein Blut«, und in welchem bei der Kreuzigung das Blut Christi aufgefangen wurde.

Der irische *Kessel des Dagda* ist ein nie versiegendes riesiges Gefäß, *»von dem sich niemand ungesättigt entfernt«*, während der *Kessel des Diwrnach* dem tapfersten Helden das beste Stück Fleisch gab, doch für einen Feigling kein Fleisch darbot. Die Überlieferung erwähnt auch verschiedene »Heilkessel«, in welche der Held getaucht wird, um im nächsten Augenblick zum Zwecke der Stählung in einen »Giftkessel« gesteckt zu werden.

Der *Kessel des Cormac* zerbrach in Stücke, wenn drei Lügen über ihn gesprochen wurden, und wurde wieder ganz, wenn drei Wahrheiten gesagt wurden.

Der *Kessel der Ceridwen*, in welchem die Göttin für ihre mißratenen Sprößlinge einen Trank des Wissens braute, ist die Ursache für die Verwandlung Gwions, der allwissend wird, als er sich ein paar Tropfen des Gebräus, die zufällig über ihn spritzten, von den Fingern leckt. Ceridwen verfolgt ihn wutentbrannt, und er verändert immer wieder seine Gestalt, um ihrem Zorn zu entgehen. Als er sich in ein Weizenkorn verwandelt, nimmt sie die Gestalt eines Huhns an und pickt ihn auf. Doch neun Monate später kommt sie nieder und bringt einen verwandelten Gwion in der Gestalt des allsehenden Dichters Taliesin zur Welt.

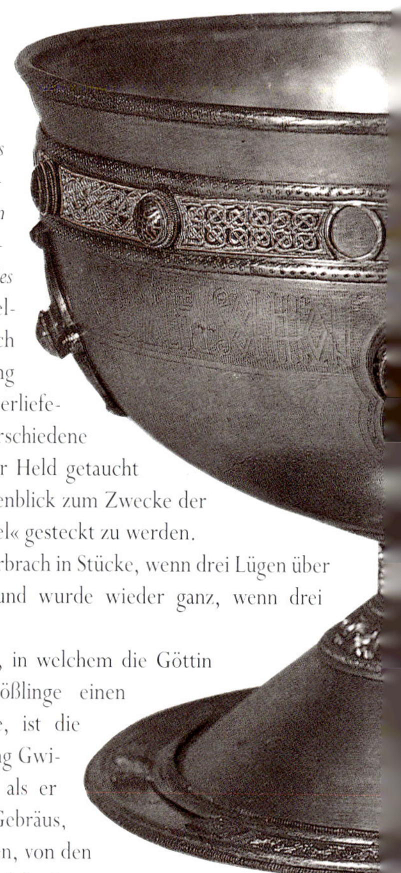

Der **Kelch von Ardagh**, *Irland, 8. Jh. Dieses nur etwa zwanzig Zentimeter hohe, erlesene Beispiel keltischer Handwerkskunst wurde beim Sakrament des Heiligen Abendmahls verwendet. Aus dem Kelch wurde der Wein in Gedenken an das Wort Christi »dies ist mein Blut« getrunken.*

Der legendäre britannische König Bran der Gesegnete ist in der im walisischen *Mabinogion* berichteten Geschichte von Branwen der Bruder der Heldin. Er besitzt einen Kessel, in welchem tote Krieger wieder zum Leben erweckt werden, die allerdings nicht sprechen können, aus Angst, sie könnten den Lebenden zuviel über den Tod erzählen. Der Kessel zerbricht, wenn ein Lebender hineintritt.

Der Kessel der keltischen Mythologie schrumpft in der christlichen Überlieferung zu einer Schale oder einem Kelch. Die erste schriftlich festgehaltene Version der Gralslegende stammt aus der Zeit, als die Kirche begann, die Eucharistie für Laien einzuführen. Im Abendmahlsritus enthält der Kelch den Wein, welcher das Blut Christi symbolisiert. Zugleich ist es das Gefäß des Letzten Abendmahls, und das Blut Christi ist das Symbol seines Opfertods für die Erlösung der Menschen. Aber es ist auch der Kelch, der, wie Christus im Garten Gethsemane zu seinem Vater fleht, an ihm vorübergehen möge.

Obgleich der Gral ein heilendes und nährendes Gefäß ist, besitzt er auch verändernde Eigenschaften, die oft die etablierte Ordnung zerstören. So scheint das irdische Reich von König Artus zu gedeihen und zu blühen, als der Gral zum erstenmal an seiner Tafelrunde erscheint, doch unter der Oberfläche zeigen sich bereits Stillstand und Niedergang. Die von König Artus' Ritter Gawain gegründete Gemeinschaft des Grals zieht den Zerfall der Gemeinschaft der Tafelrunde nach sich, denn das spirituelle Streben wendet sich von dem galanten und weltlichen Leben am Hof ab und fließt in die Suche nach dem Gral.

Trotz seiner heilenden Eigenschaften kann der Gral auch strafen und zerstören. Nur den wenigen Auserwählten, die seine strengen Prüfungen bestehen, wird die Verwandlung zuteil, doch die anderen, unwürdigen, die ihn zu erlangen versuchen, ehe sie geläutert und dazu bereit sind, werden bestraft und vernichtet, ganz ähnlich wie die Diener eines anderen heiligen Artefakts, der Bundeslade der Juden, vernichtet wurden. Lanzelot und sogar Gawain in den späteren Legenden werden nicht als untadelig befunden und sind unwürdig, das letzte Geheimnis zu schauen, welches der Gral verkörpert.

Unter den vier Heiligen Insignien ist der Gral der Kelch der grundlegenden Wandlung. Er verwandelt sowohl den Helden wie auch das Land.

In bestimmten Überlieferungen wird berichtet, daß, als Luzifer Morgenstern vom Himmel stürzte, ein Smaragd aus seiner Krone brach und zur Erde fiel, wobei sich der Stein in ein Schwert, dann in einen Speer und schließlich in den Gralskelch verwandelte. Eine andere Überlieferung erzählt davon, daß, als Luzifer der Lichtbringer im Himmel aufbegehrte, ein Drittel der Engel sich auf die Seite Gottes stellte, ein Drittel zusammen mit ihrem gefallenen Führer zur Hölle hinabfuhr und ein Drittel neutral blieb. Letztere waren es, die den Gral zu den Menschen brachten, um sie zu lehren, den Mittelweg zwischen den Extremen zu nehmen.

So komplex und vielgestaltig unsere Vorstellungen vom Gral auch sind, die Essenz der zentralen Gralsinsignie ist die eines lebenspendenden und lebenerhaltenden Gefäßes, schützend und nährend wie ein Mutterleib und gleichsam der Uterus, aus dem die spirituelle Erneuerung und die Genesung von Land und Menschen geboren werden.

Die verborgenen Insignien

WIR WENDEN UNS NUN wieder Peredur zu, dessen Abenteuer in der Burg der Wunder sich beträchtlich von jenen unterscheiden, die Chrétiens Held zu bestehen hat. Peredur erblickt zwei Jünglinge, die einen langen Speer durch die Halle tragen, von dessen Spitze drei Blutstropfen zu Boden fallen. Beim Anblick des Speeres erhebt sich ein lautes verzweifeltes Stöhnen unter den Anwesenden, doch der Gastgeber unterbricht seine Unterhaltung mit dem Helden nicht. Dann tragen zwei Jungfrauen eine Platte oder große Schale durch die Halle, auf welcher, von frischem Blut umgeben, das abgeschlagene Haupt eines Mannes liegt. Abermals geht ein Stöhnen durch die Gesellschaft, während das Festmahl fortdauert. Doch Peredur fragt nicht, was es mit diesen wundersamen Begebenheiten auf sich hat. Hätte er gefragt, wessen Kopf dies sei und was er damit zu tun habe, hätte er erfahren, wie er das Land vom Zauberbann der Wüstenei befreien kann. Das abgeschlagene Haupt ist ein in der keltischen Mythologie häufig auftauchendes religiöses Symbol, dem göttliche und andersweltliche Eigenschaften zugeschrieben werden wie zum Beispiel die Fähigkeit, in die Zukunft zu sehen und Weissagungen zu machen. Auffallende Parallelen zu dieser Szene finden wir in der Beschreibung eines Festmahls in den Hallen der Gegenwelt auf Grasholm, einer Insel vor der walisischen Küste, welches das Haupt von Bran und seine Gefolgsleute veranstalten, die achtzig Jahre lang nicht alterten. Chrétien hat die Vielfalt der Heiligen Insignien in der keltischen Ikonographie kurzerhand auf vier reduziert. Der anonyme Autor des *Peredur* ist weitaus weniger zurückhaltend: Sein Held hat bereits von der Jungfrau aus dem Zelt einen Ring erhalten, Gwenhwyfer den Kelch der Herrschaft zurückgegeben, das zerbrochene Schwert wieder zusammengeschmiedet, die Schale mit dem abgeschlagenen Haupt und den Speer, von dem Blut tropft, erblickt, und ihm stehen noch weitere Abenteuer bevor: Er wird einen Ring erhalten, der ihn unsichtbar macht, drei Kelche der Herrschaft erringen sowie ein Schachbrett und das Horn eines Einhorns.

Gegenüberliegende Seite: **Kopf Johannes des Täufers**, *von Odilon Redon. Darüber vier* **keltische Köpfe**, *drei davon Keramikdekorationen. Die Kelten glaubten, der Kopf sei der Sitz der Seele und besitze fruchtbar machende Eigenschaften und prophetische und weissagende Kräfte.* ***Ganz oben:*** **Trinkhorn**, *8. Jh., Deutschland.* ***Oben Mitte:*** *Der* **Kessel von Gundestrop**, *Dänemark; keltisches Zeremonialgefäß aus vergoldetem Silber, 1. Jh. v. Chr.*

Die Neun Hexen von Gloucester

Im Conte del Graal läßt Perceval seine klagende Cousine zurück, ihren Geliebten zu begraben, und macht sich auf die Suche nach dem Ritter, der ihn erschlagen hat. Doch statt des Ritters begegnet er einer unglücklichen Dame auf einem Pferd. Es ist die Edelfrau, der er in dem Zelt so ungalant einen Kuß geraubt hat und deren Gemahl sie dafür erniedrigt und mißhandelt hat. Er besiegt den eifersüchtigen Ehemann, versöhnt das Paar miteinander und schickt es an den Hof König Artus', damit sie sich dort unterwerfen. Der König ist so beeindruckt, daß er mit einer großen Schar von Höflingen aufbricht, um den unbekannten Recken zu suchen, der ihm die vielen besiegten Ritter schickte.

Wie Perceval begegnet auch Peredur einer Dame, die den Tod ihres Gemahls beweint. Sie versucht, den Toten auf ein Pferd zu heben, und klagt Peredur an, daß er die Schuld am Tod seiner Mutter trage. Wie sich herausstellt, ist die Dame seine Ziehschwester, und Peredur besiegt schließlich den Ritter, der ihren Gemahl getötet hat, und schickt ihn zu König Artus. Inzwischen hat er so viele besiegte Ritter an den Königshof geschickt, daß Artus beschließt, ihn zu finden und Kais flegelhaftes Benehmen von ihm rächen zu lassen.

Peredur gelangt zu einer Burg in den Bergen, in der Hexen ihr Unwesen treiben. Dies ist die erste einer Reihe von Aufgaben, die der Held bewältigen muß, um das Land von den zahlreichen Plagen zu befreien, welche es als Folge der Wüstenei heimsuchen. Obgleich er unbewaffnet und nur im Hemd ist, gelingt es Peredur, die Anführerin der Neun Hexen von Gloucester zu überwältigen. Sie bittet um Gnade, als sie sich einer Prophezeiung erinnert, die vorhersagt, daß sie ihn den meisterhaften Umgang mit den Waffen lehren wird. Er erklärt sich einverstanden, sie zu schonen, und wird von der Hexe und ihren kriegerischen Schwestern drei Wochen lang im Gebrauch der Waffen unterrichtet.

Die neun Schwestern von Gloucester stellen den Hexen-Aspekt der Königin der Heiligen Insignien dar. Sie sind eine Gruppe von Kriegerinnen, deren eigentliche Aufgabe es ist, die Insignien zu bewachen und dafür zu sorgen, daß der Zyklus der zu- und abnehmenden Macht der Göttin von neuem beginnen kann. Als ein Aspekt der Göttin müssen sie den Helden dazu bewegen, das rechtmäßige Königtum wieder zu etablieren, wodurch die Einheit mit dem Land wiederhergestellt wird. Sie unterrichten Peredur in der Waffenkunst, damit er die Prophezeiung erfüllen kann, die besagt, daß er sie schließlich besiegen wird. Meist wird der Held, der den Gral sucht, von der in der Gestalt einer häßlichen alten Vettel oder Hexe auftretenden Gralsbotin belästigt, verspottet und dann wieder ermutigt. Für Peredur erscheint sie in neunfacher Gestalt, die Verdreifachung der dreifachen Erdgöttin. Sie ermöglicht ihm, die Suche erfolgreich zu bestehen und die Insignien der Göttin mit neuer Kraft zu erfüllen.

Jeder unwürdige Held würde den »Schmerzvollen Stich« erhalten, der eine nicht heilende Wunde verursacht, welche das Land in eine Wüste verwandelt. Wie die Heiligen Insignien selbst besitzen auch die Hexen erneuernde wie auch zerstörende Kraft.

***Links:* »La Femme sans Merci«** *von J.W. Waterhouse, 1893.*

***Oben:* *Steinrelief der* Triadischen Erdgöttin**, *Cirencester, Britannien, 2. Jh. Die drei Muttergottheiten halten mit Brot und Früchten beladene Teller in Händen. Doch dieselben Göttinnen, die nähren und schützen, können auch zerstören, wobei sie häufig in neunfacher Hexengestalt erscheinen.*

Blut im Schnee

Wir haben erfahren, daß König Artus mit einem Großteil seines Hofs aufgebrochen ist, um den geheimnisvollen Recken zu suchen, der die besten Ritter des Landes besiegt hat. In der ersten Nacht schlagen sie ihr Lager in der Nähe eines Waldes auf, und am Morgen fällt unerwartet Schnee. Durch Zufall reitet Perceval in der Nähe ihrer Zelte vorbei und erblickt eine Schar Gänse, die von einem Falken angegriffen werden. Der Falke stürzt mit einer der Gänse vom Himmel und landet im Schnee. Die Gans entkommt, doch drei Blutstropfen fallen in den Schnee. Perceval fällt in eine seltsame Trance, denn das Blut und der Schnee erinnern ihn an das Gesicht seiner Liebsten, an ihre roten Wangen und Lippen und ihre schneeweiße Haut.

Im *Peredur* folgen die Begebenheiten stärker der keltischen Tradition und ihren Vorlieben. Der walisische Autor beschreibt ein Habichtsweibchen, das eine Ente tötet, doch gestört wird und wegfliegt. Ein Rabe läßt sich neben der Ente im Schnee nieder. Die drei Farben erinnern Peredur an die weiße Haut seiner Liebsten, an das Rot ihrer Wangen und Lippen und an ihr rabenschwarzes Haar, und während er darüber nachsinnt, fällt er in eine tiefe Trance.

Wir kehren wieder zu Perceval zurück, der inzwischen, noch immer verzaubert von der Erinnerung an seine Liebste Blancheflor, von Segremor, einem von König Artus' Rittern, herausgefordert wurde. Er besiegt den Ritter wie in Trance und versinkt sogleich wieder in seine Träumerei. Dann fordert ihn Kai heraus und wird prompt aus dem Sattel gehoben. Sowohl in der französischen wie auch in der walisischen Version bricht sich Kai dabei die Schulter, wodurch sich eine Prophezeiung des Narren erfüllt, der Schlag, den er der Jungfrau verabreicht habe, werde schmerzlich gerächt werden. Sowohl Peredur wie auch Perceval erfüllen ihr Versprechen, die der Jungfrau zugefügte Beleidigung zu rächen. Erst als der Schnee zu tauen beginnt und der edle Ritter Gawain ihn grüßt, kommt Perceval langsam wieder zu sich, und die beiden Ritter fassen sogleich brüderliche Zuneigung zueinander.

Ausschnitt aus dem **Porträt einer Frau** *von Rogier van der Weyden, 15. Jh.*

Die Frau auf dem Hügel

In diesem Punkt der Erzählung divergieren die französische Fassung Chrétiens und die walisische Schilderung der Ereignisse. Im gälischen *Peredur* folgt nun eine Zeitspanne von mehr als vierzehn Jahren, die auf den ersten Blick wenig mit der Gralssuche zu tun hat; allerdings begegnen wir einer Vielzahl von Themen und Elementen, die für das Verständnis der Beziehung zwischen dem Helden und der Göttin von größter Wichtigkeit sind. Daher wollen wir uns zunächst den Abenteuern des walisischen Helden zuwenden.

Bei dem Fest, das König Artus zu Ehren unseres Helden veranstaltet, begegnet Peredur Angharad Goldenhand (die Herrin des Landes in Gestalt der Jungfrau), und er verliebt sich so unsterblich in sie, daß er schwört, nie wieder mit einem Christenmenschen zu sprechen, ehe sie ihn nicht erhört hat, was sie zunächst standhaft zurückweist. Daraufhin stürzt sich unser Held in ein Wirrsal von Abenteuern, bis er endlich ihre Liebe gewinnt.

Doch Peredur ist nicht der Mann, der lange treu bleiben kann, und bald schon bricht er zu neuen Abenteuern auf. Er begegnet drei Männern, die in einem Saal Gwyddbwyll spielen, und drei Jungfrauen, die ihn vor ihrem Vater, dem Schwarzen Tyrannen, warnen, da er Peredur nach dem Leben trachtet. Peredur besiegt diesen einäugigen schwarzen Ritter, der ein Verhängnis für das Land ist. Doch zuvor erfährt Peredur, daß dieser sein Auge bei einem Kampf mit dem schwarzen Drachen vom Hügel der Pein verloren hatte, als er den verzauberten Stein stehlen wollte, den der Drache in seinem Schwanz trug.

Auf seiner Suche nach diesem Drachen gelangt Peredur zunächst an den Hof der Söhne des Königs der Leiden. Peredur erblickt die drei Söhne, die tot auf den Rücken ihrer Pferde liegen. Frauen heben ihre leblosen Körper aus den Sätteln, waschen sie in einem Zuber und reiben sie mit kostbaren Salben ein. Sogleich erwachen die drei Brüder wieder zum Leben und erzählen Peredur, daß sie jeden Tag von einem furchtbaren Ungeheuer namens Addanc getötet werden und noch am selbigen Tag wieder zum Leben erwachen. Unschwer ist hier Brans Kessel der Wiedergeburt in abgewandelter Form zu erkennen.

Auf der Suche nach dem Ungeheuer begegnet unser Held der lieblichsten Jungfrau, die er je erblickt hat. Diesesmal steht er der Herrin des Landes in ihrer wahren Gestalt gegenüber; sie sitzt auf einem Hügel, der das Land symbolisiert. Er erhält von ihr einen magischen Ring, mit dessen Hilfe er Addanc töten kann, aber nur, wenn er sie mehr als alle anderen Frauen liebt. Der in Liebe entflammte Peredur stimmt bereitwillig zu, und ehe sie entschwindet, rät sie ihm, sie in Richtung Indien zu suchen.

Peredur setzt seine Suche fort und gelangt in die Gegenwelt. Er kommt zu einem Fluß, an dessen einem Ufer eine Herde weißer Schafe und am anderen eine Herde schwarzer Schafe weidet. Als eines der Schafe blökt, schwimmt ein schwarzes Schaf zu den weißen hinüber und ein weißes zu den schwarzen. Beim nächsten Blöken wiederholt sich dieser merkwürdige Austausch in umgekehrter Reihenfolge, ähnlich wie bei einem Schachspiel. Ein Baum, dessen eine Hälfte in Flammen steht und die andere grüne Blätter trägt, läßt keinen Zweifel, daß wir im Begriff sind, die Grenze zwischen den beiden Wirklichkeiten zu überschreiten.

Die Wahrnehmung des Gegensätzlichen in einem Ding deutet an, daß sich an solchen Grenzen das irdische Reich in seinem Gegenteil, der Gegenwelt, spiegelt. Die reale, diesseitige Welt wird gleichsam von der höheren Realität der Gegenwelt überlagert. Eine analoge Erfahrung spiegeln die transzendenten Bewußtseinszustände von Sehern oder Schamanen, die die normale Welt buchstäblich in »einem anderen Licht« sehen.

Mit der Hilfe des Rings, der ihn unsichtbar macht, tötet Peredur den Addanc, lehnt jedoch das Königreich ab, das ihm als Belohnung angeboten wird. Nachdem er seinem Doppelgänger, Edlym Rotschwert, begegnet ist, bricht er zum Hügel der Pein auf, wo er zunächst gegen 200 der 300 Besitzer der Pavillons kämpfen muß, die um den Hügel herum errichtet sind, ehe die übrigen sich ihm unterwerfen. Er besiegt den Drachen im Hügel, übergibt Edlym den Stein und zieht weiter.

Silbury Hill, *der größte von Menschenhand erschaffene Erdhügel Europas aus dem Neolithikum, symbolisiert vermutlich den schwangeren Leib der Göttin. Die übrigen Körperlinien sind in den versandeten Gräben um den Hügel nur noch andeutungsweise zu erkennen. Britanniens tief verwurzelte Tradition der Verehrung der Erde wird auch besonders in den Graslegenden lebendig.*

Begegnung mit der Kaiserin

Peredur gelangt an einen Ort, an dem ein großes Turnier veranstaltet wird, und findet Unterkunft bei einem Müller. Der Müller leiht ihm Geld, damit er an dem Turnier teilnehmen kann. Die Kaiserin von Konstantinopel hat sich selbst als Preis für den tapfersten aller Ritter angeboten, und Peredur ist so verzaubert von ihrer Schönheit, daß er vergißt, in das Turnier einzugreifen. Erst als ihm der Müller einen kräftigen Schlag auf den Rücken gibt, erwacht er aus seinen Tagträumen, tritt mit einem Lächeln auf den Turnierplatz und besiegt alle Gegner. Er schickt die besiegten Ritter zur Kaiserin und ihre Rüstungen und Pferde zur Müllerin, um seine Schulden zu begleichen. Schließlich besiegt er drei Herausforderer: einen schwarzen Ritter mit einem goldenen Kelch, einen zweiten schwarzen Ritter mit einem wie die Pranke eines Raubtiers geformten Kelch und endlich einen rotgelockten Ritter mit einem Kelch aus Kristall. Er trinkt aus allen drei Kelchen. Diese können auch als die drei Kelche der Herrschaft interpretiert werden, denn die weiße Milch des Nährens, der rote Wein der königlichen Regentschaft und der schwarze Trunk des Vergessens symbolisieren die schöne Jungfrau, die Königin und das häßliche alte Weib.

Auf diese Weise gewinnt er die Liebe der Kaiserin, die sich als die Frau vom Hügel herausstellt, die ihm den magischen Ring gegeben hatte. Gemeinsam herrschen sie vierzehn Jahre lang.

Hier endet das älteste erhaltene Manuskript von *Peredur*, das als *Peniarth* bekannt ist. In den später niedergeschriebenen Fassungen sind diese vierzehn Jahre zu einem kurzen Zwischenspiel zusammengefaßt, doch bei genauerer Betrachtung ist diese Textpassage von zentraler Bedeutung, da sie uns Einblick in die eigentliche Natur der Suche gewährt. Bisher war der Held auf der Suche nach der Frau, und diese ist stets die Herrin des Landes in ihren unterschiedlichen Erscheinungsformen. Sie ist ihm als überfürsorgliche Mutter und als jungfräuliches Mädchen in Gestalt der Jungfrau im Pavillon begegnet. Sie kann in der königlichen Gestalt der Gwenhwyfer erscheinen, aber auch in der einer stummen Zwergin. Alle Frauengestalten sind geheimnisvoll wie die Jungfrau, die die Schale in der Burg der Wunder trägt, oder scharfzüngig wie Peredurs Ziehschwester. Sie erscheinen in der Gestalt der jungen Königin der belagerten Stadt, seiner ersten keuschen Liebe, oder als die Herrin der Burg in den Bergen, die von Hexen geplagt wird. Ihr dreifacher Aspekt der Göttin kann, noch einmal verdreifacht, in den neun Hexen-Kriegerinnen Gestalt annehmen, oder sie nimmt die Gestalt von Angharad Goldenhand an. Sie tritt in der Verkleidung der Tochter des Schwarzen Tyrannen auf oder in ihrer wahren Gestalt als die Frau vom Hügel.

In den letzten Episoden des *Peniarth* erscheint die Göttin als die Gräfin der Spiele, als Müllerin und als die Kaiserin von Konstantinopel, die er schließlich zur Frau nimmt. Er begegnet auch dem häßlichen schwarzen Mädchen, das ihn wegen seiner Säumigkeit, den König und das Land zu heilen, ausschilt.

Peredur wird von einer wahrlich hartnäckigen Göttin verfolgt! Doch schließlich wird er ihr Recke und Gefährte, als er die Beleidigung rächt, die Gwenhwyfer zugefügt wurde, und den Herausforderer tötet. Doch damit liegt die Verantwortung ganz allein in seinen Händen. In dieser Legende erscheint die Göttin in ihrer eigentlichen Rolle als Heilerin in der Gestalt der Gralsjungfrau, aber auch als das häßliche schwarze Mädchen, das ihn anhält, seine Suche fortzusetzen. In den alten irischen Erzählungen wird berichtet, daß der Held in einen Wiedergeburtskessel getaucht wird, um sogleich in einen Giftkessel gesteckt zu werden. Und genau dasselbe geschieht auch in den Gralslegenden: Die Heilung wird durch denselben Gegenstand bewirkt, der die Verletzung verursacht hat.

Gegenüberliegende Seite: **Keltischer Bronzekessel**, *in welchem die Reste einer Feuerbestattung gefunden wurden. Aus dem Grab eines Kriegers bei Milavec in Böhmen. Urnen wie diese symbolisierten die Wiedergeburt des Kriegers.*
Oben: **Gobelin**. *Frankreich, 15. Jh.*

Die Herausforderung der Hexe

Wir kehren nun zu Chrétiens Erzählung zurück. Wir haben Perceval während des großen Festes verlassen, das König Artus anläßlich der Ankunft des jungen Helden an seinem Hof gibt. Doch die festliche Stimmung währt nicht lange, als sich ein abscheulich häßliches Mädchen mit den Gesichtszügen eines Schweins auf einem Maultier nähert. Sie begrüßt alle Anwesenden außer Perceval, den sie mit Verwünschungen überschüttet und dem sie vorwirft, auf der Burg des Fischerkönigs geschwiegen zu haben. Wegen seines gedankenlosen Verhaltens kann der König nicht von seinen Wunden geheilt werden und ist außerstande, das Land zu regieren. Wegen Percevals Versäumnis werden Frauen ihre Männer verlieren und Kinder als Waisen heranwachsen. Dann verkündet sie den Gästen, wenn sie sich in einem Turnier oder im ritterlichen Kampf messen wollen, sollen sie zu der stolzen Burg Orgulous ziehen, wo 566 Ritter und deren Damen ihrer harren. Diejenigen jedoch, die den höchsten Ruhm erringen wollen, fordert die Hexe auf, der Belagerung der Burg der Dame von Montesclaire ein Ende zu setzen und ein geheimnisvolles Schwert zu erringen.

Gawain gelobt, sich sogleich auf die Suche nach der Dame und ihrer Burg zu begeben, während sich die Mehrzahl der Ritter entschließt, zur stolzen Burg von Orgulous zu ziehen. Perceval schwört, keine zwei Nächte am selben Ort zu verweilen, bis er die Antworten auf die zwei Fragen kennt, die zu stellen er versäumt hat: Wer wurde aus dem Gral bedient? Welche Wahrheit verbirgt sich hinter der blutenden Lanze?

Während die höfische Gesellschaft zum Aufbruch rüstet, reitet der Ritter Guigambresil heran und beschuldigt Gawain, seinen Herrn getötet zu haben. Gawain bestreitet die Tat, und sie kommen überein, sich binnen vierzig Tagen am Hofe des Königs von Escavalon zu treffen, um die Angelegenheit zu entscheiden. Gawain bricht zu dem verabredeten Treffen auf und nimmt unterwegs als Favorit der jüngeren Tochter des Burgherrn an einem Turnier teil, aus dem er als Sieger hervorgeht. Auf Escavalon begegnet er einem Fremden, der ihm seine wunderschöne Schwester anvertraut. Die beiden verlieben sich sogleich ineinander, doch der alte Seneschall erkennt Gawain. Er ist überzeugt, daß Gawain Guigambresils Herrn getötet hat und hetzt die Stadtbewohner gegen die Liebenden auf. Die beiden verteidigen sich mit einem Schachbrett, das sie als Schild benutzen, mit riesigen Schachfiguren und dem Schwert Escalibord. Der König von Escavalon erscheint inmitten des Kampfgetümmels und beendet die Auseinandersetzung. Der bevorstehende Kampf mit Guigambresil wird für ein weiteres Jahr vertagt, unter der Bedingung, daß Gawain sich auf die Suche nach der Lanze und der Gralsburg begibt.

In der Fortsetzung der ersten Fassung des *Peredur* finden wir eine beinahe identische Geschichte über ein häßliches Weib, das bei Hof erscheint. Sie erwähnt die blutende Lanze, spricht jedoch mit keinem Wort von dem Kopf auf dem blutigen Teller. Wie Perceval ist auch Peredur von den Verwünschungen des häßlichen Weibs so beunruhigt, daß er sich sogleich auf die Suche nach dem Schloß der Wunder begibt, um den König zu heilen.

***Oben:* Das Rad der Fortuna**, *14. Jh.* ***Gegenüberliegende Seite:* Der Zugang zur Burg der Jungfrauen** *von Alan Lee.*

Die drei Plagen Britanniens

Peredur gelangt zu einer Burg, auf der ihm ein Lager für die Nacht angeboten wird. Die Tochter seines Gastgebers verliebt sich in ihn, und da der Vater fürchtet, der unbekannte Ritter könnte die Situation ausnutzen, sperrt er ihn in ein Verlies. Mit Hilfe der Tochter gelingt es Peredur jedoch, für drei Tage sein Gefängnis zu verlassen und die Feinde seines Gastgebers zu besiegen, die die Burg belagern. Als der Burgherr erfährt, wer der fremde Recke ist, der seine Feinde besiegt hat, schenkt er ihm sogleich die Freiheit und bietet ihm sein Reich und seine Tochter als Belohnung. Doch Peredur ist entschlossen, das Schloß der Wunder zu finden, und lehnt dankend ab.

Ihm wird der Weg zu einer Burg beschrieben, die sich inmitten eines Sees erhebt. Als Peredur in den Burgsaal tritt, erblickt er ein magisches Gwyddbwyll-Brett, dessen Figuren zu einem Spiel aufgestellt sind. Er wird wütend, als die Seite, die er favorisiert, verliert, und wirft das Brett und die Figuren in den See.

Das häßliche Weib erscheint und klagt Peredur an, daß er mehr Schaden anrichte als Gutes. Das Schachbrett sei Eigentum der Kaiserin, und die einzige Möglichkeit für ihn, es wiederzuerlangen, sei, zur Burg des Ysbidongyl zu reiten. Wenn es Peredur gelinge, die Plage zu töten, die das Land verwüste, werde er das Schachbrett wiedererlangen. Peredur tötet die erste Plage des Landes, doch das häßliche Weib erklärt ihm, daß er nun das Reich von einer zweiten Plage befreien müsse: einem Hirsch mit nur einem Horn.

Er schlägt dem Hirsch den Kopf ab, doch dann erscheint eine Dame zu Pferde, die den Tod des Tieres beweint, das der größte Schatz in ihrem Reich gewesen sei. Peredur bietet ihr als Entschädigung seine ritterlichen Dienste an, und sie bittet ihn, gegen einen Ritter zu kämpfen, der hinter einem riesigen Felsen hervortritt. Peredur kämpft gegen ihn, bis er verschwindet. Von einem Vetter erfährt Peredur, daß einer seiner Blutsverwandten von der dritten Plage Britanniens, den Neun Hexen von Gloucester, getötet wurde, die auch Peredurs Onkel eine schwere Verwundung zugefügt haben. Der Vetter prophezeit, daß Peredur seinen Verwandten rächen und die Folgen des Schmerzvollen Stichs ungeschehen machen werde.

Der Speer, der das Land verwundet, wird als das Horn des Einhorns identifiziert, »so lang wie der Schaft eines Speers und so spitz wie die schärfste Klinge«. Es hatte die Teiche und Seen austrocknen lassen und die Fische getötet, es hatte alles verwüstet, was lebte und wuchs.

Die schwarze Jungfrau, die von Peredur verlangt hatte, den Hirsch mit einem Horn zu töten, ist dieselbe wie die Dame zu Pferde, die Peredur deswegen Vorwürfe macht. Beide Frauengestalten sind die Göttin des Landes, deren Reich von dem Einhorn bedroht wird. Indem Peredur das Untier tötet, heilt er das Land und »befreit die Wasser«.

Aus dieser Vielzahl von Erscheinungsbildern der Göttin lassen sich in den Perceval-, Peredur- und Gralserzählungen zwei Frauen-

typen unterscheiden, die gänzlich verschiedene Ziele verfolgen. Zum einen die Gralsträgerin, deren Vorbild vermutlich Eriu war, die irische Göttin der Herrschaft, die die Besucher der Gegenwelt aus ihrem magischen Gefäß bewirtete. Zum anderen ist es die Blutsverwandte, die mit Rache und Blutfehde befaßt ist.

Das Motiv ist sehr einfach: Es gab einen *verwundeten* König und einen *toten* König; der eine mußte geheilt, der andere gerächt werden. Das Reich des verwundeten Königs war zum Ödland verkommen, obgleich er paradoxerweise auch der Hüter des Gefäßes unerschöpflicher Fülle und ewigen Lebens war, welches ihn gewiß von seiner Verletzung hätte genesen lassen können. Doch es heilte ihn nicht. Der tote König war der rechtmäßige Herrscher, der von einem unwürdigen Rivalen getötet worden war und der gerächt werden muß, damit ein wahrer Recke den Bund mit der Herrin des Landes wieder herstellen kann.

Im *Peredur* erscheint die Gestalt der keltischen Göttin als Mutter, Jungfrau, Kriegerin, Hexe, als Symbol der Fruchtbarkeit und als Wohltäterin des Landes. In den irischen Epen wird ihr ein gesunder, manchmal sogar übermäßiger sexueller Appetit zugeschrieben. Sie ist weitaus archaischer als die männlichen keltischen Gottheiten, und sie ist es, die einerseits für das Wohlergehen des Landes Verantwortung trägt, zugleich aber auch stellvertretend für das Land steht.

Gegenüberliegende Seite: **Französische illuminierte Handschrift**, *14. Jh.*
Mitte: **Schachfiguren**, *9. Jh., von den Orkney-Inseln, Schottland.*
Oben links: **Spielbrett der Wikinger**, *9. Jh.*

Oben: **Gläserne Spielsteine** *aus dem Grab eines Häuptlings der Belger, Südwestengland.*
Unten: **Einhorn** *aus dem Westminster Bestiarium, 13. Jh., England. Im Mittelalter glaubte man, das mythische Einhorn könnte nur von einer nackten, allein unter einem Baum sitzenden Jungfrau gefangen werden.*

Gawain und die Frau von der Quelle

Mehr als fünf Jahre befindet sich der Held aus Chrétiens Versroman *Perceval* inzwischen schon auf der Suche nach dem Gral. In all der Zeit hat er keine Kirche mehr betreten. Am Karfreitag wird er getadelt, weil er eine Rüstung trägt, und durch Zufall begegnet er einem Einsiedler, dessen Rat er erbittet. Der Einsiedler erklärt ihm, daß der tiefere Grund seines Leidens der Tod seiner Mutter sei. »Sünde hat deine Zunge gelähmt, als du nicht nach der Lanze fragtest, doch es war nur Torheit, die dich hinderte, nach dem Gral zu fragen.« Wie sich herausstellt, ist der Einsiedler niemand anderer als sein Onkel, der Bruder von Percevals Mutter und des Fischerkönigs. Perceval bleibt bei dem Einsiedler, um Buße zu tun, und er muß erkennen, daß sein Versäumnis, nach der Gralsprozession und der Verwundung des Fischerkönigs zu fragen, eine soziale, weltliche Verfehlung war: Er lebt nach dem Verhaltenskodex anderer und folgt nicht mehr der Stimme seines Herzens. Der zweite Grund seines Versagens ist weitaus schwerwiegender, denn der Tod seiner Mutter, den er durch seine Gedankenlosigkeit verschuldet hat, konfrontiert ihn mit seinem Mangel an Liebe und Mitgefühl. Dies ist ein spiritueller, ja sogar religiöser Makel. Doch die Erleuchtung, zu der ihm der Rat seines Oheims verhilft, ist die Voraussetzung für einen späteren Erfolg.

Chrétien wendet sich nun Percevals Alter ego, Gawain, zu. Auch er befindet sich auf der Suche nach der Herrin des Landes. Gawain begegnet einer wunderschönen, doch hochmütigen Dame, die an einer Quelle unter einem Baum sitzt. Sie reagiert auf seine Avancen kühl und arrogant, erklärt sich jedoch bereit, mit ihm zu reiten, wenn er ihr Pferd aus einem nahegelegenen Garten hole. Die Leute, die Gawain in dem Garten trifft, warnen ihn vor der Frau, doch er schlägt ihre Warnungen in den Wind. Als sie gemeinsam aufbrechen, folgt ihnen ein häßlicher Zwerg auf einem dürren Gaul. Bei einem ihrer folgenden Abenteuer wird Gawains Pferd gestohlen, und er muß auf dem mageren Klepper des Zwerges reiten. Dies nimmt die wunderschöne Frau von der Quelle zum Anlaß, sich ständig über den Helden lustig zu machen und ihn zu kränken, doch Gawain gelingt es trotzdem, seinem Kodex der ritterlichen Tugenden treu zu bleiben. Zudem scheint er die Dame wahrhaft zu lieben. Schließlich begegnet Gawain einem Ritter, der das Pferd reitet, das ihm gestohlen wurde. Er besiegt den Ritter und gewinnt sein Pferd zurück. Als sie einen Fluß erreichen, verlangt der Fährmann Gawains Pferd Gringolet als Gegenleistung dafür, daß er sie ans andere Ufer bringt. Gawain überredet ihn, statt dessen den besiegten Ritter zu nehmen. Während der Fährmann sie zum jenseitigen Ufer bringt, gibt er sich als Führer in die Gegenwelt zu erkennen. Er warnt Gawain vor dem Schloß der Wunder, das verzaubert sei.

Kühn reitet Gawain in die Burg und läßt sich auf dem gefährlichen Bett nieder, auf welchem er von hundert Pfeilen beschossen wird und einen menschenfressenden Löwen besiegen muß. Es gelingt ihm, all diese Prüfungen siegreich zu bestehen und damit den Zauberbann von der Burg zu nehmen. Er trifft die drei Königinnen, die auf dem Schloß gefangen gehalten wurden. Es sind Gawains Großmutter (die König Artus' Mutter ist), seine Mutter

Oben: **Der Löwe von St. Markus**, *7. Jh.*
Rechts: **Paradeschild**, *15. Jh.*
***Gegenüberliegende Seite:* Sir Gawain**, *illuminierte Handschrift, 14. Jh.: »Gawain reitet in einen tiefen Wald, wundersam und wild.«*

und seine Schwester. Gawain hat alle Prüfungen erfolgreich bestanden und wird dadurch zum Herrn auf dem Schloß der Wunder. Er hat die Göttin in ihrem dreifachen Aspekt des alten Weibes, der Dame und der Jungfrau befreit und gewinnt schließlich auch die Liebe der hochmütigen Frau von der Quelle, weil er alle ihre Wünsche erfüllt. Hier – während Gawain auf das Eintreffen König Artus' wartet, den er zu einem Turnier eingeladen hat – endet Chrétiens Erzählung abrupt.

Die erste Fortsetzung 1180–1200

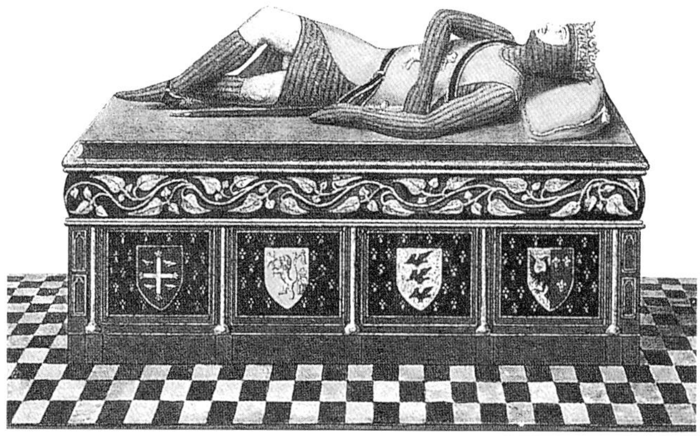

Es existieren vier verschiedene Fortsetzungen von Chrétiens unvollendet gebliebenem Versroman, die sich beträchtlich voneinander unterscheiden. Die kürzeste beginnt damit, daß ein Ritter an Königin Guenevere vorübergeht, ohne sie zu grüßen. Sie schickt Gawain, ihn zurückzuholen. Der fremde Ritter namens Silimac erklärt sich bereit, mit Gawain zum Pavillon der Königin zurückzukehren, allerdings nur unter der Bedingung, daß Gawain ihm seine Hilfe bei einer geheimen Mission zusagt. Doch als sie den Pavillon der Königin erreichen, wird Silimac aus dem Hinterhalt von einem Speer niedergestreckt. Ehe er stirbt, fleht er Gawain an, seine Rüstung anzulegen, auf sein Pferd zu steigen und dem Roß freie Zügel zu lassen, damit seine Mission erfüllt werden könne. Gawain gibt ihm das Versprechen und reitet auf dem Pferd des fremden Ritters davon, ohne zu wissen, wohin es ihn tragen wird. Daß das Pferd unbeeinflußt vom Reiter den Weg suchen muß, ist ein deutlicher Hinweis darauf, daß der Recke das verborgene Reich nur finden kann, wenn er die Dinge, die seiner harren, auf sich zukommen läßt.

Er wird von einem Unwetter überrascht und sucht in einer Kapelle Zuflucht. Dort wird eine Kerze von einer furchtbaren schwarzen Hand ausgelöscht, während ein grauenvoller, klagender Schrei durch das Gewölbe hallt. Dies ist eine der wenigen Begebenheiten in den Gralslegenden, in welchen das wahrhaft Böse zum Vorschein kommt. Es ist um so bemerkenswerter, als in dem gesamten Corpus der Gralslegenden eine auffallende Zurückhaltung bezüglich des zentralen Themas des Hochmittelalters – dem Kampf zwischen Gut und Böse – zu beobachten ist. In der erwähnten Szene verbirgt sich hinter der schwarzen Hand der Teufel, und die Kapelle ist die Hölle.

Von Angst erfüllt, flieht Gawain und reitet ziellos durch die Nacht. Völlig erschöpft gelangt er zu einem Palast, der weit draußen im Meer liegt und nur über einen schmalen Steg zu erreichen ist. Drinnen erwartet ihn eine große Gesellschaft in freudiger Erregung, die – wie man ihm sagt – lange auf diesen Augenblick gewartet hat. Doch als Gawain Silimacs Rüstung ablegt, entdecken die Anwesenden ihren Irrtum. *»Er ist es nicht!«* rufen sie entsetzt und verschwinden. Gawain findet sich allein in dem riesigen Saal wieder, in dessen Mitte eine von einem roten Tuch bedeckte Bahre steht, auf der ein toter Ritter liegt. Auf der Brust des Toten liegt die Hälfte eines zerbrochenen Schwerts.

Eine Trauerprozession zieht durch den Saal und verschwindet wieder. Dann erscheint eine vielköpfige Festgesellschaft, und die Tische werden für ein Gelage bereitet. Eine königliche Gestalt betritt den Saal und lädt Gawain zur Tafel ein. Ein nie versiegender Gral bewirtet alle Anwesenden mit den köstlichsten Speisen. In Chrétiens Versroman wird ein Gral erwähnt, der nur dem alten Vater des Fischerkönigs dient.

In der ersten Fortsetzung wie auch in der von Manessier, auf die wir später genauer eingehen werden, heißt es, daß *»... alle Tische mit köstlichen Gaumenfreuden auf das reichlichste gedeckt waren, so daß keiner eine Speise nennen konnte, die er nicht dort fand«.*

Oft scheint es, als führe Gawain ein gespaltenes Leben. Einerseits erweist er sich durch seine Taten als würdig, der Gralsheld zu sein, dann wieder erscheint er mit einem Makel behaftet und nicht

frei von Tadel. In der ersten Fortsetzung sind beide Aspekte seines Wesens vorhanden. Dieser Zwillingsaspekt taucht auch in einigen früheren Überlieferungen der keltischen Mythologie im Motiv der zwei Brüder auf: Gwalchmai, der mehr dem Diesseitigen zugewandt ist, und Gwalcheved, der mehr zum Jenseitigen neigt. Sie sind beide nach dem Habicht benannt, der eine nach dem Habicht des Mai, der andere nach dem Habicht des Sommers.

Häufig ist es Gawains Liebe und Ergebenheit zu den Frauen, die als sein größter Makel bezeichnet wird, und doch ist er als Ritter in besonderer Weise mit der Jungfrau Maria verbunden. Er ist dafür bekannt, daß er ihr Zeichen trägt, denn er ist der Ritter der Göttin. Ihr Symbol ist das Pentagramm, das dem Menschen am meisten entsprechende geometrische Zeichen. In *»Gawain und der Grüne Ritter«* steht dieses Motiv für die Reinheit und Untadeligkeit seiner fünf Sinne, für die fünf Finger und für die fünf ritterlichen Tugenden – Reinheit, Höflichkeit, Barmherzigkeit, Offenheit und Pflichttreue. Das Pentagramm ist Salomons Knoten der Liebe, welcher endlos ist und sich an keinem Punkt berührt. Das Pentagramm ist das Symbol der Ausgewogenheit. Wir werden auch an Gawains Beziehung mit dem Orient erinnert, wenn wir erfahren, daß Sophia, das gnostische weibliche Prinzip der Weisheit, nur jenen Initianten Einlaß in das Reich des Lichts gewährt, die ein Pentagramm tragen.

***Links:* Grabbildnis** *des Herzogs der Normandie in der Kathedrale von Gloucester, Britannien.* ***Oben:* St. Michael's Mount**, *Cornwall, Südwestengland. Wie die Überlieferung berichtet, ist diese kleine Insel der Rest des legendären, im Meer versunkenen Reichs von Lyonesse.*

Ein Mann für alle Jahreszeiten

Als das Festmahl beendet ist, verschwindet die Gesellschaft erneut, und Gawain ist wieder allein mit dem toten Ritter und mit einer Lanze, von der Blut in ein goldenes Rohr tropft. Zwei Edelknaben tragen zwei brennende Kerzen durch den Saal, gefolgt vom König, der ein Schwert trägt, welches dem toten Ritter gehört hat. Der König beklagt den Tod des Ritters und erklärt Gawain, daß sein Tod Verderben über das Königreich gebracht habe. Nur wenn der Tod des Ritters gerächt werde, könne den Menschen Heilung gebracht werden und das Land wieder in seiner ursprünglichen Blüte erstehen. Daraufhin nimmt er das zerbrochene Schwert und fragt Gawain, ob er es wieder zusammenfügen könne. Gawain versucht es, doch ohne Erfolg. In seinem Scheitern erkennen wir erneut seinen Makel, doch sogleich kommt auch der würdige Aspekt seines Wesens zum Vorschein, als er sich, obwohl er völlig erschöpft ist und einzuschlafen droht, mit aller Kraft zwingt, wachzubleiben und nach der Lanze und dem Schwert zu fragen. Niemand hat je diese Fragen zu stellen gewagt, und der König erklärt ihm, daß dies die Lanze sei, die dem Sohn Gottes am Kreuz in die Seite gestoßen wurde. Und das Schwert sei die Klinge, die das Reich von Logres zerstört habe. Doch während der König weitererzählt, wird Gawain vom Schlaf übermannt und versäumt die letzten Worte des Königs. Der Leser erfährt jedoch, wie Joseph von Arimathia zur Kreuzigungsstätte am Kalvarienberg ging, wo der Sohn Gottes ans Kreuz geschlagen wurde, und das Blut des Heilands in einem Gefäß auffing, welches der Gral genannt wurde. Er verwahrte diesen Gral, wurde ins Gefängnis geworfen, doch auf wundersame Weise von Gott befreit. In Begleitung von Nikodemus und einer kleinen Schar Getreuer stach er in See und landete an den Gestaden der Weißen Insel Britannien. Wann immer er in Not war, blies er in ein Horn, und der Gral erschien und servierte Speisen und Wein im Überfluß. Seit jener Zeit befindet sich der Gral im Besitz der Nachkommen Josephs von Arimathia und wird von Generation zu Generation weitervererbt.

Am nächsten Morgen erwacht Gawain in einem Stechginstergebüsch über dem Meer. Betrübt hadert er mit dem Schicksal. Doch er gelobt, noch besser in der Waffenkunst zu werden und an Weisheit zu gewinnen, um beim nächsten Versuch das zerbrochene Schwert zusammenfügen zu können. Während er durch das Land reitet, stellt er verwundert fest, daß er noch nie zuvor ein grüneres und schöneres Reich als dieses erblickt hat, obgleich es in der Nacht zuvor ein kahles, unfruchtbares Ödland gewesen war. Über Nacht hatten sich die Flüsse mit Wasser gefüllt, und die Wälder waren ergrünt. Die Menschen, an denen er vorüberreitet, preisen ihn, weil er nach der Lanze gefragt hat, und sie zeigen auch Trauer, da er versäumt hat zu fragen, wem der Gral diente.

***Links:* Gawain** *(Walewein), illustrierte niederländische Handschrift aus dem 14. Jh., Leiden.*
***Oben:* Grüner Mann**, *Deckenverzierung in der Kathedrale von Norwich, England. Diese geheimnisvolle jahreszeitliche Gestalt fordert Gawain in dem aus dem 14. Jh. stammenden Versepos* **Gawain und der Grüne Ritter** *zu einem tödlichen Enthauptungsspiel heraus, dessen Sieger der neue Recke der Göttin sein wird.*

DAS WIEDERGEWONNENE PARADIES

OHNE ZWEIFEL war in den frühesten Überlieferungen der Gralslegende Gawain der Ritter, der den Gral erringt. Nirgendwo wird das deutlicher als in der *Diu Crône*. In dieser »Juwelenkrone«, die im Jahr 1224 von dem großen Artusepiker Heinrich von dem Türlin geschrieben wurde, ist Gawain der siegreiche Recke der Gralssuche, was vermutlich auf die ältesten keltischen Überlieferungen zurückgeht.

Wir greifen den Faden der Erzählung auf, nachdem Gawain in ein Land von so großer Schönheit gelangt ist, daß man es für das irdische Paradies halten könnte. Am Eingang dieses Wunderlands steht ein gläsernes Schloß, das von einem flammenden Schwert bewacht wird. Diese Szene, die an das Tor zum Garten Eden erinnert, das von dem Seraph mit dem flammenden Schwert bewacht wird, beschreibt den Übergang zur Gegenwelt. Nachdem Gawain zwölf Tage ziellos umhergewandert ist, trifft er auf die Ritter Lanzelot und Calogreant. Die drei begegnen einem Edelknaben, der sie auf die Burg seines Herrn einlädt. Der Boden des Burgsaals ist mit Rosen bedeckt. Der Herr der Burg ist ein gastfreundlicher alter Mann, der in Weiß und Gold gekleidet ist. Als sich die drei Freunde an der Tafel niederlassen, tritt ein Jüngling in den Saal, der ein Schwert vor den Alten legt. Wein wird kredenzt, und Speisen werden aufgetragen, doch als Gawain bemerkt, daß ihr Gastgeber weder trinkt noch ißt, nimmt auch er nichts zu sich. Lanzelot und Calogreant jedoch essen und trinken und fallen betäubt in einen tiefen Schlaf.

Dann betreten zwei Jungfrauen mit Kerzenleuchtern in der Hand den Saal. Hinter ihnen folgen zwei Jünglinge, die zwischen sich eine Lanze tragen. Daraufhin erscheinen zwei weitere Jungfrauen, die ein mit kostbaren Edelsteinen gefülltes Tablett tragen, und nach ihnen das »edelste und schönste Wesen, das Gott seit Anbeginn der Welt in Frauengestalt erschaffen hat, vollkommen in Gestalt und Antlitz und angetan mit den kostbarsten Kleidern«. Sie trägt eine Krone auf dem Haupt und ein mit Gold und Edelsteinen reich verziertes Reliquienkästchen in Händen. Drei Tropfen Blut fallen von der Spitze der Lanze auf das Tablett, das der Herr der Burg sogleich nimmt. Die schöne Frau stellt das Reliquienkästchen auf den Tisch, und Gawain sieht, daß sich darin Brot befindet, von welchem der Alte ißt. Dies ist ohne Zweifel die deutlichste Darstellung der christlichen Eucharistie im gesamten Corpus der Gralslegenden. In dem beschriebenen Sakrament des Abendmahls sind sowohl das Blut Christi als auch sein Leib, symbolisiert durch das Brot, zugegen. Gawain kann nicht mehr länger schweigen und stellt die Frage nach der Bedeutung des mysteriösen Rituals, das er soeben beobachtet hat. Kaum hat er die Frage ausgesprochen, erhebt sich die gesamte Gesellschaft mit lautem Jubelgeschrei.

Gawain erfährt, daß er den Gral errungen und mit seiner Frage viele von großem Leid und Kummer befreit hat. Sie hatten alle gehofft, Perceval würde die Geheimnisse des Grals in Erfahrung bringen, doch der hatte versäumt, die Frage zu stellen, welche die an der Tafel anwesenden endlich erlösen würde, die nur scheinbar lebendig, in Wirklichkeit jedoch tot, auf der Gralsburg ausharren mußten. Eine solche Strafe mußten allein jene erdulden, die im Streit um den Besitz des Landes einen Blutsverwandten erschlagen hatten. Die erlösende Frage mußte jedoch von einem aus ihrem Geschlecht gestellt werden, und Gawain, der die Frage nach der Bedeutung des wundersamen Rituals ausgesprochen hatte, war tatsächlich einer der ihren. Das Blut von der Lanze und ein Bissen von dem Brot genügten, den König für ein ganzes Jahr zu sättigen. Doch die Strafe ist nun verbüßt, und die Jungfrauen, die als einzige auf der Gralsburg nicht tot waren, werden freigelassen. Aufgrund ihrer Reinheit hatte Gott ihnen den Dienst am Gral anvertraut, doch diese Pflicht war jetzt von ihnen genommen. Nachdem er dies erklärt hat, reicht der König Gawain das Schwert, das vor ihm gelegen hatte, und als der Morgen dämmert, ist die gesamte Gesellschaft mit Ausnahme der Jungfrauen verschwunden.

Der Troubadour, *Werner von Teufen, Abbildung aus der Manessischen Liederhandschrift, frühes 14. Jh. In einer der zahlreichen Erzählungen um Gawain wird berichtet, daß er einwilligt, ein häßliches altes Weib zu ehelichen, um König Artus zu retten. Mit einen Kuß verwandelt Gawain sein Weib in eine junge, überaus schöne Frau, die ihm anvertraut, daß sie nur die Hälfte der Zeit schön sein könne. Sie läßt ihm die Wahl, ob sie des Tags oder des Nachts schön sein soll. Doch galant überläßt er dies ihrer Entscheidung, womit er die Verzauberung von ihr nimmt und sie für immer schön bleibt.*

Das Ende eines Zyklus

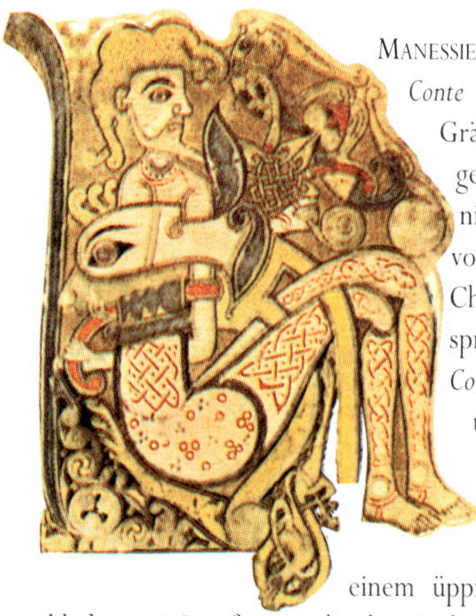

Manessiers Fortsetzung zum *Conte del Graal* wurde für die Gräfin Jeanne von Flandern geschrieben – die die Großnichte des Grafen Philipp von Flandern war, für den Chrétien seinerzeit die ursprüngliche Fassung des *Conte* geschrieben hatte –, und damit schließt sich ein Kreis, der drei Generationen umfaßt.

Manessier beginnt mit einem üppigen Festessen. Perceval erblickt zwei Jungfrauen, die den Gral und ein Tablett durch den Saal tragen. Erstere ist die Tochter des Fischerkönigs, die andere die Tochter von dessen Bruder Gron (Bron), dem König des wüsten Landes. Der Bruder des Fischerkönigs war von dem Herrn des roten Turms mit dem Schwert getötet worden, das dabei zerbrach.

In dieser Fortsetzung hat sich der Fischerkönig selbst mit dem zerbrochenen Schwert verletzt und sich eine Wunde zugefügt, die nicht heilt, bis Grons schmählicher Tod gerächt ist. Perceval findet den Herrn des roten Turms und tötet ihn. Er kehrt zur Gralsburg zurück, und der Fischerkönig wird sogleich von seiner Wunde geheilt.

An dieser Stelle wollen wir uns noch einmal dem walisischen Prosaepos des *Peredur* zuwenden. Der Held hat die Streitmacht von König Artus zusammengerufen, um sie gegen die Neun Hexen von Caer Loyw zu führen. Dies waren die Zauberinnen, die Peredur den Umgang mit den Waffen gelehrt hatten, und deshalb bietet er der Anführerin der Hexen drei Gelegenheiten, den Kampf einzustellen. Doch sie geht nicht darauf ein, und er ist gezwungen, sie zu töten. Während sie stirbt, kreischt sie mit schauerlicher Stimme,

***Unten:* Das Buch von Durrow**, *9. Jh., illuminiertes Matthäus-Evangelium.*
***Rechts:* Ländliche Szene** *von Samuel Palmer, 1825. Als Inschrift die Vergil-Verse: »Wenn Libra die Stunden des Tages und der Nacht gleich macht (Herbstäquinoktium) und die Welt in der Mitte teilt zwischen Licht und Schatten.«*

es sei prophezeit, daß Peredur alle ihre Schwestern erschlagen werde, was auch geschieht.

In der walisischen Legende des *Peredur* lebt der Held auf den beiden Ebenen der Diesseitswelt und der Gegenwelt. Kraft der heiligen Reliquien und dank seiner Verbindung mit der vielgestaltigen Herrin des Landes ist er fähig, als Bindeglied zwischen den beiden Welten zu fungieren. Doch der Zyklus fordert Veränderung – ebenso, wie die Jahreszeiten aufeinander folgen und auf das Leben der Tod.

Von allen Gralslegenden ist im *Peredur* der zyklisch wiederkehrende Wechsel von Dürre und Fruchtbarkeit am deutlichsten herausgearbeitet. Das blühende Land wird sich in Ödland verwandeln. Die Herrin des Landes wird – gleich der Natur im Winter und im Tod – die Gestalt eines häßlichen alten Weibes annehmen und überall im Land nach einem neuen Recken suchen. Die heiligen Reliquien werden erneut verloren werden und ebenso das Paradies. Die Macht von Königen wie Artus schwindet und erlischt schließlich ganz. Die Goldenen Zeitalter werden untergehen und an ihrer Statt dunkle Zeiten anbrechen, in welchen das Reich auf den durch die Bestimmung auserwählten Recken wartet und auf das Erscheinen der Herrin des Landes. Dies ist die Botschaft der Legende an unsere Zeit.

Die Wurzeln des Mythos

Auch in den anderen beiden Zweigen der Legende und ihren Verästelungen entstammen die Motive weitgehend der ältesten aller Quellen, den schier unerschöpflichen irischen *echtrai*. Diese Heldensagen erzählen von phantastischen Fahrten durch düstere Wüsteneien zu den kristallenen Hallen der Gegenwelt und den zeitlosen Gefilden der heidnischen Götter. Nachdem die Legenden über die Irische See nach Wales gelangt waren, nahmen die unsterblichen Götter und Göttinnen allmählich die Gestalt der Sterblichen an und wurden mit Eigenschaften ausgestattet, die dem Weltbild der christianisierten Kelten entsprachen.

Eines der mythologischen Themen ist das des Sonnengotts und der Erdgöttin, die in ihrer ursprünglichen Gestalt von Lug, »dem Leuchtenden«, und Eriu, der irischen Herrin des Landes, repräsentiert wurden. Das Konzept der Herrschaft über das Land war mit dem sich ständig wandelnden Motiv der Göttin verbunden, die das Land bewacht und als seine Personifikation untrennbar mit ihm verbunden ist. Dem Sonnenhelden fiel die Aufgabe zu, den Sonnenkönig mit der Königin der Herrschaft zu vereinen, um das Ödland wieder zum Erblühen zu bringen. Die Wüstenei war durch einen »Schmerzvollen Stich« über das Land gekommen, der den König all seiner Kraft beraubte. Um seine Bestimmung der Gralssuche zu erfüllen, muß der Held den König heilen oder selbst die Verantwortung für das Reich übernehmen.

Ein weiteres immer wieder auftauchendes Motiv ist die Rache im Namen des rechtmäßigen Königs des Landes, welches durch Mord oder Verrat in unwürdige Hände gefallen ist. So üben die Ritter der Tafelrunde an den Nachfahren König Amangons' Rache. Ein vielschichtiger Legendenstoff wie dieser wurde von den walisischen Barden und den bretonischen *conteurs* in die französische und europäische Kultur eingeführt, die sich von der fremden und geheimnisvollen Bilderwelt der keltischen Mythologie faszinieren ließ. Dabei war es unerheblich, daß die Überlieferungen nur fragmentarisch erhalten waren. Im Gegenteil, es ermöglichte den europäischen Dichtern, sich aus dem zerbrochenen Mosaik der keltischen Mythologie die Bausteine herauszusuchen, die sie für ihre fantastischen Abenteuergeschichten gebrauchen konnten.

Im folgenden werden wir näher beleuchten, wie die Dichter und Mönche des europäischen Festlands aus der magischen Schüssel des Überflusses, dem Füllhorn und dem Kessel der Wiedergeburt und der Weisheit eine eucharistische Reliquie machten, in welcher der Leib Christi symbolisch zugegen war. Wir werden auch die Gründe genauer untersuchen, weshalb aus dem blutenden Speer des Sonnengottes die Lanze wurde, die dem gekreuzigten Messias in die Seite gestoßen wurde. Und wir werden verfolgen, wie aus dem mächtigen irischen Meeresgott Bran zunächst ein britannischer Häuptling wurde, dann ein wundersames Haupt und schließlich der verwundete Fischerkönig, Enkel des Joseph von Arimathia (des Überbringers der christlichen Botschaft) und Hüter des Heiligen Grals.

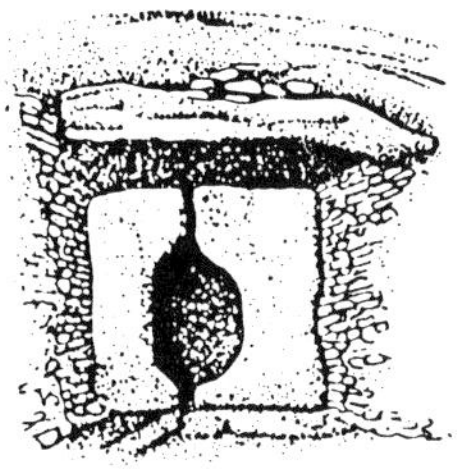

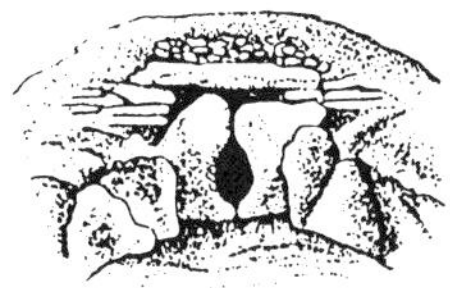

Die Motive heidnischer Kultstätten, die die mächtige Vulva der Erdgöttin symbolisieren, verwandeln sich in das Tor zur Mutter Kirche. ***Gegenüberliegende Seite, oben:*** **Sheela-na-gig**, *Kilpeck, Britannien.* ***Unten:*** **Heidnischer Gott** *mit Trinkhorn, Britannien der Römerzeit.* ***Diese Seite, oben:*** **Neolithische Hügelgräber**, *Britannien.* ***Unten links:*** **St. Brendan Kathedrale**, *Galway, 12. Jh.* ***Unten rechts:*** **Tarxien**, *Malta, 4500 v. Chr., und* **New Grange**, *Irland, Eingang zu einem keltischen Grab.*

Der christliche Zweig

Dominikaner

Franziskaner

Benediktiner

Zisterzienser

MANCHER LESER, der geglaubt hatte, bereits mit der Legende des Heiligen Grals vertraut zu sein, wird vermutlich mit Staunen verfolgt haben, welche Vielfalt von Versionen des scheinbar bekannten Stoffes im *Conte del Graal*, in *Diu Crône* und im *Peredur* verborgen ist. Obgleich der Gral auch in diesen Fassungen als magisches, nie versiegendes Gefäß der Fülle erscheint, wäre es wohl nicht treffend, ihn als »heilig« zu bezeichnen. Zweifellos sind die irischen, walisischen und bretonischen Gralserzählungen näher an dem ursprünglichen Mythos angesiedelt als die des christlichen Zweigs, und doch besitzen die in den folgenden Kapiteln näher betrachteten christlich geprägten Legenden eine ganz eigene mystische Komplexität und Fülle.

Die Schönheit, in der die Fäden der christlichen Versionen der Legenden in dem so reich gewobenen Gobelin des Gralsmythos aufscheinen, zeugen von einer erstaunlichen Erfindungsgabe der mönchischen Dichter. Es gelang ihnen, ein höchst ketzerisches Werk dergestalt mit frommen Mysterien zu umhüllen, daß sowohl die Legende wie auch die Autoren den religiösen Fanatismus der Kirchenväter überlebten. Obgleich die orthodoxen Glaubenswächter in Rom niemals die Existenz des Grals einräumten, waren sie doch überraschend zurückhaltend, ihn öffentlich als Objekt der Ketzerei anzuprangern. Vielleicht war der »britannische Stoff« so populär und reizvoll, daß sich selbst die engstirnigsten und fanatischsten Glaubenshüter des Vatikans seiner Faszination nicht entziehen konnten. Tief unter der Oberfläche der so überaus populären Ritterromane und Versepen war etwas verborgen, das weitaus ketzerischer war als die ihnen innewohnende Verbindung mit den erklärten Feinden der Kirche. Um so erstaunlicher ist es, daß es keinerlei gewaltsame Reaktionen seitens der orthodoxen Glaubenswächter gegen die diversen Fassungen der Legende gab. Die eigentümliche Spielart des Christentums, der wir in den Seiten des gesamten Vulgate-Zyklus, des *Roman du Graal* und des *Perlesvaus* begegnen, hat wenig oder überhaupt nichts gemein mit dem Christentum, das von den Kanzeln verkündet wurde.

Im zweiten Zweig der Gralslegenden stoßen wir auf eine wenig bekannte, apokryphe Überlieferung, die nicht auf die Lehren der Apostel zurückgeht, sondern auf eine in mysteriöses Dunkel gehüllte Randfigur der Apostelgeschichten mit dem Namen Joseph von Arimathia. In den Gralslegenden ist er im Besitz der wahren Botschaft, die Christus seinen Jüngern beim Letzten Abendmahl verkündet hat. Wenn das nicht Ketzerei war – vor allem in den Augen der fanatischen Dominikaner, deren Orden Anfang des 13. Jahrhunderts gegründet wurde, als das Gralsthema den Höhepunkt seiner Popularität erreichte –, was war es dann?

Wie kam es also, daß eine phantasievolle, in ihren Grundzügen altkeltische Abenteuergeschichte, die auf Mythen von rechtmäßigem Königtum und der Heilung und Wiedererstehung des Landes basierte, den christlich-religiösen Aspekt von Erlösung und Heilserfahrung annahm? Und wie wurde aus der Erzählung über einen Helden, der die Göttin der Herrschaft sucht, das Streben eines Menschen, seinem Gott von Angesicht zu Angesicht gegenüberzutreten?

Bei unserem Versuch, eine Antwort auf diese Fragen zu finden, stoßen wir auf ein kompliziertes Gewirr von Fäden. Als erstes müssen wir uns klarmachen, daß sich die keltisch-christlichen Vorstellungen von Religiosität erheblich von jenen Roms unterschieden. Die britische Kirche betrachtete sich schon seit langem als die erste Kirche in Europa. Vor allem in ihrer Vorstellung von einem andersweltlichen Reich, welches unmittelbar unter der Oberfläche der diesseitigen, fühlbaren Welt existierte, zeigten sich unvereinbare Gegensätze zu den Jenseitsvorstellungen des Vatikans, der das Jenseitskonzept des Nahen Ostens, eines irgendwo außerhalb der irdischen Welt existierenden Reichs Gottes, übernommen hatte. Die Gestalt des großen britischen Zauberers Merlin ist eine Verkörperung dieser Kluft zwischen den heidnisch-keltischen und den christlich-orientalischen Ursprüngen. Merlin, ursprünglich von infernalischen Mächten als Anti-Christ erschaffen, hatte einen Dämon zum Vater, und als er das Licht der Welt erblickte, war sein Körper mit Haaren bedeckt. Doch seine diabolische Natur veränderte sich unerwartet, als er getauft wurde. Von diesem Augenblick an war er gespalten zwischen den heidnischen, andersweltlichen Gefilden und dem christlichen Reich Gottes. Obgleich er über große seherische und magische Macht verfügte, war sein Leben von tiefer Unrast und mangelnder Harmonie geprägt. Einerseits war er ein Naturmensch, der von einer tiefen schamanistischen Verbindung zur Erde und ihren Mächten beseelt war, andererseits stand die Botschaft der Kirche von einem übernatürlichen Wesen in direktem Widerspruch zur Natur. Und zu der Zeit, als die christlich geprägten Gralslegenden erschienen, stand für die Glaubenswächter alles, was mit der Natur oder Naturmystik zu tun hatte, in unvereinbarem Gegensatz zum christlichen Credo.

In diesen Legenden werden die unorthodoxen Anschauungen der »heidnisch-christlichen« Kelten mit Bruchstücken von Gedankengut aus der geheimnisvollen Welt des Orients und seiner »geheimen Schriften« vermischt. Es entstehen wundersame Erzählungen, die sich um das Motiv des Heiligen Abendmahls, beziehungsweise um das Letzte Abendmahl Christi ranken. Diese Verquickung von Elementen der »heidnisch-christlichen« Religion der Kelten mit den geheimen Lehren Christi, die er seinen Jüngern beim Letzten Abendmahl verkündete, und mit seinem am Kreuz vergossenen Blut bildet die Basis nahezu aller Gralsromane.

Schamane. *Dieses Bild eines Schamanen wurde vor 15 000 Jahren an die Wand einer Höhle bei* Les Trois Frères *in den französischen Pyrenäen gemalt. Es symbolisiert die heidnische Gegenwelt. In der Gestalt des britischen Magiers Merlin setzt sich diese mystische, schamanistische Tradition fort.*

Hintergrundhistorien

Tatsächlich erschienen die wichtigsten Gralsromane des christlichen Zweigs allesamt in einer bemerkenswert kurzen Zeitspanne von fünfundzwanzig Jahren um die Wende vom 12. zum 13. Jahrhundert. Der erste dieser Romane, zwischen 1191 und 1202 entstanden, der großen Einfluß auf alle folgenden hatte, war vermutlich *Le Roman du Graal*, der Robert de Boron zugeschrieben wird. Dieser ist eine Trilogie, die die Versromane *Joseph d'Arimathie* und *Merlin* sowie eine als *Didot-Perceval* bekannt gewordene Prosaerzählung enthält. In diesem frühen christlichen Werk wird erzählt, wie die Gralsschale nach Britannien gelangte. Weitere Themen der Trilogie sind der Aufstieg des Königs Artus, die Tafelrunde, die Suche nach dem Heiligen Gral und schließlich der Untergang des Goldenen Zeitalters von König Artus. Robert de Boron lebte in Burgund und stand in Diensten des Marquis de Montfaucon, der 1212, beim vierten Kreuzzug, ums Leben kam.

Das zweite und wohl bekannteste Gralsepos ist die umfangreiche Prosasammlung des Vulgate-Graal-Zyklus, auch Lancelot-Graal-Zyklus genannt, der zwischen 1215 und 1235 entstanden ist und die Themen von Roberts Trilogie in fünf Erzählungen weiterführt. Sie heißen *Estoire del Saint Graal, Estoire de Merlin, Queste del San Graal, Prosa-Lancelot* und *Mort Artu*.

Die meisten Wissenschaftler stimmen heute darin überein, daß der Vulgate-Zyklus der Feder mehrerer Autoren entstammt, die unter der Leitung eines gemeinsamen »Architekten« geschrieben haben. Wenngleich diese Autoren vermutlich keine Mönche im klassischen Sinn waren, so deutet doch vieles darauf hin, daß es sich um

Laiengeistliche handelte, die für den Zisterzienserorden schrieben. Das Credo, das in ihre Werke einfloß, war eine seltsame Mischung aus mönchischen Idealen und Elementen aus apokryphen Schriften. Obgleich direkte Bezüge und Hinweise auf die Apokryphen selten sind, läßt die Atmosphäre der Erzählungen deutliche Übereinstimmungen erkennen.

Das dritte große Gralsepos in altfranzösischer Sprache ist der Prosaroman *Perlesvaus*, der zu Beginn des 13. Jahrhunderts entstanden ist und bezüglich seines Ursprungs auf ein lateinisches Buch verweist, das mit der Abtei von Glastonbury in Verbindung gebracht wird. Offenbar war der unbekannte Verfasser mit Chrétiens *Perceval* und den Werken Roberts de Boron durchaus vertraut, nicht jedoch mit dem Vulgate-Zyklus, der später entstanden ist. Der *Perlesvaus* ist eine deftige Mischung aus Religion, Magie und Gewalt, mit der sich der Autor als ein Außenseiter von anarchischem, ungezügelten Geist zu erkennen gibt.

Der Post-Vulgate-Zyklus, der von seinem ebenfalls unbekannten Autor *La Haute Escriture del Saint Graal* betitelt wird, nimmt die Themen des älteren Vulgate-Zyklus wieder auf, wobei sich die Erzählung jedoch mehr auf den Gral konzentriert und weniger auf Lanzelot und die Königin. Die *Haute Escriture* berichtet vom Reich *Logres* vor und nach dem Schmerzvollen Stich und endet mit der Ankunft des guten Ritters, der Suche nach dem Gral und dem Tod König Artus'.

Der dem Vulgate-Zyklus zugerechnete Prosaroman *Queste del San Graal* entstand zwischen 1190 und 1230 und entstammt vermutlich der Feder eines Schreibers, dessen Profession ihn sowohl mit höfischen als auch mit klösterlichen Belangen vertraut machte. In Europa jener Zeit gab es Legionen fahrender Scholaren und Schreiber, die sich in den Dienst weltlicher und kirchlicher Herren stellten, um ein Auskommen zu finden. In weiten Passagen der *Queste del San Graal* ist ein starker zisterziensischer Einfluß auszumachen, der die Vermutung nahelegt, daß der Autor Anstellung in einem der einflußreichen Klöster des Zisterzienserordens gefun-

Post-Vulgate-Zyklus

Auch als La Haute Escriture del Saint Graal bekannt

Autor unbekannt

Vulgate-Zyklus

Estoire del Saint Graal, Estoire de Merlin, Prosa-Lancelot, Queste del San Graal, Mort Artu

Von zisterziensischen Mönchen zwischen 1215 und 1235 gesammelt

Perlesvaus

Roman in altfranzösischer Prosa, um 1205 entstanden

Autor unbekannt

Le Roman du Graal

(Joseph d'Arimathie, Merlin, Didot-Perceval)

Verfaßt von Robert de Boron zwischen 1191 und 1202

den hatte, der seit seiner Gründung im Jahr 1098 als »Reform-Orden« der Benediktiner einen kometenhaften Aufstieg genommen hatte. Der bedeutendste Geist des aufstrebenden Zisterzienserordens jener Zeit war Bernhard von Clairvaux, der auch bei der Abfassung der Ordensregel federführend war. Tatsächlich bestand eine enge Beziehung zwischen den Zisterziensermönchen und dem militärischen Orden der Templer. Der Höhepunkt des zisterziensischen Einflusses auf das Geistesleben in Europa fällt mit den Jahren zusammen, in denen die meisten der christlich beeinflußten Gralslegenden entstanden. Die mönchischen Tugenden der Zisterzienser waren Barmherzigkeit, Mildtätigkeit und Keuschheit, die auch der Autor der *Queste* in seinem Roman propagiert. Da Keuschheit als die höchste der zisterziensischen Tugenden galt und Fleischeslust als die verwerflichste aller Stünden, überrascht es nicht, daß der Verfasser der *Queste* seine Heroen mit mönchischer Askese und Enthaltsamkeit ausstattet. Dies steht in scharfem Kontrast zu den bisher näher betrachteten Texten. Wenngleich die in der *Queste* propagierte Keuschheit in unseren Augen absurd erscheinen mag, ist das gesamte Werk durchdrungen von der Mahnung, Mitleid und Barmherzigkeit gegenüber Sündern zu üben, und über allem steht das Streben nach brüderlicher Liebe unter den Menschen. Während in den keltischen Überlieferungen jede Menge Blut fließt, gibt es in der *Queste* wohltuend wenige Tote, abgesehen von denen, die von Rittern erschlagen wurden, die der Gnade Gottes noch nicht teilhaftig wurden. Selbst wenn es bei den ritterlichen Kämpfen Verwundete gibt, ist stets ein weiß gekleideter Mönch zugegen, der sie gesundpflegt und auf den Weg Gottes führt.

In der *Queste* muß sich der vollkommene Ritter einer rigorosen geistigen Läuterung unterziehen, die von ihm Beichte, Kontemplation, Fasten, Beten und vor allem Keuschheit verlangt. Während sich der Autor einerseits durch beträchtlichen Fleiß auszeichnet, seine Leser mit Bibelzitaten auf den rechten Weg zu bringen, greift er andererseits auf den reichen Symbolismus des mystischsten und sexuell freizügigsten Werkes der orthodoxen Schriften zurück, auf das Hohelied Salomons, welches viele Troubadoure des Hochmittelalters inspirierte.

Links: Mönche bei der Arbeit. *Illustration einer französischen Handschrift aus dem 14. Jh.*

Die Erleuchtung

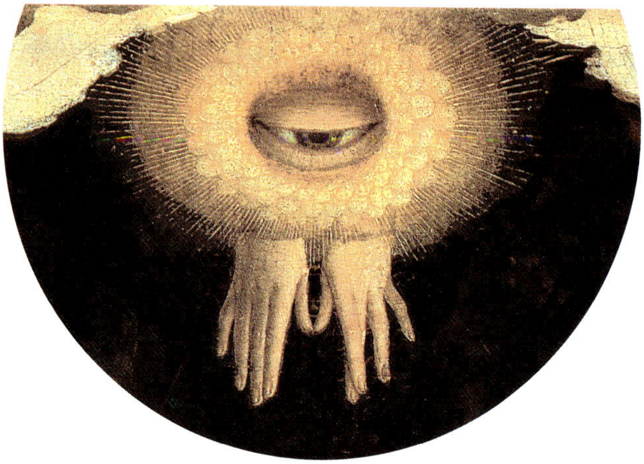

CHRÉTIENS UNVOLLENDET GEBLIEBENES WERK war ein prachtvoller mittelalterlicher Reigen, den er aus den Fragmenten der alten keltischen Mythologie gestaltete. Er beseelte die alten Motive mit seinem Genie und tauchte die Handlung in eine Atmosphäre des Geheimnisvollen, die die Geister an den Höfen Europas faszinierte. Die poetische und mystische Bilderwelt seiner Erzählung war Inspiration und Vorbild für alle späteren Gralsromane.

Es wird sehr bald deutlich, daß der Gral in Chrétiens Geschichte keine besondere religiöse Bedeutung besitzt. Wenn ihm religiöse Eigenschaften zugesprochen werden können, dann sind diese unverhüllt heidnischen Ursprungs und vor allem in dem magischen Umfeld zu suchen, welches den Kessel und die Lanze umgab. Doch nachdem die Gralslegende in den Schreibstuben der Zisterzienserklöster überarbeitet worden war, hatte sie eine völlig neue Bedeutung angenommen.

Die meisten zeitgenössischen Mediävistikforscher sind der Ansicht, daß der Bedeutungswandel des Grals und des Speers von heidnischen, quasi-magischen Objekten zu wundertätigen christlichen Reliquien auf einem Mißverständnis bzw. auf einer Fehlübersetzung beruht. Wir werden diese Theorie im folgenden noch genauer beleuchten.

Obgleich sich der Heilige Gral sehr schnell zu einem mit christlichen Werten besetzten Bild entwickelte, hat er nie Eingang in die Ikonographie der orthoxen Kirche gefunden. Der Grund liegt möglicherweise darin, daß zu viele ketzerisch anmutende Handlungsfäden in den Stoff der Legende verworben waren. Ein solcher Handlungsstrang, der die Rechtgläubigen mit heiligem Zorn erfüllt haben muß, ist die Geschichte des Joseph von Arimathia, dem die Verkündung der letzten Botschaft Christi anvertraut wurde, und nicht etwa den von der Kirche sanktionierten Aposteln. Die Verkündung der Botschaft Christi in der Gemeinschaft der Heiligen am Tisch des Letzten Abendmahls ist für die Lehre der Kirche von zentraler Bedeutung. Die Gralslegende interpretiert den Tisch des Letzten Abendmahls als einen von drei bedeutenden Tischen, wobei die anderen beiden die Tafelrunde und der Gralstisch sind. An diesen Tischen konnte der wahrhaft Suchende in direkten Kontakt mit Gott treten. Und obgleich Joseph von Arimathia beim Letzten Abendmahl nicht anwesend war, wurde er dennoch von Christus erwählt, der erste Gralshüter zu sein. Auf diese Weise wandelte sich der Gral in einen Kelch, der aufs engste mit dem heiligen Sakrament der Eucharistie verknüpft ist.

Heilige Allegorie, *von J. Provost. Das Auge Gottes blickt uns aus dem Himmel über Christus an, der das zweischneidige Schwert des Wortes in einer Hand hält. Rechts sitzt die Braut Christi, die die Lilie der Barmherzigkeit hält und die Taube des Heiligen Geists freiläßt. Die Seele am unteren Rand des Bildes formt mit ihren Daumen eine Vulva und blickt zu Gott empor.*

Die neuerliche Wandlung

In einer der Apokryphen des Neuen Testaments, dem im 4. Jahrhundert entstandenen *Evangelium Nicodemi*, finden wir die Legende, die das Wesen und die Botschaft des Grals nachhaltig verändert hat.

Joseph von Arimathia wird in allen vier Evangelien erwähnt. Er war ein reicher Mann und heimlicher Jünger Jesu, und er war es auch, der Pilatus bat, den Leichnam Christi vom Kreuz nehmen zu dürfen. Pilatus erlaubte es, und Joseph von Arimathia nahm ihn, schlug ihn in kostbares Leinen und legte ihn in das Grab. Nikodemus brachte eine Salbenmischung aus Myrrhe und Aloe, mit der der Leichnam einbalsamiert wurde. In den apokryphen Texten wird diese Begebenheit näher geschildert. In dem Bericht wird erwähnt, daß Nikodemus, ein einflußreicher Herrscher der Juden, für Christus Zeugnis ablegte und damit die Ältesten der Juden erzürnte. Ihre Rache trifft jedoch nicht Nikodemus selbst, sondern Joseph, der unmittelbar nach Christi Grablegung ins Gefängnis geworfen wird. Doch am Ostermorgen ist der Leichnam verschwunden. Als Joseph von den Häschern der Obrigkeit in seinem Haus in Arimathia gefunden wird, berichtet er, daß ihm am Sabbath der auferstandene Christus erschienen sei, ihn aus seinem Verlies befreit und in sein Haus gebracht habe.

Gegenüberliegende Seite: **Joseph und seine Gemeinde** *erhalten die Segnungen des Heiligen Grals. Frankreich, 14. Jh.*

Links: **Traum der Jungfrau,** *von Simone dei Crocifissi. Der Baum erneuert sich stetig.*

Diese Geschichte scheint die Vorlage für eine der Versionen der ersten Fortsetzung des *Conte del Graal* gewesen zu sein, die wir bereits kurz betrachtet haben. Hierin besitzt Joseph ein goldenes Gefäß, das Gral genannt wird, und in ihm fängt er das Blut des gekreuzigten Christus auf. Dann bittet er den römischen Stadthalter Pilatus um die Erlaubnis, den Leichnam des Gekreuzigten abnehmen zu dürfen, und bringt ihn eigenhändig zu seiner Grabstätte.

In seinem Haus hat Joseph einen kleinen Altar, auf welchem stets zwei Kerzen brennen. Jeden Tag betet er vor diesem Altar und dem Gral mit dem Blut Christi. Doch er wird dabei beobachtet und ins Gefängnis geworfen. Wie in der apokryphen Darstellung, heben sich die Wände seines Verlieses, und er ist frei, doch trotz dieses Wunders wird er mit Nikodemus, seiner Schwester und seinen Freunden aus dem Land verbannt. Sie begeben sich an Bord eines Schiffs und segeln zu der weißen Insel, die ein Teil Britanniens ist, wo sich die kleine Gemeinde niederläßt. In Zeiten der Hungersnot stößt Joseph in ein Horn, auf das wir später noch genauer eingehen werden, und der Gral versorgt seine Gemeinde im Überfluß mit Speisen. Joseph von Arimathia ist also der erste aus dem Geschlecht der Gralshüter, auf den der Fischerkönig und schließlich Perceval folgen.

Joseph d'Arimathie

WÄHREND IN DER ERSTEN FORTSETZUNG des *Conte del Graal* im wesentlichen die Grundzüge der Geschichte dargestellt werden, führt Robert de Boron in seinem Versepos *Joseph d'Arimathie* mit der Figur des Joseph ein neues Leitmotiv in die Gralssage ein, welches der christianisierten Legende eine radikal neue Bedeutung gab. Roberts Erzählung weicht im Detail beträchtlich von der Version des Nikodemus ab. In seiner Darstellung der Ereignisse ist es Pilatus, der Joseph das Gefäß gibt, welches Christus beim Letzten Abendmahl benutzt hat. Joseph fängt mit der Schale das Blut des Gekreuzigten auf und wird ins Gefängnis geworfen, als die Juden am dritten Tag das Grab leer finden. Dort erscheint ihm Christus mit dem Gefäß und verkündet ihm, daß er von nun an der Hüter des Gefäßes sein werde. Im Zeichen des dreieinigen Gottes werde es nur drei Nachfolger geben. Ferner wird ihm geheißen, das Gefäß von nun an »Kelch« zu nennen.

Zu Joseph gesellen sich ein paar Leute, zu denen auch seine Schwester und deren Mann Bron gehören. Sie lassen sich gemeinsam nieder, doch sie durchleben harte Zeiten. Eine Stimme, die aus dem Gral zu ihnen spricht, tut ihnen kund, daß einige aus ihrer Mitte gesündigt und sich der Fleischeslust schuldig gemacht haben. Die Stimme befiehlt Joseph, einen Tisch zu finden, an dem sie sich in Gedenken an das Letzte Abendmahl Christi niederlassen sollen, und an Bron geht der Befehl, einen Fisch zu fangen.

Nicht alle finden am Tisch Platz. Joseph nimmt den Platz Christi ein, doch es bleibt ein leerer Platz, der Brons Kind vorbehalten ist. Der Fisch sättigt alle nach Herzenslust, doch die Sündigen bleiben hungrig und ziehen ihrer Wege. Die Fähigkeit des Grals, zwischen jenen, die reinen Herzens sind, und jenen, die gesündigt haben, zu unterscheiden, zeigt deutliche Parallelen zu den magischen Objekten der keltischen Mythologie, der nie versiegenden Schüssel des Überflusses und dem Kessel, der den Würdigen vom Unwürdigen zu unterscheiden vermag. Doch einer aus ihrer Mitte, der nicht für würdig befunden wurde, besteht darauf, sich auf dem leeren Platz – dem des Judas – niederzulassen, und wird auf der Stelle verschlungen. Nur ein Enkel Brons, so erfahren wir, wird imstande sein, den Platz der Gefahr einzunehmen.

Das Letzte Abendmahl. *Miniatur aus dem 12. Jh., altsyrischer Kodex.*

Christus, Anti-Christ und der Leib Christi

Josephs Schwester Enygeus schenkt Bron zwölf Söhne, von denen einer, Alein, der zukünftige Gralshüter sein wird. Joseph übergibt den Gral in die Obhut von Bron, der von nun an der Fischerkönig genannt wird, und weiht ihn in die geheime Botschaft Christi ein, die dieser ihm im Gefängnis anvertraut hatte. Ein gewisser Petrus wird entsandt werden, sich nach Avalon zu begeben, wo er Bron und Alein begegnen und die Prophezeiung der Dreifaltigkeit erfüllen wird.

In dieser Version der Legende können wir verfolgen, wie die Brücke zwischen der keltischen und der christlichen Welt geschlagen wird, doch zugleich stoßen wir auf den Ursprung eines weitreichenden Irrtums. Viele Forscher sind der Ansicht, daß die zisterziensischen Mönche oder Laienbrüder die keltischen Erzählungen mißverstanden oder falsch entziffert haben, als sie das *cors benoit*, das segensreiche Füllhorn, in einen christlichen Bezugsrahmen setzten. Das Wort *cors* besitzt im Altfranzösischen verschiedene Bedeutungen; es kann Hof bedeuten, aber auch Ecke, Lauf oder Verlauf, Horn und auch Leib. Die frommen Mönche, die mit heidnischen Naturmythen nicht vertraut waren, machten aus dem segenspendenden Füllhorn den Heiligen Leib, der ihnen vom Sakrament des Letzten Abendmahls geläufig war, bei dem Wein und Brot in das Blut und den Leib Christi gewandelt werden. Es ist also nicht verwunderlich, wenn ein Mann der Kirche, der gälische oder bretonische Texte übersetzt, annimmt, daß mit *cors* der Leib Christi gemeint sei. Nachdem der Fehler einmal begangen war, mußten auch andere Passagen umgedeutet werden. Sogar die Gefilde des Grals und die Gralsburg werden in Corbenit oder Corlenot umbenannt und spiegeln ihre ursprüngliche Bezeichnung Cors Benôit, die Burg des segenspendenden Horns, nur noch entfernt wider.

Dies ist natürlich nicht der einzige Unterschied zwischen dem keltischen und dem christlichen Zweig der Legende. In den früheren keltischen Versionen der Legende finden wir immer wieder das Leitmotiv der Wiedergeburt und der Erneuerung. Das zentrale Thema ist die Heilung des Königs und des Landes. In den christlich geprägten Texten jedoch geschieht diese Wandlung durch Buße und nicht durch Erneuerung. Die Heilsbotschaft lautet, daß ein solcher Wandel nur durch festen Glauben, Barmherzigkeit, Keuschheit und reine Liebe erlangt werden kann. Hierbei muß für die offenbar ebenfalls im Zölibat lebenden klerikalen Scholaren das Thema Keuschheit eine zentrale Rolle gespielt haben, denn die menschliche Psyche reagiert auf unterdrückte Emotionen nun einmal so, daß sie dem Gegenstand der Kasteiung besonders große Aufmerksamkeit entgegenbringt. Nur so ist es zu erklären, daß in den christlichen Versionen Keuschheit und die Sorge um die Reinheit beider Geschlechter eine Bedeutung erlangten, die sie in den früheren Erzählungen über die derben und sexuell nicht gerade zimperlichen walisischen Ritter nicht besaßen.

Als Fortsetzung von *Joseph d'Arimathie* schrieb Robert de Boron den Versroman *Merlin*. Während Robert am Anfang des *Joseph* noch ganz deutlich zum Ausdruck bringt, daß das Erscheinen Christi der Plan Gottes war, um Satan zu besiegen, erscheint im *Merlin* die Handlungsstruktur radikal verändert: Hier ist es der Teufel, der versucht, den Opfertod des Gottessohns ungeschehen zu machen. Merlin wurde als der Anti-Christ erschaffen, doch entgegen dem diabolischen Plan wurde Merlin getauft und geläutert. Merlin war es auch, der Stonehenge schuf und die Tafelrunde berief, für die der Tisch des Letzten Abendmahls und der Gralstisch Vorbild waren.

***Gegenüberliegende Seite:* Die Messe des heiligen Gregor.**
Flämisches Gemälde, 15. Jh. Auf dem Bild ist der Augenblick dargestellt, in dem Christus auf wundersame Weise in leibhaftiger Gegenwart beim Heiligen Abendmahl erscheint, das von Gregor, dem ersten Mönch, der Papst wurde, erteilt wird.

Didot-Perceval

TROTZ WEITGEHENDER THEMATISCHER ÜBEREINSTIMMUNG unterscheiden sich die zwei erhaltenen Versionen des in Prosa verfaßten *Didot-Perceval* beträchtlich von den zuvor behandelten Erzählungen. Mit ziemlicher Gewißheit sind die beiden Fassungen Kopien des verlorengegangenen Originals.

In der einen Version erscheint Alein der Heilige Geist und erzählt ihm von seinem Vater Bron, der in Irland lebt. Ihm wird prophezeit, daß sein Sohn Perceval den alten Mann von einer langwierigen Krankheit heilen werde, allerdings erst, wenn er Ritter an König Artus' Hof geworden sei. Im zweiten Manuskript stirbt Alein, und Perceval begibt sich an den königlichen Hof, wo er sich in Turnieren bewährt und die Gunst von Gawains Schwester gewinnt. Gegen den Rat aller nimmt er jedoch auf dem gefährlichen Sitz Platz, der prompt mit einem qualvollen Klageschrei unter ihm zerbricht. Eine Stimme verkündet den versammelten Rittern, daß mit dieser Tat ein großes Unrecht begangen wurde, unter dem die gesamte Tafelrunde leiden werde. Der Ritter Percevel habe sich besonders leichtfertig und unbesonnen verhalten und werde dafür großes Leid zu erdulden haben. Der Fischerkönig werde so lange nicht von seinem Gebrechen geheilt, der Stein nicht zusammengefügt und der Zauberbann nicht von Britannien genommen, bis ein Ritter, der alle anderen Ritter übertreffe, fragen werde, was der Gral ist und wen man mit ihm bedient.

Daraufhin gelobt Perceval feierlich, keine zwei Nächte mehr unter einem Dach zu weilen, bis er nicht die Burg Brons, des reichen Fischers, gefunden habe. Von hier ab folgt die Erzählung im wesentlichen den vielen Versionen, die wir bereits kennengelernt haben.

Links: **St. Mary's Chapel** *in Glastonbury. Die Überlieferung berichtet, daß die ursprünglich an diesem Ort erbaute Kirche die erste Kirche Europas war und von Joseph von Arimathia errichtet wurde.*
Rechts: **Thron des heiligen Markus**, *Venedig. Auf der Lehne ist der Baum des Lebens dargestellt sowie die vier Flüsse des Paradieses, die aus seinen Wurzeln strömen.*

Die Vögel

Perceval gelangt zu einer Burg, wo er auf einem wundervollen Schachbrett spielt, doch dreimal matt gesetzt wird. In seinem Zorn will er die Figuren umwerfen, doch die Burgherrin fleht ihn an, es nicht zu tun. Sie verwickelt ihn in ein Gespräch und bittet ihn um einen Gefallen: Er soll ihr den Kopf eines weißen Hirschen bringen. Sie gibt ihm einen kleinen Hund, der den Hirsch für ihn aufstöbern soll. Es gelingt ihm, den Kopf des Hirschen zu erringen, doch eine häßliche alte Hexe stiehlt ihm den Hund. Sie erklärt ihm, er werde den Hund nur wiederbekommen, wenn er zu einem Grab gehe und ausrufe: *»Falsch ist der, der dich hier gezeichnet hat.«* Perceval folgt dem Befehl der Hexe. Daraufhin erscheint ein schwarzer Ritter aus dem Grab, und ein heftiger Kampf entbrennt. Ein zweiter Ritter reitet herbei und stiehlt den Hund und den Hirschkopf.

Der schwarze Ritter zieht sich in sein Grab zurück, und Perceval verfolgt den Ritter, der ihn beraubt hat. Auf der Suche nach dem Dieb begegnet er seiner Schwester und seinem Onkel, die ihm mitteilen, daß es seine Bestimmung sei, Bron zu finden und von ihm den Gral zu erhalten.

Es folgt eine Reihe von Abenteuern mit den bereits aus anderen Gralsversionen bekannten Motiven. Die häßliche Hexe erscheint mit ihrem Recken, dem schönen Feigling, den Perceval besiegt und zu König Artus schickt. Dann hat der Held ein beklemmendes Abenteuer zu bestehen, das nichts mit den Abenteuern der übrigen Gralslegenden gemein zu haben scheint.

Perceval wird an einer Furt von einem Ritter zum Kampf herausgefordert und besiegt ihn. Der Ritter, Urbain, erzählt ihm, daß er sich in die Zauberin der nahegelegenen Burg verliebt und ihr geschworen habe, für sie die Furt zu bewachen. Seit einem Jahr wache er nun schon über die Furt, doch weil Perceval ihn besiegt habe, ist der Zauberbann nun gebrochen, und die Burg erbebt vor der Liebe des Ritters und zerspringt. Nun befinden wir uns in der wundersamen Gegenwelt der Göttin der Herrschaft. Eine Schar Vögel greift Perceval an, der einen von ihnen, wie es scheint, tötet. Sogleich verwandelt sich der Vogel in die Schwester der Zauberin und wird von den anderen Vögeln davongetragen. Obwohl der besiegte Ritter Perceval ebenfalls angegriffen hat, erlaubt ihm Perceval, sich mit seiner Geliebten zu vereinen.

***Oben:* Grabmal des Erzbischofs Theodor**, *Italien, 6. Jh., in Sant' Apollinare in Classe, Ravenna. Die himmliche Taube schwebt in ein Gefäß herab, bei dem es sich um eine der ersten bildlichen Darstellungen des Grals handeln könnte.*

Der **Turm von Glastonbury** *wird von vielen als der heiligste Ort Britanniens betrachtet und mit Joseph von Arimathia und dem Gral verbunden.*

Eine neue Bedeutung

Lange Zeit ist vergangen, da hat Perceval eine Vision von zwei Kindern in einem wundersamen Baum und von einem mysteriösen »Schatten« Merlins. Beide weisen ihm den Weg zur Burg des Fischerkönigs. Er begegnet dem reichen Fischer in einem Boot und wird eingeladen, die Nacht auf der Burg zu verbringen.

Beim gemeinsamen Festessen sieht er eine prachtvoll gekleidete Jungfrau, die zwei kleine silberne Teller trägt, den Saal betreten. Hinter ihr folgt ein Jüngling mit einer Lanze, von der Blut tropft. Hinter diesem folgt ein zweiter Jüngling, der die Schale trägt, die Joseph von Arimathia im Gefängnis erhalten hat. Doch Perceval fragt nicht, welche Bedeutung diese Gegenstände haben, denn er fürchtet, unhöflich zu erscheinen. Er weiß nicht, daß Christus Bron verkündet hat, er werde erst von seiner Verwundung genesen, wenn der beste Ritter der Welt die Frage stelle, wer mit dem Gral bedient werde.

Am nächsten Morgen erwacht Perceval und findet die Burg verlassen. Er reitet weiter und trifft eine Jungfrau, die ihm bittere Vorwürfe macht, weil er es versäumt habe, die Frage zu stellen, die die Verwundung seines Großvaters Bron geheilt, den Zauberbann vom Land genommen und ihn zum Hüter des Bluts Christi gemacht hätte. Erneut gelobt Perceval, nicht zu ruhen, bis er das Haus seines Großvaters gefunden und seine Mission erfüllt habe.

Gänzlich unerwartet findet er den Kopf des weißen Hirschen und den Hund, der ihm gestohlen worden war. Er besiegt den Ritter, der ihn beraubt hat, findet heraus, daß der Schwarze Ritter vom Grab verzaubert war, bringt den Hirschkopf und den Hund der Burgherrin zurück und weist taktvoll die Avancen der Dame ab. Von Verzweiflung erfüllt, zieht er weitere sieben Jahre durchs Land und vergißt im Laufe der Zeit Gott. Schließlich begegnet er einem Eremiten, der sein Onkel ist, bei dem er die Beichte ablegt und Buße tut.

Er setzt die Suche nach seinem Großvater fort und nimmt auf der Weißen Burg an einem Turnier teil, wodurch er seinen Schwur bricht, nie mehr zwei Nächte unter demselben Dach zu weilen. Ihm erscheint Merlin, der ihn für diese Verfehlung tadelt und ihn mahnt, das Ziel seiner Suche nicht aus den Augen zu verlieren. Als Perceval endlich die Gralsburg erreicht, ist der Zauberbann, der über der Burg liegt, sogleich gebrochen. Der Fischerkönig genest umgehend von seiner Verwundung und weist Perceval in die Geheimnisse des Grals ein. Er legt das Gefäß in Percevals Hände und stirbt. Eine paradiesische Melodie erklingt, und im selben Augenblick schließt sich der Sprung im Gefährlichen Sitz. Merlin erscheint bei Hof und verkündet, daß die Suche beendet sei. Der Zauberbann, der über dem gesamten Reich gelegen hatte, ist verschwunden.

Robert de Boron gibt dem Gral eine neue Bedeutung, indem er ihn mit den wundertätigen Eigenschaften der Eucharistie ausstattet. Der Gral wird der Spender des Leibs Christi, denn der *Sang Raal*, das heilige Blut, war wichtiger als der *San Graal* selbst.

Indem Robert de Boron das heilige Gefäß von Judäa nach Britannien gelangen ließ und ein heiliges Geschlecht erschuf, welches eine andere Botschaft Christi verkündet als die Kirche von Rom, erlangt die gesamte Gralslegende sakramentale und religiöse Bedeutung.

Perlesvaus

Unser nächster Bericht über die christianisierten Gralsversionen befaßt sich mit dem französischen Ritterroman *Perlesvaus*. Der Autor, wahrscheinlich ein frommer Geistlicher auf dem Landsitz einer Adelsfamilie in Nordfrankreich oder Belgien, muß Zugang zu einer kostbaren Bibliothek gehabt haben, scheint er doch den Großteil der damals existierenden Werke über Artus gekannt zu haben. Sein Beitrag zur Gralsliteratur ist einzigartig, vor allem wegen des Reichtums an archaischem Material aus Wales, das den Text durch seine Vermischung von keltisch-mythischer Weltsicht und blutigem christlichen Eifer oft makaber und surreal erscheinen läßt. *Perlesvaus* stellt gewissermaßen das Bindeglied zwischen dem heidnischen Kern der Gralssagen und den späteren christlichen Erweiterungen dar. Er wurde zwischen 1192 und 1225 verfaßt und reflektiert die zeitgenössische Begeisterung der Kreuzfahrer für das »neue Gesetz«, die nur allzu gern mit gezogenem Schwert demonstriert wurde. Entsprechend tut sich der Held vor allem dadurch hervor, daß er mit größtem Vergnügen jeden Heiden niedermetzelt, der die neue Ordnung nicht bereitwillig akzeptiert.

Der Autor behauptet, seine Geschichte aus einem lateinischen Buch bezogen zu haben, das er in einem heiligen Haus in den Abenteuersümpfen auf der Insel Avalon gefunden haben will. Damit ist zweifelsohne die Abtei Glastonbury im Südwesten Englands gemeint. Der Autor muß diesen Ort zwar gekannt haben, doch ist es unwahrscheinlich, daß er sich an der Propaganda der Abtei beteiligte, die mit der Heiligkeit dieser Gegend warb. Es wurde behauptet, in Glastonbury habe Josephs erste Kirche in England gestanden, und die Leichname, die 1190 in der Nähe der Abtei exhumiert wurden, seien jene von Artus und Guinevere gewesen.

Links: **Abtei von Glastonbury**. *Der Sage nach soll Joseph seinen Stab auf der Insel Avalon in die Erde gepflanzt haben, und daraus wuchs ein Heiliger Dornstrauch; er blüht noch heute zur Weihnachtszeit. Artus' Grab wurde angeblich im Jahre 1190 entdeckt; das* **Kreuz** *aus Blei* ***(oben)*** *mit seinem Namen wurde zusammen mit den sterblichen Überresten des Königs und seiner Gemahlin gefunden.*
Insert: **Joseph**. *Buntglasfenster, Langport, Glastonbury, 15. Jh.*

Keine Familie ist vollkommen

Obwohl der Autor von *Perlesvaus* sich zunächst eng an die Erzählung Roberts de Boron anlehnt, tauchen bald eigenartige Abweichungen auf. So heißt es im *Perlesvaus*, ein Priester namens Josephus habe die Geschichte von einem Engel erfahren, und ihr Held, der Gute Ritter, sei ein Nachfahre Josephs von Arimathia. Später entdecken wir, daß die Onkel des Helden mütterlicherseits der Fischerkönig, König Pelles und der böse König von *Castel Mortel* sind.

Der König dieser Burg führt Krieg gegen seinen Bruder, den Fischerkönig, der im Besitz der Lanze und des Grals ist. In dieser Version erscheint der Gral als Schale. Der Held hat eine Schwester namens Dandrane. Beider Großvater väterlicherseits ist Nikodemus; ihr Vater Alain li Gros war der jüngste von zwölf Brüdern. Die restlichen elf verloren jedoch ihr Leben, als sie das neue Gesetz im Reich mit Waffengewalt einführen wollten. Es heißt, die Familie sei aus dem walisischen Kamelot gekommen, und Perlesvaus wird »der Gallier« genannt.

Im weiteren Verlauf der Geschichte erfahren wir, daß der Held als Knabe in der Wildnis gelebt hat und sich hervorragend auf den Umgang mit dem walisischen Speer versteht. Eines Tages trifft er auf zwei kämpfende Ritter; der eine ist in Weiß, der andere in Rot gekleidet. Er beobachtet, wie der Rote Ritter seinen Gegner überwältigt, und schleudert seinen Speer auf ihn; zu seiner und des Weißen Ritters Überraschung tötet er ihn. Diese fast zufällige Tat führt zu vielfältigen Vergeltungsakten und Morden, die sich über die ganze Erzählung hinziehen. Es zeigt sich, daß der Rote Ritter ohnehin der Erbfeind des Perlesvaus war. Dieser geht dann an den Hof von König Artus, wo er zum Ritter geschlagen wird. Daraufhin zieht er als bester Ritter der Welt in die Ferne, um das Abenteuer zu suchen.

Oben links: **Kreuzritter**, *Italien, 14. Jh.; Pferd und Reiter aus Bronze.* *Oben:* **Tugend und Laster**. *Ritter aus dem 12. Jh. auf einem Kapitell in Clermont-Ferrand. Im Gegensatz zur Darstellung in den Versromanen waren Lehnsritter in Wirklichkeit meist ein arrogantes, rohes, gewalttätiges Pack, das von König und Bauern gleichermaßen gefürchtet wurde. Wahre Ritterlichkeit gehörte zu der Zeit, als die Gralslegenden niedergeschrieben wurden, längst der Vergangenheit an.* *Rechts:* **Illustration** *aus einer Anleitung zum Fechten aus dem 13. Jh., Süddeutschland. Sie demonstriert den Einsatz von Waffen, die den Verfassern der Gralslegenden wohlbekannt waren.*

Die gefährliche Kapelle

CHRONOLOGISCH beginnt der *Perlesvaus* mit einer Episode über König Artus. Der Ruhm des Königs ist am Schwinden und sein Hof völlig heruntergekommen. Artus hat sich wieder dem Heidentum zugewandt und begeht keine christlichen Feiertage mehr. Die Zahl seiner Ritter ist von 365 auf 25 geschrumpft.

Guinevere, seine Königin, macht ihm wegen seiner Mutlosigkeit und Apathie bittere Vorwürfe. Beschämt erklärt Artus sich daraufhin einverstanden, ein Abenteuer zu unternehmen und zur Gefährlichen Kapelle zu reisen. Er beschließt, in Begleitung seines Knappen Cahus aufzubrechen. Doch in der Nacht vor der Abreise träumt Cahus, wie er bei der Kapelle von einem schwarzen Mann angegriffen wird, als er dem König einen Kerzenleuchter bringen will. Er wacht auf und bemerkt, daß er tatsächlich tödlich verwundet ist; der Kerzenleuchter aus seinem Traum liegt neben ihm. Diese Elemente sind offenbar Überreste einer alten Geschichte, in der ein Neuling die Prüfung der Druiden nicht besteht.

Der König macht sich nun allein auf den Weg. Bei der Kapelle erfährt er, daß Unglück über das Land gekommen ist, weil ein Ritter es versäumte, auf der Burg des Fischerkönigs die richtige Frage bezüglich des Grals und der Lanze zu stellen. Artus gewinnt einen Teil seiner früheren Kraft zurück, besiegt einen schwarzen Ritter und bringt den Kopf zu einer Dame, die den Besten Ritter sucht.

Dieses Vorspiel legt den Rahmen für die ganze Handlung fest; es bestimmt die traumgleiche Atmosphäre der Geschichte und ihre im wesentlichen heidnischen Elemente, die in einen christlichen Rahmen eingebunden sind. Aus diesem kurzen Bericht erfahren wir, daß Artus, der irdische Repräsentant des Reichs, mitsamt seinem Königtum und seinen Rittern in Lethargie verfallen ist. Weil Perlesvaus nicht die schicksalhafte Frage stellt, versinkt der Fischerkönig in Trauer und Gleichgültigkeit, sein Königtum ist zerfallen, und Übel sucht das Land heim. Wir erfahren ferner, daß auch der Ritter, der die Probe nicht bestand, auf mysteriöse Weise verwundet wurde und nun dahinsiecht.

Britannien, äußerlich symbolisiert durch König Artus' Tafelrunde, innerlich durch Logres und die Gralstafel, liegt krank darnieder.

St. Catherine's Chapel, *Abbotsbury, Dorset, England, 13. Jh. Der Beschreibung nach könnte diese einsame Kapelle auf einer Anhöhe über dem Meer die Gefährliche Kapelle sein.*

Die drei Jungfrauen auf dem Karren

Wieder an den Königshof zurückgekehrt, sieht Artus drei Edelfrauen auf einem von drei weißen Hirschen gezogenen Karren eintreffen. Auf dem reich geschmückten Gefährt liegen die grausig anzusehenden Köpfe von 150 Rittern; einige davon sind in goldenen, andere in silbernen und die restlichen in bleiernen Kästen versiegelt. Die Wagenführerin wird als unansehnlich und glatzköpfig geschildert. Der Autor scheint sich dagegen zu sträuben, diese Gralsbotin die scheußliche Alte zu nennen, als die sie in den meisten anderen Versionen dargestellt wird, darum beschreibt er sie nur verschämt als kahlköpfig. In einer Hand hält sie das Haupt eines Königs, versiegelt mit Silber und gekrönt mit Gold, während ihr rechter Arm in einer goldenen Armschlinge liegt und auf einem reichverzierten Kissen ruht. Sie erklärt, von dem Pferd nicht absitzen zu können, solange die Gralssuche nicht beendet sei, und erst wenn ein Ritter die richtige Frage stelle oder den Gral finde, werde ihr Haar wieder wachsen. Die zweite Frau führt einen Hund mit sich und trägt einen Schild mit einem roten Kreuz. Dieser soll so lange bei Artus bleiben, bis der Ritter kommt, der den Gral finden wird. Im Buckel des Schildes, der einst, wie wir später erfahren, Joseph von Arimathia gehörte, befindet sich ein Splitter des Kreuzes Jesu und ein Tropfen von seinem Blut. In der anderen Hand hält die Frau das mit Blei versiegelte und mit Kupfer gekrönte Haupt einer Königin. Diese hat einen König verraten – jenen, dessen Haupt die Wagenlenkerin hält.

Viel später teilt uns der Autor mit, daß es sich bei den Häuptern des Königs und der Königin um die Köpfe von Adam und Eva handelt, womit er uns gleichzeitig Aufschluß über seine Vorstellungen von Frauen gibt. Diese makabere Metaphorik legt nahe, daß sich in den Quellen des *Perlesvaus* auch Elemente der Verehrung wiederfinden, die im keltischen Kult des Kopfes zum Ausdruck kamen. Nach der christlichen Beschönigung, die diese Vorstellung zu erklären scheint, gehören die mit Gold versiegelten Köpfe zum Gesetz des Neuen Bundes Christi, jene in Silber den Juden des Alten Gesetzes der Synagoge, während die mit Blei versiegelten das Falsche Gesetz der Heiden und Sarazenen repräsentieren.

Mit seiner Behauptung, die kahlköpfige Frau versinnbildliche Fortuna, begibt sich der Autor auf unsicheren Boden. Einer christlichen Tradition zufolge soll sie vor der Kreuzigung kahl gewesen sein und ihre Haarpracht erst zurückgewonnen haben, nachdem

Oben: **Rückseite des Wilton Diptychons**, *England, 14. Jh. Der weiße Hirsch wird häufig mit den Trägern des Grals in Zusammenhang gebracht. Auch auf Percevals ursprünglichem Schild war ein weißer Hirsch auf rotem Hintergrund abgebildet. In Wauchiers Fortsetzung von* Le Conte del Graal *muß Perceval den Kopf eines weißen Hirsches einer Dame bringen. Um das Tier aus dem Gebüsch zu treiben, leiht sie ihm ihre Hündin. In einer anderen Version treffen die Ritter der Tafelrunde im Wald auf einen weißen Hirschen mit einem roten Kreuz auf der Stirn und einer brennenden Kerze im Geweih. Auf dem Rücken trägt das Tier ein kostbares, gralsähnliches Gefäß, und eine weiße Hündin folgt ihm.*

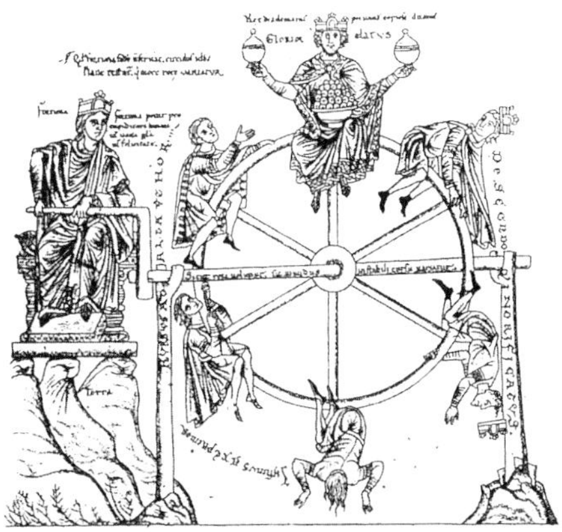

Links: **Das Rad der Fortuna** *aus dem* Hortus Deliciarum. *Faksimile des Originals aus dem 12. Jh.*
Unten: **Bestattungswagen**. *Eine keltische Göttin hält die Himmelsschale, umringt von ihrem Gefolge von Fabeltieren und Kriegern.*

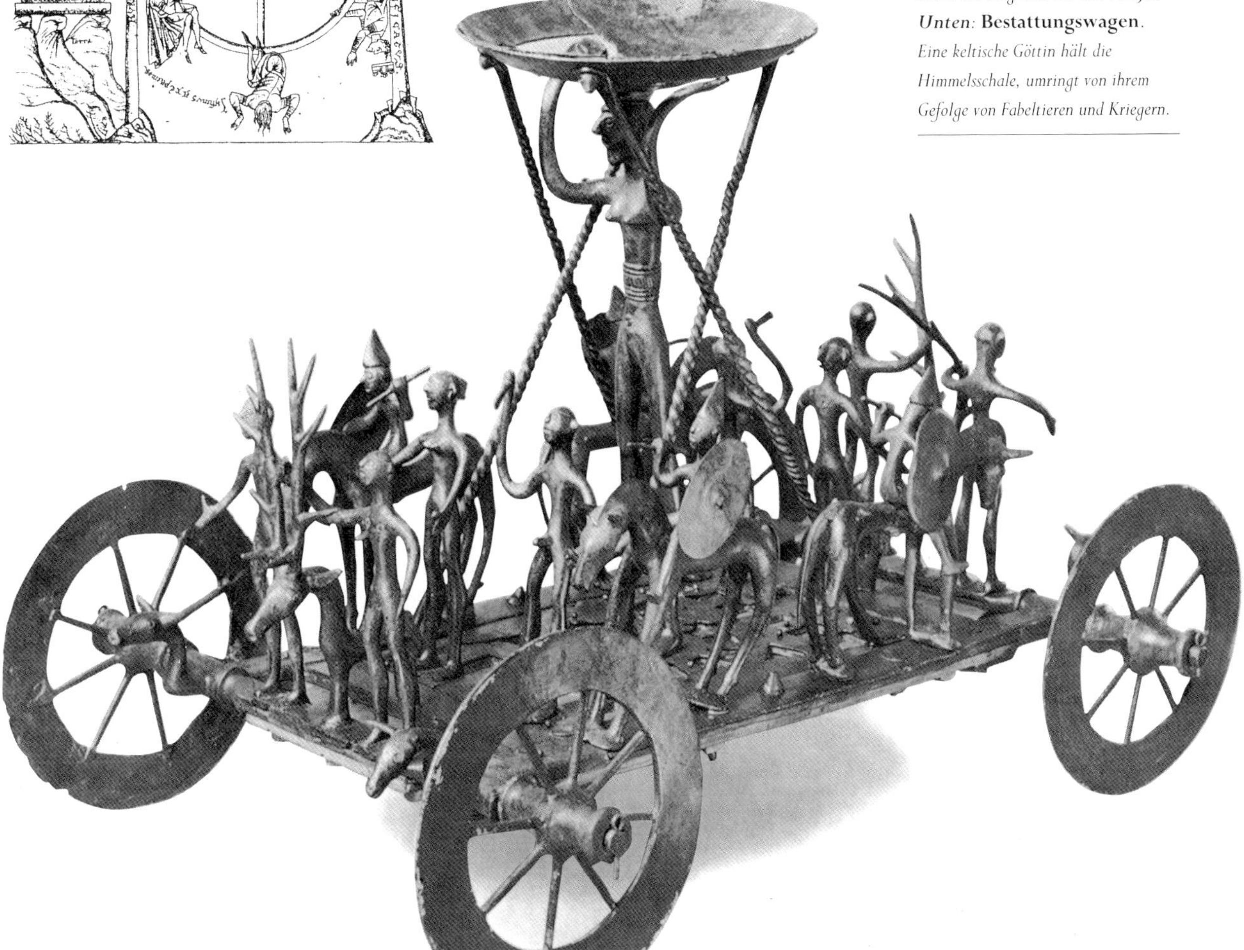

Christus sein Volk erlöst hatte. Der Wagen kann als Symbol für das Glücksrad, das Rad der Fortuna, gelten.

Die drei Frauen verlassen den Hof und treffen unterwegs auf Gawain. Er erklärt sich bereit, sie an der Burg des Schwarzen Eremiten vorbei zu begleiten, kann jedoch nicht verhindern, daß die 152 Ritter daraus hervorstürzen und alle im Wagen befindlichen Köpfe rauben. Später erfahren wir, daß dieser Vorfall symbolisiert, wie Luzifer und seine Diener die Seelen in der Hölle gefangensetzen. Gawain besiegt einen Ritter, der ihm den Schild des jüdischen Helden Judas Makkabäus überläßt. Seinen eigenen gibt er der kahlköpfigen Gralsbotin und macht sich auf den Weg zum Fischerkönig.

Das Schwert am Mittag

Nun erhalten wir die ersten Hinweise darauf, daß der Gral jugendliche Kräfte verleihe, die sonst nur in Wolframs *Parzival* erscheinen: Gawain trifft auf einen Eremiten, der in der Kapelle des Heiligen Grals Dienst tut und sich trotz seines Alters von über 75 Jahren ein jugendliches Aussehen bewahrt hat.

Gawain hört, daß ein Ritter aus dem Geschlecht Josephs von Arimathia schwerkrank in einer Klause liege. Doch er kann nichts Näheres in Erfahrung bringen und reitet deshalb weiter zum Land des Fischerkönigs. Bevor er es betreten könne, so sagt man ihm, müsse er das Schwert gewinnen, mit dem Johannes der Täufer enthauptet wurde. Es ist im Besitz eines heidnischen Königs namens Gurgaran, der es nur herausgeben will, wenn Gawain zuvor seinen Sohn rettet, welcher von einem Riesen entführt wurde. Gawain tötet den Riesen im Kampf, aber erst, nachdem dieser das Kind erwürgt hat. Der heidnische König (dessen Name Werwolf bedeuten kann) läßt den Leichnam seines Sohnes in Stücke schneiden und als Speise an sein Volk verteilen. Danach empfängt er die Taufe und schenkt Gawain das Schwert. Diese Waffe besitzt eine einzigartige Eigenschaft: Wenn man sie zur Mittagsstunde aus der Scheide zieht, ist sie blutbefleckt. (Ähnlich erreicht auch Gawain seine größte Stärke zur Mittagszeit; während des restlichen Tages läßt seine Kraft immer mehr nach.)

Nach einigen Mißgeschicken überquert Gawain drei gefährliche Brücken und gelangt schließlich zur Burg des Fischerkönigs. Dieser empfängt ihn im Saal, wo er vor einer Säule aus Kupfer ruht. Auf der Säule steht die Statue eines Engels mit einem Splitter des Kreuzes Christi. Der Fischerkönig nimmt das Schwert in Empfang und gibt es seiner Nichte. Damit kehrt sich die Abfolge der Ereignisse im Vergleich zu Chrétiens Version um.

Im Anschluß daran erhalten wir einen direkten Beweis für die verjüngende Wirkung des Grals, als *»Gawain in den Saal geführt wurde und dort zwölf alte Ritter vorfand, die alle schon ergraut waren, wenngleich sie nicht so alt zu sein schienen, wie sie waren, denn ein jeder von ihnen zählte hundert Jahre oder mehr, und doch sah keiner von ihnen älter als vierzig aus«.*

Bamburgh Castle, *Northumberland, England. Der Überlieferung nach ist dies Lanzelots Burg »Joyous Garde«. Auf sie paßt genau die Beschreibung, wie Gawain unter Gefahren die Gralsburg betritt, und auch die Atmosphäre ist ähnlich. Zudem erinnert sie an den Veranstaltungsort des großen Festes von Brans Haupt, das angeblich über achtzig Jahre dauerte und bei dem die Anhänger dieses großen britischen Königs »nicht wahrnahmen, daß seine Gefolgsleute nicht alterten«.*

Die gescheiterten Ritter

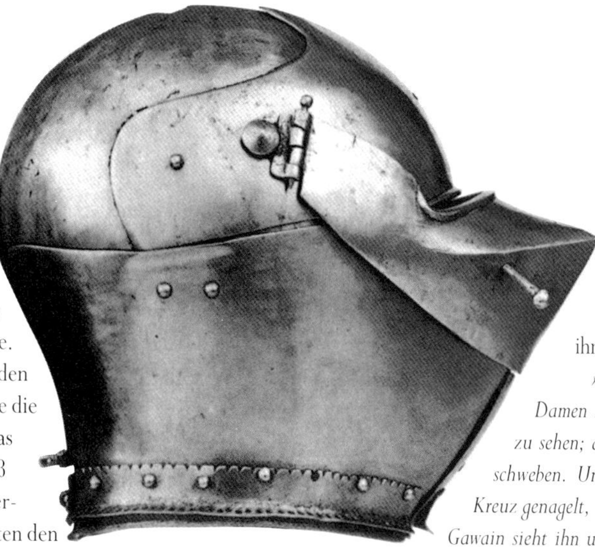

Während des Festes kommen zwei Jungfrauen aus einer Kapelle. Die eine hält den Heiligen Gral in den Händen, in den von einer Lanze, die die zweite Dame trägt, Blut tropft. Das Blut der Lanze fließt in das Gefäß der ewigen Erlösung: das immerwährende Opfer. Die Frauen betreten den Saal, in dem Gawain und die anderen Ritter beim Essen sitzen. Doch die heiligen Reliquien duften so süß, daß alle das Mahl vergessen. Gawain starrt verzückt auf den Gral, und es hat den Anschein, als befände sich darin ein weiterer Kelch. Er sieht die Lanzenspitze, von der rot das Blut herabtropft, und zwei Engel, die zwei goldene Kandelaber mit brennenden Kerzen halten. Die Jungfrauen gehen an ihm vorbei in eine zweite Kapelle, doch Gawain ist so verzückt, daß er an nichts anderes zu denken vermag als an Gott. Die Ritter sind alle niedergeschlagen und blicken ihn traurig an.

Die Edelfrauen ziehen noch einmal vorüber, und diesmal meint Gawain drei Engel zu sehen und in der Mitte des Grals die Gestalt eines Kindes. Der Herr der Ritter spricht Gawain an, doch dieser starrt nur in stummer Verzückung vor sich hin, denn er sieht drei Tropfen Blut auf den Tisch fallen. An dieser Stelle wird in den anderen Versionen auf die drei Blutstropfen im Schnee verwiesen. In der Tat erlebt Gawain eine große mystische Schau, und obwohl er es versäumt, die schicksalhafte Frage zu stellen, wird ihm kein Tadel zuteil.

Er ist nicht der vom Schicksal ausersehene Ritter. Die Damen verschwinden, und die Ritter blicken von Furcht ergriffen um sich. Gawain ist durch die drei Blutstropfen entrückt; er versucht, sie aufzuheben, doch sie entgleiten ihm.

»Noch einmal kommen die beiden Damen zum Tisch, doch Gawain meint drei zu sehen; auch scheint der Gral in der Luft zu schweben. Und es ist, als sei ein Mann an ein Kreuz genagelt, und der Speer stecke ihm in der Seite. Gawain sieht ihn und hat großes Mitleid und kann an nichts denken als an die große Qual, die der König erleidet. Der Herr der Ritter spricht ihn noch einmal an und sagt, wenn er noch länger zögere, sei die Gelegenheit für immer vertan. Doch Gawain bleibt stumm, er hört die Bitte nicht.«

Es fällt auf, daß im *Perlesvaus*, im Unterschied zu fast allen anderen Versionen, der König nicht am Mahl teilnimmt. Der Gral selbst besitzt Eigenschaften, die die Jugend wiederbringen und erhalten, und er scheint seine Form von einer Schüssel in einen Kelch zu verwandeln. In der Tat ist dies der einzige Gralsroman, in dem die Gestalt des Gefäßes sich verändert. Später, als Artus der Messe in der Gralsburg beiwohnt, sieht er, wie sich der Gral fünfmal verwandelt und am Ende die Form eines Kelchs annimmt. Die ganze Episode im Reich des Fischerkönigs beruht auf einer Wiederholung der Zahl Drei und auf der göttlichen Dreieinigkeit. Dreimal hat Gawain es versäumt, die Frage zu stellen; daraufhin leert sich der Saal, und er bleibt allein zurück. Jetzt bemerkt er ein Schachbrett, und als er mit den Elfenbeinfiguren zu ziehen beginnt, wird er von den goldenen dreimal schachmatt gesetzt. Ungeduldig wischt er die Figuren vom Brett, doch da erscheint ein Mädchen und befiehlt einem Edelknaben, das Spiel wegzunehmen, bevor Gawain noch mehr Schaden anrichten kann.

Er schläft bis zum Morgengrauen und findet sich dann eingeschlossen. Eine junge Dame teilt ihm mit, daß in der Kapelle zu Ehren des Schwerts, das er dem König gab, ein Gottesdienst abgehalten wird. Er darf jedoch nicht daran teilnehmen, weil er nicht die Worte gesprochen hat, die der Burg Glückseligkeit verheißen hätten. Eine Stimme warnt ihn zu gehen, und er befolgt diesen Rat.

Am Ende von Gawains gescheiterter Suche wenden wir uns Lanzelot zu, der die Geschichte fortführt. Die beiden begegnen sich auf der Burg des Armen Ritters, wo sie einige Räuber bezwingen. Danach reitet Gawain an Artus' Hof, während Lanzelot zur Gralsburg aufbricht. Unterwegs erlebt er ein grausiges Abenteuer auf der Burg der Bärtigen, wo ihm fürchterlich entstellte Ritter dienen. Diese Episode stellt eine weitere Version der Enthauptungsszene dar. Zudem wird ihm mitgeteilt, daß es einem Ritter, der so sehr der Liebe zugetan ist wie er, niemals erlaubt sein wird, den Gral zu schauen. Obwohl es Gawain gelingt, durch den gefährlichen Gottesacker in die Wüste Stadt zu reiten, und er in der Burg eine herzliche Aufnahme erfährt, erscheint ihm der Gral nicht.

Gegenüberliegende Seite:* Visierhelm**, *1462.* ***Links und rechts: *Messingreliefs von Rittern aus dem 14. Jh.*

Der Kelch

HABEN WIR BISHER ZWEI VERDIENSTVOLLE, wenngleich gescheiterte Versuche miterlebt, den Gral zu gewinnen, so wenden wir uns nun dem wahren Helden des Romans zu. Perlesvaus ist durch die Pflege seines Onkels, des Königs Pelles, von seiner mysteriösen Krankheit genesen.

Kaum ist er wieder bei Kräften, da kämpft er irrtümlich mit Lanzelot, da sie sich gegenseitig nicht erkennen. Beide erleiden schlimme Verwundungen, doch Lanzelot trifft es schwerer als Perlesvaus, wie es diesem als dem größten Ritter der Welt gebührt.

Von jetzt an bewegt sich die Handlung ständig zwischen Gemetzeln und Racheakten hin und her, in denen der Held seine Größe und einen besonders blutrünstigen christlichen Eifer zur Schau stellt, mit dem er den Heiden das Gesetz des Neuen Bundes nahebringt. Perlesvaus tötet den grimmigen Cahot den Roten und bringt die Burg mit dem Namen Key of Wales wieder in seinen Besitz, die ursprünglich seiner Mutter gehörte. Dann lernen wir Perlesvaus' Schwester Dandrane kennen, die als erste vom Tod des Fischerkönigs erfährt. Die Gralsburg hat dessen böser Bruder, der König von Castle Mortal, erobert, und nun erscheint der Gral nicht mehr.

Ein heiliger Reif aus Gold, der die heilige Dornenkrone umschließt, wird gewonnen, verloren und wiedergewonnen, und schließlich gelangt Perlesvaus zur Gralsburg. Er überwältigt siebenundzwanzig Ritter, die die neun Brücken zur Burg bewachen. Am Ende stürzt sich der böse König die Zinnen hinab, und Perlesvaus wird der Gralshüter. Um die Burg fließt ein Fluß, der im irdischen Paradies entspringt. Sie trägt den Namen Edein, Burg der Seelen und Burg der Freude. Artus besucht sie, und während der Messe sieht er den Gral in fünf verschiedenen Gestalten, zuletzt in Form eines Kelches.

Perlesvaus' Schwester wird entführt, doch er erschlägt ihren Peiniger, der auch für Pelles' Tod verantwortlich war, und sie begegnet ihrer Mutter wieder. Beide machen die Gralsburg zu ihrem Wohnsitz.

Oben: Die Schale von Nanteos. *Bei der Zerstörung der Abtei Glastonbury flohen sieben Mönche nach Wales. Sie nahmen eine Schale aus Olivenholz mit, die angeblich beim Letzten Abendmahl verwendet wurde. Wasser, das daraus gereicht wird, soll wunderbare Heilkräfte besitzen.* **Rechts: Manessische Handschrift**. *Vier der 137 ganzseitigen Abbildungen aus der Großen Heidelberger Liederhandschrift, der größten Sammlung mittelhochdeutscher Minnedichtung, entstanden in der ersten Hälfte des 14. Jh. in Zürich.*

Axis Mundi

Aber Perlesvaus hat weitere erbitterte Racheakte zu bestehen, bevor er, nur in Begleitung eines Steuermanns, zur Insel der Alterslosen Alten segelt. Hier endlich lassen wir die Gewalttätigkeit, mit der das Neue Gesetz eingeführt wurde, hinter uns und betreten die wundersame keltische Gegenwelt, die sich wie eine verborgene Ader unter der nach außen bekundeten Metaphorik der Kirche hinzieht. So sehr der Autor diesen untergründigen Einfluß des Alten Gesetzes hinter christlichem Ritual zu verbergen versucht, er taucht immer wieder auf. Im Grunde findet sich im ganzen Text sehr wenig Spiritualität, und der oberflächlich bekundete missionarische Eifer vermag das Wunderbare der übernatürlichen Szenen aus der Gegenwelt nie ganz zu überdecken, ebensowenig wie die makabere Faszination abgeschlagener Köpfe.

Doch mit den abschließenden Seiten des Romans gelangen wir ins vorletzte Paradies, und hier entfaltet sich die volle Pracht des keltischen Elysiums. Die Beschreibung der Burg, die auf einer Insel hoch aus dem Meer aufragt, könnte irischen und walisischen Legenden entstammen, etwa den Sagen über die Seligen Inseln in den Reisen des heiligen Brendan, dem Fest von Brendans Gefolgsleuten auf den Glückseligen Inseln von Grassholm aus dem *Maginogion*, der *Caer Siddy* (Feenfestung) von Taliesin oder dem Reich aus einer anderen Welt, das sich in den *Spoils of Annw* findet.

Vier laute Fanfaren erschallen mit süßem Klang von den vier Mauerecken, und als Perlesvaus und sein Begleiter in die Burg hineingehen, erblicken sie die schönsten Säle und Gebäude, die je geschaffen wurden. *»Perlesvaus schaut unter einen sehr schönen Baum, der hoch und breit gewachsen war, und sieht die herrlichste Quelle, die man sich denken kann. Sie war mit goldenen Säulen eingefaßt, und ihr Grund schien aus Edelsteinen zu bestehen.«* Dies ist der Jungbrunnen, der in vielen Legenden auf der ganzen Welt vorkommt. Oft befindet er sich unter dem Baum des Lebens und der Erkenntnis im Zentrum der Welt, dem Axis Mundi.

»Über dieser Quelle saßen zwei Männer. Weißer als frisch gefallener Schnee waren ihr Haar und ihre Bärte, und doch schienen sie jung zu sein. Sobald sie Perlesvaus erblickten, erhoben sie sich, um ihn zu begrüßen, und verneigten sich vor dem Schild, den er mit sich führte. Sie küßten das Kreuz und den Buckel mit den Reliquien.«

Dem Axis Mundi kommt in den meisten Kosmologien der Welt eine zentrale Bedeutung zu. Gewöhnlich wird er als der Nabel der Welt betrachtet und als der Ort, an dem die Erde mit dem Firmament, den Himmeln oder der Gegenwelt verbunden ist. Er ist die Schwelle zwischen den Welten und meist eine Quelle von Fruchtbarkeit, Überfluß und Leben. In gewissem Maße ist der Gral selbst eine Manifestation des Axis Mundi. Er ist derjenige Punkt, von dem alle Himmelsrichtungen ausgehen. Das gilt auch für die Dimension der Zeit, denn ebenso, wie alle Richtungen von diesem Punkt ihren Ursprung nehmen, ereignet sich im Zentrum der Welt alles gleichzeitig – und insofern besitzt es jugendspendende Qualitäten.

Nun erfahren wir, daß der Schild einst Joseph von Arimathia gehörte und daß er einmal blendend weiß war. Nach der Kreuzigung fügte Joseph das rote Kreuz und die heiligen Fragmente im Schildbuckel hinzu. Dann *»sah Perlesvaus über die Quelle hinweg und erblickte an einer herrlichen Stelle ein turmartiges Gehäuse, das offenbar aus Glas bestand. Es war groß genug, um einen Ritter in voller Rüstung zu beherbergen. Er* (Perlesvaus) *sieht hinein und bemerkt, daß der Ritter lebt. Daraufhin versucht er, mit ihm zu sprechen, doch der Ritter gibt keine Antwort.«*

Perlesvaus kommt in einen großen Saal mit einem majestätischen Bild des Welterlösers im Kreise seiner Apostel. Hier findet eine Versammlung heiliger Männer statt, von denen einige ein rotes Kreuz auf ihrer Kleidung tragen. Während des Festes kommt an einer goldenen Kette eine goldene Krone herab, und darunter tut sich eine häßliche Grube auf, aus der mitleiderregende Schreie dringen. Dann fahren Krone und Kette wieder nach oben, und die Grube schließt sich. Perlesvaus erfährt, daß er zu diesem Ort zurückkehren muß, denn er soll auf einer nahegelegenen Insel König werden. Der gegenwärtige König hat sich als so edel erwiesen, daß er zum Regenten über ein noch großartigeres Reich erwählt wurde. Perlesvaus erhält eine Warnung: Wenn er nicht gut regiert, wird er auf die Insel der Leidenden verbannt werden; von dort kamen die aus der häßlichen Grube gehörten Schreie. Er läßt seinen Schild zurück, empfängt dafür einen blendend weißen und bekommt den Auftrag, nach Hause zurückzukehren und auf ein Schiff zu warten, das ihn hierher zurückbringen wird.

Gegenüberliegende Seite: **Tierkreis** *von L.V. Ringbom. Im Zentrum der Welt ist die Gralsburg. Der Mond befindet sich im Krebs, wo das Göttliche mit der Welt zusammentrifft. Die Sonne steht in der Waage, was ein Gleichgewicht zwischen der irdischen und der himmlischen Ebene andeutet.* ***Oben:*** **Quelle des Lebens**, *von einem Imitator Hieronymus Boschs, 16. Jh.*

Die Inseln der Glückseligen

Mit seiner Rückkehr zur Gralsburg durchtrennt Perlesvaus alle noch verbleibenden Fäden der Erzählung. Er erschlägt den schwarzen Eremiten, begegnet der Wagenlenkerin wieder (deren Haar wieder gewachsen ist, weil er den Gral zurückgewonnen hat) und läßt sich mit Mutter und Schwester in der Gralsburg nieder. Schließlich verteilt er alle heiligen Reliquien der Burg an die Eremiten der Gegend. Eine Stimme verkündet: Der *»Heilige Gral wird hier nicht mehr erscheinen«*, und kurz darauf kommt ein Schiff mit einem weißen Segel an, auf dem ein rotes Kreuz prangt. Perlesvaus geht an Bord mit den Särgen von Nikodemus, Joseph von Arimathia, dem Fischerkönig und seiner Mutter und Schwester – also dem ganzen Geschlecht des Heiligen Grals – und segelt zurück zu den Inseln des Jungbrunnens, wo, wie wir vermuten, der Gral wieder in Erscheinung treten wird.

Nachdem ihr letzter Hüter gestorben ist, beginnt die Gralsburg zu verfallen. Nur zwei walisische Ritter wagen sich schließlich in die Ruine, von der es hieß, daß niemand je aus ihr zurückkehrte. Die beiden waren jung und frohgemut und betraten die Stätte leichten Herzens. Sie blieben eine lange Zeit dort, und als sie den Ort endlich wieder verließen, führten sie das einfache Leben von Eremiten. Auf die Frage, warum sie so glücklich seien, antworteten sie: *»Geht dahin, wo wir waren, dann werdet ihr es erfahren.«* Wie wir bereits wissen, ist der überlieferte Ort der verfallenen Gralsburg Dinas Bran, der Wohnsitz von Bran, eine der ursprünglichen Quellen des Fischerkönigs.

Ein weiterer traumähnlicher Roman, der nach dem *Perlesvaus* erschien, schöpft offenbar aus einer gemeinsamen Quelle. *Sone de Nansai* ist eine französische Erzählung aus dem 13. Jahrhundert, die von einem Dichter aus Brabant verfaßt wurde, und obwohl beide Geschichten völlig eigenständig sind, weisen einige Details eine bemerkenswerte Ähnlichkeit auf. In diesem späteren Werk wird erzählt, der Held Sone habe den irischen König in einer Schlacht getötet und mit dem Kämpen des Königs von Schottland einen Zweikampf ausgefochten. Um für diese Unternehmung die Gunst des Himmels zu erbitten, segelt er mit König Alain von Norwegen zu einem Inselkloster. Die befestigte Abtei besteht lediglich aus einem kreisrunden Saal mit vier

Türmen. In der Mitte befindet sich eine von vier Säulen flankierte Feuerstelle, und an den Wänden sind Mariä Verkündigung, das Leben Jesu und der Abstieg zur Hölle dargestellt.

Der Abt empfängt die beiden Pilger, und sie begeben sich zum Mahl auf einen mit marmornen Mauern eingefaßten Anger über dem Meer. Auf den Mauern befinden sich zehn Leoparden, die sich im Wind drehen und dazu harmonische Klänge von sich geben. Die Burg liegt inmitten von Mandel- und Olivenhainen, und die Wälder beherbergen herrliche Vögel und exotische Tiere. In der Nähe der Abtei fließen drei Bäche mit großen Mengen von Fischen zusammen. Das Mahl erweist sich als sehr üppig. Der Abt erzählt ihnen, Joseph von Arimathia habe das Kloster gegründet. Er sei als Hüter des Grals und der Lanze nach Norwegen gesegelt, habe den heidnischen König besiegt, dessen Tochter begehrt und geheiratet. Sie wollte jedoch die neue Religion nicht annehmen. Um Josephs Glauben zu prüfen, habe Gott ihm eine Verletzung in den Lenden zugefügt, so daß er nicht mehr gehen konnte und das Angeln zu seiner einzigen Zerstreuung wurde. Schließlich wurde er von einem Ritter geheilt, gründete daraufhin die Abtei und vermachte sie zwölf Mönchen und einem Abt. Doch während seines Siechtums sei das Reich *Logres* öde und unfruchtbar gewesen.

Der Abt öffnet ein elfenbeinernes Gefäß und holt daraus den Heiligen Gral hervor, der das ganze Land erhellt. Dann nimmt er die Lanze, an deren Spitze ein Tropfen Blut hängt, und zeigt den Besuchern die Särge von Joseph und dessen Sohn. Das Schwert, mit dem Joseph das Land beschützte, übergibt er an Sone, und dieser besiegt damit seinen mächtigen schottischen Feind.

***Links:* Das Große Kreuz**, *Mosaik in San Giovanni in Laterano. Dies ist das Zentrum der Welt mit den vier Flüssen, die am Baum des Lebens entspringen.*
***Oben:* Reise des heiligen Brendan**. *Ausschnitt aus einer Karte des 17. Jh., der zeigt, wie der Heilige eine Insel betritt. Das vermeintliche Land stellt sich jedoch als der Rücken eines freundlichen Wales heraus. Dieser irische Heilige wäre ein Zeitgenosse Percevals gewesen. In seinen sagenhaften Abenteuern ist die Rede von einem wundersamen Paradies auf Erden westlich von Irland, das den Namen Inseln der Glückseligen trägt; sie sind links auf der Abbildung zu sehen. Die Legende des heiligen Brendan könnte die Autoren des* Perlesvaus *und des* Sone de Nansai *inspiriert haben.*

DER VULGATE-ZYKLUS

Queste del San Graal

Die Geschichte beginnt zur Pfingstzeit. Drei Nonnen stellen einen jungen Mann vor, der von Lanzelot, dem größten Recken der Tafelrunde, zum Ritter geschlagen werden soll. Unter Mithilfe von Bors und Lionel kommt Lanzelot der Aufforderung nach. Er weiß jedoch nicht, daß der junge Mann, Galahad, sein eigener Sohn ist. Eines Nachts war er nämlich dazu verführt worden, bei der Tochter des Fischerkönigs zu liegen, im Glauben, die Frau an seiner Seite sei seine geliebte Guinevere. Die Nonnen erlauben Galahad nicht, sich den Rittern an Artus' Hof anzuschließen, bis der rechte Zeitpunkt dafür gekommen ist.

Als Lanzelot und seine Freunde am Morgen nach Camelot kommen, bemerken sie am Gefährlichen Sitz der Tafelrunde eine frisch eingravierte Inschrift, die besagt, daß seit der Leidensgeschichte Jesu 450 Jahre vergangen seien und daß am Pfingsttag der rechtmäßige Inhaber auf dem Stuhl Platz nehmen werde. Als sie sich zum Mahl niedersetzen wollen, trifft Nachricht von einem großen Wunder ein: Ein Stein aus rotem Marmor ist aufgetaucht und treibt beim Flußufer auf dem Wasser. Darin steckt ein Schwert mit der Inschrift: *»Nur der soll mich herausziehen, an dessen Seite ich hängen werde. Und er wird der Beste Ritter der Welt sein.«* Nicht einmal Gawain und Perceval können das Schwert aus dem Stein ziehen.

Wir ahnen bereits, daß die Helden der früheren Romane nun von einem neuen, verdienstvolleren und überaus christlichen Ritter übertroffen werden. Sie kehren zum Mahl an den runden Tisch zurück. Plötzlich schließen sich Fenster und Türen von selbst, und der Saal ist hell erleuchtet. Ein alter Mann führt einen Ritter in roter Rüstung an den Tisch. Dieses Farbmotiv erscheint in fast allen Versionen, doch in dieser christlichen Fassung sind Rot und Weiß die Farben Jesu. Die Tafelrunde erfährt, daß dies der ersehnte Ritter ist, der dem Hause Davids und Josephs von Arimathia entstammt. Durch ihn soll der auf dem Land liegende Bann aufgehoben werden. Galahad nimmt ungestraft auf dem Gefährlichen Sitz Platz, und der alte Mann geht fort mit Botschaften an Galahads Onkel, König Pelles, und seinen Großvater, den reichen Fischerkönig auf der Gesegneten Burg.

***Gegenüberliegende Seite:* Die Tafelrunde beim Pfingstfest**, *Frankreich, 12. Jh. Der in Weiß gekleidete Mönch stellt den Rittern Galahad vor.*
Oben: Artus zieht das Schwert *aus dem Stein. Durch genau dieselbe Tat wird Galahad als der rechtmäßige Kämpe und König des Reichs in die Tafelrunde aufgenommen werden.*

Die Gemeinschaft

Herkunft und Abstammung des Helden hat der Autor der *Queste del San Graal* unmißverständlich klargemacht, und nun zeigt er auf, daß dieser auch tatsächlich der Beste Ritter ist. Denn er zieht nicht nur das Schwert aus dem Stein, sondern wirft beim Turnier auch alle Ritter außer Lanzelot und Perceval aus dem Sattel. Dann kommt eine Edelfrau auf einem weißen Zelter geritten und teilt Artus mit, daß der Heilige Gral an seinem Hof erscheinen und die Ritter der Tafelrunde zu Ehren Galahads verköstigen wird.

Als sie beim Mahl sitzen, ertönt ein lauter Donner, und der Saal wird erhellt wie von einem Sonnenstrahl. Vor Erstaunen werden alle sprachlos, als der Heilige Gral erscheint, den Palast mit dem Duft feiner Gewürze erfüllt und der ganzen Gesellschaft die Speisen auftischt, die am meisten gewünscht werden. Dann verschwindet er wieder.

Gawain schwört als erster, sich auf die Suche nach dem Gral zu begeben, um sein Geheimnis zu ergründen. Die anderen Ritter schließen sich ihm an und beschwören eine Gemeinschaft des Grals. Diese spontane Geste seines Neffen und Erben stimmt Artus traurig, denn er weiß, daß die Gemeinschaft der Tafelrunde nun von den neuen Rittern des Grals abgelöst wird. Der Eremit Nasciens schickt die Botschaft, daß jeder Ritter, der sich eine Frau nimmt, der Todsünde verfällt. Für den zisterziensischen Autor war es wohl nicht fremd, der weltlichen Tafelrunde ein strenges monastisches Gelübde aufzuerlegen. Als Vorbild diente ihm dabei vermutlich der zölibatäre Orden der Tempelritter. Auch der Gründer des Zisterzienserordens, Bernhard von Clairvaux, hatte an der Gestaltung der Gemeinschaft dieser Krieger Christi maßgeblichen Anteil. Jeder Ritter muß keusch und schuldlos sein und den Gral allein suchen. Als sie Artus' Hof schließlich verlassen, geht ein jeder seinen Weg.

Gegenüberliegende Seite: **Galahad** *auf dem Gefährlichen Sitz; Frankreich, 15. Jh.* ***Links:*** **Junge Ritter** *aus* Roman de Chevalerie, *um 1280.* ***Unten:*** **Artus' Ritter** *schwören, sich auf die Suche nach dem Gral zu begeben, wodurch unbeabsichtigt die Gemeinschaft der Tafelrunde ein Ende findet.*

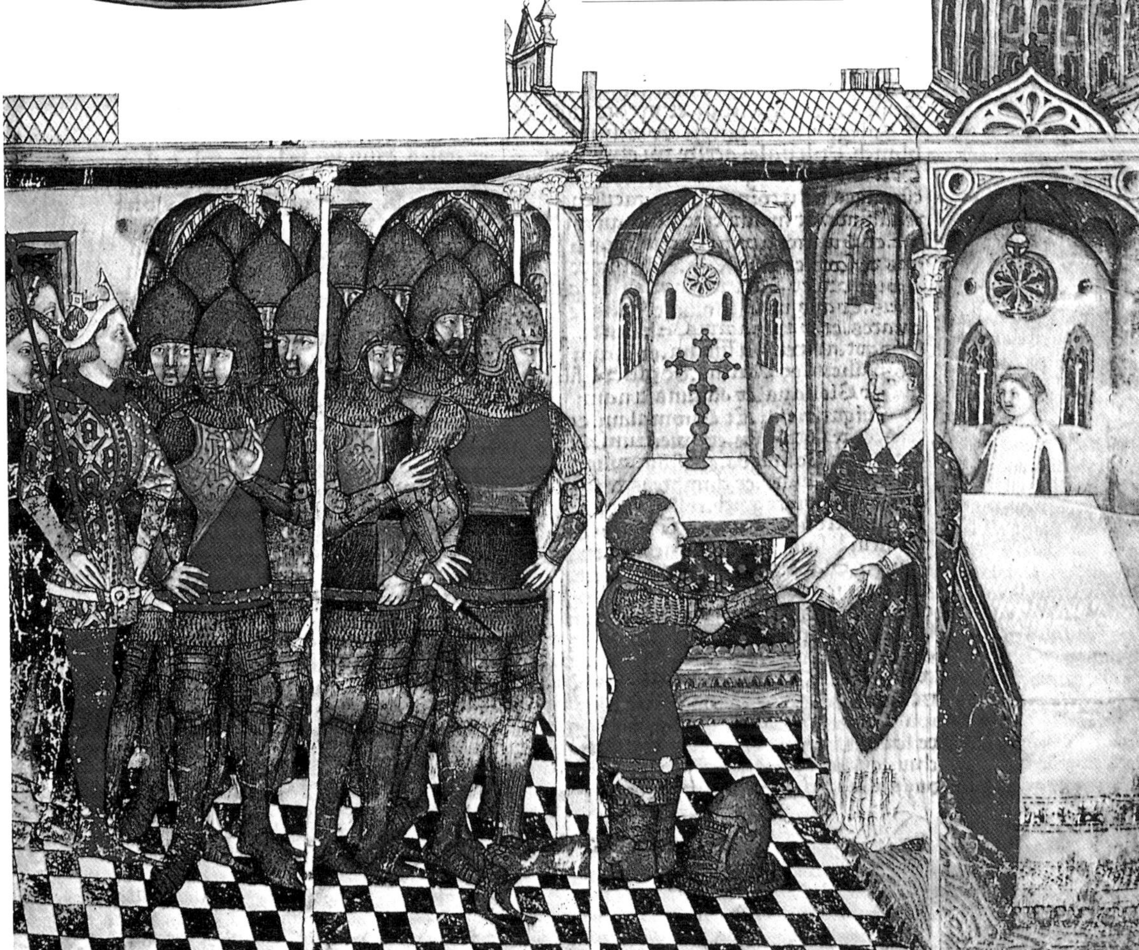

Der Schild und die sieben Todsünden

Galahad erhält einen Schild, den zu tragen er allein würdig ist. Dessen Geschichte ist wert, erzählt zu werden. Zweiundvierzig Jahre nach der Kreuzigung wurde Joseph von Arimathia nach Sarras gesandt. Dort fertigte sein Sohn Josephus einen Schild für König Mordrain von Sarras, der ihm helfen sollte, einen mächtigen Gegner zu bezwingen. Darauf war ein Kreuz mit dem blutenden Christus gemalt. Der Schild bewirkte ein Wunder, und daraufhin verschwand das Kreuz. Josephus und sein Vater reisten nach England, wurden dort aber ins Gefängnis geworfen. Mordrain und sein Schwager Nascien kamen ihnen vom Heiligen Land zu Hilfe, befreiten sie und brachten das Christentum nach England. Josephus ließ den Schild für den erwarteten vollkommenen Ritter in England zurück.

Nach einer von vielen moralisierenden Episoden reitet Galahad schließlich zur Burg der Edelfrauen, die am Fluß Severn im englischen West Country liegt. Dort bezwingt er sieben Ritter, die die Burg in ihre Macht gebracht haben, und befreit die darin wohnenden Jungfrauen. Es stellt sich heraus, daß die sieben Ritter die sieben Todsünden sind und die Burg die Hölle. Diese Szene ist eine symbolische Darstellung des Abstiegs Christi in die Hölle, mit dem er die Seelen der Gerechten befreite, die hier durch die Jungfrauen repräsentiert werden. Im weiteren Verlauf der Geschichte wird sich zeigen, daß Galahad nicht nur der Ideale Ritter ist, sondern, wie man unschwer erkennen kann, auch ein Abbild des wiedergeborenen Christus.

Die nächsten Abenteuer handeln von zwei Gralssuchern, die zwar kühn und tapfer sind, aber einen verhängnisvollen Makel auf-

Die Gralssucher *brechen vom Hof König Artus' auf und lassen ihre Frauen zurück, denn jeder muß sich allein auf die Suche begeben. Französische Handschrift, 13. Jh.*

weisen. Der erste ist unser ursprünglicher keltischer Held Gawain. Mittlerweile hat dessen kampflustiges und amouröses Verhalten das Mißfallen der friedliebenden und zölibatären Mönchen gefunden. Als er einmal gerügt wird, daß er ein schlechter, treuloser Diener Gottes sei, antwortet er aufrichtig: *»Ihr kennt mich gut!«*, womit er eingesteht, daß die Härte christlicher Reue und Buße ihm einfach zuviel ist.

Der zweite Ritter, Lanzelot, ist zwischenzeitlich ebenso wie Perceval von einem unbekannten Gegner zum Kampf herausgefordert und besiegt worden. Lanzelot setzt seinen Weg allein fort, um herauszufinden, wer der Unbekannte sein könnte. Als er eines Nachts in einer Kapelle schläft, meint er zu sehen, wie der Gral einen Ritter heilt, der danach die Rüstung des schlafenden Lanzelot anlegt.

Der Ritter erwacht aus seinem Traum, und eine Stimme tadelt ihn, er vergeude die großen Gaben, die Gott ihm verliehen habe. Daraufhin geht er zu einem Einsiedler und schwört, sein sündiges Leben aufzugeben, keusch zu werden und sich nie mehr zu seiner geliebten Königin zu legen.

Bis zu diesem Punkt haben sich die beiden großen Ritter als zu weltlich für die Gralssuche erwiesen. Doch während Gawain der halsstarrige Kelte, der dem diesseitigen Leben zugetan ist, bleibt, wählt Lanzelot den Weg der Buße.

Die Jungfrau, der Löwe, das alte Weib & die Schlange

Über Percevals Abenteuer und Mißgeschicke sind noch lange nicht zu Ende, denn schwere Prüfungen liegen noch vor ihm. So wird ihm von einer wunderschönen Jungfrau als Gegenleistung für treue Dienste ein Pferd angeboten. Nicht ahnend, daß das Tier in Wirklichkeit der Böse Feind ist, nimmt er es an. Als er in die Nacht davonreitet, kann er sich in letzter Minute dadurch retten, daß er sich bekreuzigt, denn dieses Symbol kann der Dämon nicht ertragen.

Am nächsten Morgen erwacht Perceval und findet sich mit einem Löwen und einer Schlange auf einer Insel wieder. Er tötet das Reptil, das ein Junges des Raubtiers im Maul hatte, und gewinnt so die Freundschaft des Löwen. In der darauffolgenden Nacht träumt er von einer jungen Frau, die auf einem Löwen reitet, und einem alten Weib auf einer Schlange. Die Jungfrau warnt ihn und sagt ihm voraus, er werde eine schwere Prüfung durch den Bösen Feind bestehen müssen, doch die Alte rügt Perceval, weil er ihre Schlange getötet hat. Später erfahren wir, daß die junge Frau auf dem Löwen den Neuen Bund und die Neue Dreieinigkeit symbolisiert. Der Löwe versinnbildlicht Christus, die Frau repräsentiert Glaube, Hoffnung und Taufe. Das alte Weib hingegen, das zahllose Generationen überdauert hat, steht für die Synagoge, den Alten Bund und die falsche Schrift.

Während Perceval mit dem Löwen spielt, kommt ein schwarzes Schiff an. Darauf befindet sich eine schöne und sinnliche Dame, die ihm Essen, Wein und schließlich sich selbst anbietet. Als Perceval ihren Verlockungen zu erliegen droht und im Begriff ist, sein Keuschheitsgelübde zu vergessen, erblickt er auf seinem Schwert ein rotes Kruzifix und kann sich gerade noch bekreuzigen. Da verschwindet die Schöne in einer Wolke üblen Gestanks und gibt sich damit als der Böse Feind zu erkennen, der Perceval in Versuchung geführt hat.

Eine Stimme verkündet, daß Perceval die Prüfung bestanden habe und als würdig erachtet werde. Er setzt Segel und trifft schließlich mit Galahad und Bors zusammen.

Perceval und die Zwei Reiterinnen. *Französische Handschrift, 14. Jh. Perceval ruht auf dem Löwen und sieht in einer Vision ein altes Weib, das auf dem Drachen der Apokalypse reitet und das Alte Gesetz der* Synagoge *symbolisiert.*

Die zweite Reiterin ist die schöne Jungfrau Ecclesia, *die das Neue Gesetz der Kirche Christi repräsentiert. Sie sitzt auf einem Löwen und warnt Perceval, daß eine Zeit der Prüfung vor ihm liege.*

DER LANGSAME AUFSTIEG

WIR WENDEN UNS WIEDER LANZELOT zu, der nun ebenfalls unter Beweis stellen muß, daß er des Grals würdig ist. Im Beisein eines Eremiten findet er einen mit einem weißen Leinenhemd bekleideten Toten. Neben dem Leichnam liegt ein härenes Hemd. Der Eremit zweifelt, ob der Mann nicht Sünde auf sich geladen habe, denn er trägt das Leinenhemd und nicht jenes aus Haar, das einem Heiligen oder Büßer anstehen würde. Er ruft den Teufel, um die Wahrheit herauszufinden, damit er weiß, wie er den Leichnam beerdigen soll. Der Teufel offenbart, daß der Tote in der Tat ein heiliger Mann war. Zwei Ritter hätten versucht, ihn bei lebendigem Leib zu verbrennen, doch er habe nur geantwortet, nicht einmal sein Leinenhemd würde brennen. Er sei zwar gestorben, doch um Gottes willen und nicht durch das Feuer, denn sein Körper sei von den Flammen unberührt geblieben.

Der Eremit beschuldigt Lanzelot, seine Reinheit und seine großen Talente vergeudet zu haben – die bezeichnenderweise in dieser Reihenfolge aufgezählt werden: *Unberührtheit, Demut, Geduld, Rechtschaffenheit* und *Barmherzigkeit*. Der Böse Feind entdeckte in Lanzelot Gelüste, weil dieser sich von den weibischen Ränken Guineveres verführen ließ – die, wie der Autor mißbilligend bemerkt, seit ihrer Hochzeit nicht mehr bei der Beichte war. Die mönchischen Autoren hegten gegenüber Frauen von vornherein Mißtrauen, um so mehr, wenn sie auch nur einen Anflug von Wollüstigkeit bemerkten, der eine heidnische Göttin wie Guinevere auszeichnete. Anstelle von Keuschheit findet der Böse also Wollust, und statt Demut entdeckt er Stolz. Aber dennoch erklärt sich Lanzelot frohen Herzens bereit, das härene Hemd zu tragen, und schwört einmal mehr Reue und Enthaltsamkeit.

Der Eremit deutet Lanzelot einen Traum, in dem er einen Mann gesehen hat, umgeben von Sternen, zwei Rittern und sieben Königen. Die sieben Könige sind die Begründer seines Geschlechts; der letzte ist König Ban (Bran). Der von Sternen umgebene Mann ist der erste König, durch den das Christentum nach Britannien kommt, und die beiden Ritter sind er selbst und sein Sohn Galahad. Dieser erscheint in dem Traum als geflügelter Löwe, der über der Menschheit schwebt.

Lanzelot nimmt an einem Turnier teil, in dem weiße und schwarze Ritter gegeneinander kämpfen. Er schlägt sich auf die Seite der schwarzen Ritter und wird besiegt. Eine Einsiedlerin, die er danach besucht, teilt ihm mit, er habe auf seiten der Irdischen Ritter der Sünde gegen die Himmlischen Ritter der Tugend gefochten.

Er kämpft gegen einen schwarzen Ritter auf einem schwarzen Streitroß, der sein Pferd tötet, und stürzt hinab in die dunkle Nacht seiner Seele. Nun ist Lanzelot allein – hinter ihm ragen dunkle Wälder und Klippen auf, vor ihm fließt ein unpassierbarer Fluß.

Aber auch die beiden anderen Vertreter des profanen Kriegshandwerks, Gawain und Hektor, haben inzwischen geträumt. In Gawains Traum steht er selbst auf einer grünen Wiese und sieht 150 Stiere, die von einer Heuraufe fressen. Sie sind alle prächtig, und alle bis auf drei sind gescheckt. Von diesen dreien hat einer kleine Flecken, während die beiden anderen rein weiß sind. Die Stiere brüllen im Chor: *»Laßt uns weiter ins Feld hinausgehen und bessere Weiden suchen«*, und sie machen sich auf den Weg in das wüste Moorland und mißachten die Wiese. Nur die zwei weißen bleiben, und der Stier mit den kleinen Flecken kehrt nach einiger Zeit zu ihnen zurück.

Alle anderen aber bekämpfen sich so lange, bis ihr Futter zerstört ist und sie sich in alle Winde zerstreuen. Später bekommt Gawain diesen Traum gedeutet: Die Heuraufe ist die Tafelrunde, und die Stiere sind ihre Ritter. Alle außer den drei nicht gescheckten Stieren sind stolz, wollüstig und sündig. Sie ignorieren die Wiese, das Symbol ursprünglicher Demut und Geduld – also jener Eigenschaften, auf denen die Tafelrunde ursprünglich aufbaute. Das Moorland ist das wüste Land, der Pfad der Sünde, der Weg in die Hölle.

Hektor dagegen träumt, er und Lanzelot seien von einem Thron herabgestiegen und mit dem Ruf *»Laß uns suchen, was wir nie finden werden!«* auf zwei kräftige Pferde aufgesessen. Nach vielen Tagen des Umherirrens wird Lanzelot von einem Angreifer aus dem Sattel gehoben, seiner Kleider beraubt, in ein mit Stechpalmenzweigen gespicktes Gewand gesteckt und auf einen Esel gesetzt. So erreicht er eine klare Quelle. Doch als er sich bückt, um zu trinken, verschwindet sie. Er erkennt, daß er seinen Durst nicht stillen kann, und reitet zurück. Hektor dagegen wandert ziellos umher, bis er zufällig zu einer Burg kommt, auf der ein großes Hochzeitsgelage stattfindet. Er steht davor und ruft: *»Macht auf!«*, doch niemand läßt ihn ein, denn keinem wird geöffnet, der so stolz daherreitet. Niedergeschlagen kehrt Hektor zurück zu dem leeren Thron, den er einst verlassen hat.

Dieser Traum wird von dem Eremiten Nasciens gedeutet, demselben heiligen Mann, der anfänglich die Gemeinschaft warnte, ein jeder müsse allein und ohne Frau losziehen. Er erklärt Hektor, daß der Thron ein Zeichen der Macht und Herrschaft war, und daß Hektor Ehre und Ansehen an der Tafelrunde aufgegeben habe. Wie Lanzelot, so hat auch er die Streitrosse des Bösen Feindes, nämlich Stolz und Hochmut, bestiegen.

Was Lanzelot und Hekor suchen und nicht finden werden, ist natürlich der Gral, den zu empfangen sie nicht würdig sind. Doch Lanzelot läßt von seinem Stolz ab, entdeckt, daß er keinerlei christliche Tugenden hat, und bittet um Vergebung.

Sein Angreifer ist Christus; er hüllt ihn in Geduld und Demut und setzt ihn auf einen Esel, so wie er selbst auf dem niedersten aller Reittiere in die Stadt Jerusalem eingezogen war. Die klare Quelle ist die Gnade des Grals, doch Lanzelot ist geblendet und kann sie nicht sehen.

Lanzelot kehrt nach Camelot an den Artushof zurück und erzählt, was ihm widerfahren ist. Hektor hingegen verbringt sein ganzes Leben auf dem Rücken des kräftigen Streitrosses, das Stolz und Todsünde symbolisiert. Deshalb darf er die Burg des Fischerkönigs, auf der gerade die Erlangung des Grals gefeiert wird, nicht betreten. So kehren die beiden weltlichen Ritter nach Camelot zurück, ohne etwas gewonnen zu haben.

Oben: **Lanzelot und der Heilige Gral**. *Illustrierte Handschrift, Frankreich, 15. Jh. Wegen seiner fatalen Liaison mit König Artus' Frau Guinevere wird der Gral für Lanzelot immer unerreichbar bleiben.*

Das Schiff Salomons

Nun kommen wir zu den Abenteuern, Versuchungen und Prüfungen des Ritters Bors. Anders als seine weltzugewandten Gefährten Hektor und Gawain begibt sich Bors, gebührend durch Christus gewappnet, auf die Fahrt. Während der ganzen Erzählung feiert er immer wieder die Messe und die Eucharistie; allerdings sieht jeder Ritter den Leib Christi in der Form einer Oblate auf seine Art. Bors erklärt, was er betrachte, sei *»wahrhaftig Fleisch und wahrhaftig Mensch und wahrhaftig Gott«*, eine Feststellung, die den zisterziensischen Standpunkt im Disput über Realität und Symbolismus in der Eucharistie klar hervorhebt. Ferner beobachtet Bors, wie sich ein Pelikan auf einem unbelaubten Baum die Brust ausreißt und seine Jungen mit dem eigenen Fleisch füttert. Dieses Bild wird später zu einem Symbol Christi, der um unseretwillen leidet; der unbelaubte Baum ist das Kreuz und der verwundende Schnabel die Lanze.

Auch Bors muß eine Reihe von Prüfungen bestehen. In einer wird ihm die Entscheidung abverlangt, entweder seinen Bruder Lionel davor zu bewahren, von zwei Rittern geschlagen zu werden, oder einem Edelfräulein beizustehen, das entführt zu werden droht. Er wählt den Weg des Mitgefühls, verteidigt das Mädchen und zieht dadurch die Feindschaft seines Bruders auf sich. Eine Stimme sagt ihm, er solle sich am Meer mit Perceval zusammentun. Bors folgt der Aufforderung und geht mit Perceval auf das Schiff mit dem weißen Segel.

Damit haben bereits zwei der Gefährten aus der Tafelrunde ihren Versuchungen widerstanden, und nun ist die Reihe am letzten, nämlich Galahad. Ohne sich zunächst zu erkennen, kämpfen Gawain und Galahad gegeneinander, und Gawain erhält einen schrecklichen Schlag. Seine vermeintliche Arroganz bei dem Versuch, auf Geheiß des Königs Artus das Schwert aus dem Stein zu ziehen, ist nun gesühnt.

Eines Morgens wird Galahad von einer schönen jungen Frau geweckt. Sie fordert ihn auf, ihr zum größten aller Abenteuer zu folgen. Sie führt ihn zu Perceval und Bors, und zu viert besteigen sie ein prachtvolles Schiff mit einer chaldäischen Inschrift an der Seite: *»Ich bin der Wahre Glaube. Seid also ohne Fehl, wenn ihr zu mir kommt.«* Das Mädchen gibt sich als Percevals Schwester zu erkennen. Auf dem Schiff finden sie ein wunderbares Schwert, das vor langer Zeit König Parlan in den Lenden verletzte, weil er es mit Anmaßung aus der Scheide zog. Seither war er bekannt als der Verwundete König.

Ferner findet sich auf dem Schiff ein Bett aus Holz, das eine lange und heilige Geschichte hat. Als Adam und Eva aus dem Garten Eden vertrieben wurden, nahm Eva einen Ast vom Baum des Lebens mit. Sie pflanzte ihn ein, und er schlug Wurzeln.

Die nun folgenden Textstellen über das Bett könnten als Beweismittel für die im wesentlichen männlich-chauvinistische Einstellung dienen, die in den christlichen Gralsversionen zutage tritt. Eva ist darin die Sündige, die Adam zu gehorchen hat. Auf jede nur erdenkliche Weise wird sie als ihm unterlegen dargestellt. Andererseits lebten diese Autoren in einer Zeit, in der die Marienverehrung immer größeren Zuspruch fand, und deshalb sahen sie sich in einem ausweglosen Konflikt, der nirgendwo besser ersichtlich wird als in dieser Geschichte – wurde doch der Ast von eben jener Frau aus dem Paradies mitgenommen, die Adam verraten hatte. Das bedeutet einerseits, daß wir durch eine Frau das ewige Leben verloren, aber andererseits wird uns das Leben durch ein Weib, nämlich die Jungfrau Maria, wiedergeschenkt. Dieser zentrale Konflikt zieht sich durch die gesamte christliche Gralsliteratur.

Aus dem von Eva gepflanzten Ast wurde ein Baum, der jedoch weiß war wie Schnee. Damit versinnbildlicht er die reine Seele und den jungfräulichen Körper, denn als Eva den Ast abbrach, war sie noch unberührt. Als Abel unter dem Baum empfangen wurde, verfärbte sich dieser grün. Und so wie Abel an einem Freitag gezeugt wurde, starb er auch an einem Freitag, genau wie Christus selbst. Die Vertreibung aus dem Paradies geschah ebenfalls an einem Freitag. Gott verflucht Kain und die Erde, auf der Abels Blut vergossen wurde, nicht aber den Baum, der sich zum Gedenken an Abels Blut rot färbte. Die drei Schößlinge, die aus diesem Baum entsprossen, waren rot, weiß und grün, und aus den daraus entstehenden Bäumen schnitt Salomons Frau die drei Pfosten, die das Bett auf dem Schiff umgaben. Das Schiff selbst war nach ihren Weisungen gebaut worden, damit der Ideale Ritter, der letzte aus dem Geschlecht Salomons, das Schwert empfangen, sich auf das Bett legen und die Botschaft vernehmen würde, daß Salomon sein Kommen prophezeit habe.

Das prachtvolle Schwert ist das des Königs David, aber es hat nur ein billiges Gehänge aus Juteleinen. Percevals Schwester flocht einen Gürtel aus ihrem Haar, und nun trägt das Schwert den Namen »die Klinge mit dem Eigentümlichen Gehänge«. Jeglicher verbleibende Zweifel über eine direkte Analogie von Galahad und Christus wird durch die Tatsache aus dem Weg geräumt, daß auch Christus das Schwert Davids ergriff und ans Kreuz geschlagen wurde, das aus dem Baum des Lebens gezimmert war.

Gegenüberliegende Seite: **Der Baum des Lebens** *im Zentrum der heiligen Stadt. Vier Flüsse entspringen an seinen Wurzeln. 14. Jh.* ***Oben:*** **Pelikan**, *Buntglasfenster, 14. Jh. Man glaubte, der Pelikan füttere seine Jungen mit seinem Blut, und setzte ihn mit Christus gleich.* ***Oben:*** **Die Vertreibung aus dem Paradies**, *Bronzetüren der Basilika San Zeno, Verona, 11. Jh.*

Der Tod von Percevals Schwester, *aus einer französischen Handschrift, 14. Jh.*

Die Jungfrau und die aussätzige Königin

Tagelang sind sie auf See, und als das Schiff nahe einer Burg vor Anker geht, werden sie überfallen, kaum daß sie das Land betreten haben. Doch sie besiegen die Angreifer und befreien den Grafen aus der Gefangenschaft. Er teilt ihnen mit, daß sie den Verwundeten König besuchen müssen.

Unterwegs haben sie eine Vision: Christus in Gestalt eines weißen Hirschen auf einem Thron fährt, umgeben von vier Löwen, durch die Glasfenster einer Kapelle in den Himmel auf. Die Löwen symbolisieren die vier Evangelisten. *»Ebenso fand der Sohn Gottes Eingang in die Jungfrau Maria, so daß ihre Jungfräulichkeit vollkommen gewahrt blieb.«*

Perceval und seine Gefährten werden von einer Schar Ritter angehalten, die eine Schale mit dem Blut von Percevals jungfräulicher Schwester fordern. Die drei Ritter kämpfen tapfer gegen eine große Übermacht und können sich behaupten. Als Percevals Schwester jedoch erfährt, daß mit ihrem Blut die aussätzige Königin in der Burg geheilt werden soll, empfindet sie Mitleid, und sie erklärt sich dazu bereit. Tatsächlich heilt das Blut die Königin, doch die Spenderin stirbt. Kurz vor ihrem Tod bittet sie, ihr Leichnam möge einbalsamiert und mit einem Schiff nach Sarras gebracht werden, damit sie dereinst neben Galahad und Perceval begraben liege.

Perceval verfaßt einen Brief, der zu dem Leichnam gelegt werden und darüber Aufschluß geben soll, um wen es sich handelt und wohin seine Schwester zu bringen sei. Aber kaum ist sie gestorben, da sehen die drei Gefährten, wie ein mächtiger Sturm die Burg und alles, was sich darin befindet, zerstört. Sie entdecken, daß dies Gottes Rache ist für das Blut von sechzig Jungfrauen, die alle starben, damit die böse Königin geheilt werde. Diese Szene erinnert an die beinahe identische Zerstörung von Sodom und Gomorrha im ersten Buch Mose.

Nun trennen sich die drei Gefährten; Bors folgt einem verwundeten Ritter, dem ein zweiter Ritter und ein Zwerg nachsetzen, während Perceval und Galahad auf getrennten Wegen zur Gralsburg reiten.

Oben: **Ritter und Prinzessin.** *Pisanello, 15. Jh., Verona.*
Links: **Galahad, Perceval und Bors** *treffen sich zum letzten Mal in der Gralsrunde. Französische Handschrift, 14. Jh.*

Lanzelot in der Burg Corbenic

Lanzelot in Corbenic, *der Gralsburg. Italienische Handschrift, 15. Jh. Hier sieht er, wie der Hirsch, der Christus symbolisiert, durch das Fenster springt.*

Rechts: **Schloß von Saumur**, *Ausschnitt des Monatsblatts September aus den* Très Riches Heures, *einem Stundenbuch des Duc de Berry, Anfang 15. Jh., das der weitverbreiteten Vorstellung einer Burg nahe kommt, jedoch nicht dem Aussehen einer historischen Burg des 9. Jh. entspricht, der Zeit, in der die Gralslegende vermutlich anzusiedeln ist.*

Wir haben Lanzelot verlassen, als er verzagt am Ufer eines breiten Stromes saß. Eine Stimme sagt ihm, er solle das erste Schiff besteigen, das er sieht. Er kommt der Aufforderung nach und schläft selig ein. Als er aufwacht, merkt er, daß er sich auf dem Schiff mit dem Leichnam von Percevals Schwester befindet. Er liest den Brief, den Perceval selbst verfaßt und zu ihr gelegt hat.

Wenig später wird Lanzelot wieder mit seinem Sohn Galahad vereint, und sie leben einträchtig ein halbes Jahr lang auf dem Schiff. Nach Ostern treffen sie auf einen weißen Ritter, der ein weißes Pferd für Galahad am Zügel führt.

Zum letzten Mal verabschieden sich Vater und Sohn voneinander, und Lanzelot segelt weiter. Er kommt zu einer Burg, deren Eingang von zwei Löwen bewacht wird. Hinter einer Tür hört er Gesang und weiß, daß dies der Ort des Heiligen Grals ist. Die Tür öffnet sich in einen strahlend hellen Raum, doch Lanzelot wird der Eintritt verwehrt. Er sieht das Heilige Gefäß auf einem Tuch aus roter, golddurchwirkter Seide, umgeben von dienenden Engeln. Ein hochbetagter Priester tritt hervor. Er hält die Hostie empor, und über den ausgestreckten Händen des Priesters erkennt Lanzelot drei Männer, die eine Gestalt in die Hände des Zelebranten legen. Aber es scheint, als sei die Gestalt für den Priester zu schwer; er droht zu fallen, und Lanzelot will ihm unwillkürlich zu Hilfe eilen. Doch er ist *»wie von Flammen durchlodert und am Boden verwurzelt und wie gelähmt«*.

24 Tage schmachtet Lanzelot in diesem Zustand, was der Anzahl von Jahren entspricht, die er mit Guinevere, der Gemahlin von König Artus, in Sünde gelebt und dem Bösen Feind gedient hat. Er erwacht in der Burg Corbenic, dem Wohnsitz von König Pelles, dessen Tochter Galahads Mutter ist.

Sein Erlebnis der Entrückung hat ihn vollkommen gewandelt. Am fünften Tag seines Aufenthalts beim König dient der Heilige Gral der ganzen Gesellschaft. Da kommt der stolze Hektor geritten und fordert Einlaß, wie er es geträumt hatte. Als er hört, daß sein Bruder Lanzelot unter den Feiernden weilt, fühlt er sich so gedemütigt, daß er beschämt wieder davonreitet. Lanzelot begibt sich auf den Weg zu Artus' Hof. Er findet ihn von allen Rittern verlassen und öde vor. Die Ritter sind auf ihrer erfolglosen Suche in die Irre gegangen.

Der Heilige Gral

Galahad besucht daraufhin den König Mordrain, der damit nach 400 langen Jahren des Wartens endlich den Guten Ritter sieht. Nun kann der König in Frieden sterben, doch bevor er seinen Geist aushaucht, heilen endlich seine Wunden, und er erlangt seine Sehkraft wieder. Galahad befreit auch Simeon von seinen Feuerqualen, die er 350 Jahre lang erlitt, weil er einst Joseph von Arimathia Unrecht zugefügt hatte.

Galahad und Perceval tun sich noch einmal zusammen, und die nächsten fünf Jahre versuchen sie, alles Unrecht von *Logres* wiedergutzumachen. Schließlich gelangen sie zur Burg des Verwundeten Königs in Corbenic. Galahad schweißt das zerbrochene Schwert, überreicht es dann aber Bors. Ein starker Wind fegt durch den Saal, und es erscheinen neun Ritter – womit sich zusammen mit Perceval, Galahad und Bors die Anzahl der zwölf Apostel ergibt. Drei der neun Ritter kommen aus Gallien, drei aus Irland und drei aus Dänemark.

Vier Edelfrauen tragen ein Bett herein, auf dem ein alter König liegt. Josephus, der erste christliche Bischof, der in Sarras geweiht wurde, steigt nieder wie in einer Vision und zelebriert die Messe vor dem Gral. Zwei Engel halten Kerzen, ein rotes Tuch und die Lanze, von der Blut in den Gral tropft. Josephus nimmt Brot aus dem Heiligen Gefäß, und eine Gestalt steigt herab, verwandelt sich in ein Kind und geht in das Brot ein, *»das klar erkenntlich eine menschliche Gestalt annahm«*.

Sodann erscheint aus dem Heiligen Gefäß ein nackter Christus und reicht ihnen von dem Brot. Er sagt ihnen, sie hätten einen Platz an seinem Tisch gewonnen, was seit dem Letzten Abendmahl nicht mehr geschehen sei, bei dem zwölf Jünger zugegen waren. Nun sind die Gefährten seine neuen Apostel.

Obgleich viele Ritter bereits vom Gral gespeist und mit Gnade erfüllt wurden, haben sie nie seine innersten Geheimnisse geschaut und erfahren, wie es ihnen nun geschieht. Sie werden informiert, daß der Heilige Gral *»die Platte* (ist), *von welcher Jesus mit seinen Jüngern das Osterlamm aß«*; allerdings müsse er Logres nun verlassen, denn die Bewohner dieses Reiches haben sich Ausschweifung und Laster hingegeben und dienen dem Gral nicht mehr. Britannien ist

nicht mehr würdig, eine solche himmlische Herrlichkeit zu beherbergen.

Galahad, Bors und Perceval müssen zur heiligen Stadt Sarras reisen, doch zuerst heilt Galahad den Verwundeten König mit Blut, das von der Lanze herabtropft. Dieser verbringt seine letzten Tage in einem Zisterzienserkloster.

Die drei Gefährten besteigen das Schiff Salomons mit dem silbernen Tablett, dem Gral (der jetzt mit einem Kelchtuch verhüllt ist) und der Lanze. Galahad wünscht sich nur noch den Tod, denn er hat das Gefühl, sein Körper sei bereits bei der Gralszeremonie erstorben. Er schläft in dem Bett vom Baum des Lebens (eine symbolische Wiederholung der Kreuzigung), und am nächsten Morgen erreichen sie Sarras.

Während sie den Gral zum Palast bringen, vollbringt Galahad ein Wunder an einem Krüppel, und wird damit eine weiteres Mal in Analogie zu Christus gestzt. Dann bemerken sie, daß der Leichnam von Percevals Schwester bereits angekommen ist, und begraben ihn ihrem Wunsch gemäß. Der heidnische König Escorant jedoch wirft sie alle ein Jahr lang ins Gefängnis; erst auf dem Sterbebett ordnet er ihre Freilassung an und bittet um Vergebung.

Galahad wird gegen seinen Wunsch zum neuen König erkoren, aber schon ein Jahr später schaut er die letzte Quelle des Grals und fährt schließlich zusammen mit dem Sohn Josephs von Arimathia in den Himmel auf. Eine Hand reicht vom Himmel hernieder und nimmt den Gral und die Lanze an sich, die seitdem nicht mehr gesehen wurden.

Perceval zieht sich nach diesen Ereignissen in eine Einsiedelei zurück; dort lebt er noch ein Jahr und drei Tage. Bors kehrt von Sarras, das an der Grenze zu Ägypten gelegen haben soll, nach Logres und an König Artus' Hof zurück und erzählt die ganze Geschichte den Rittern. Und damit verfiel sie dem Schweigen, und seitdem wurde von den Abenteuern um den Heiligen Gral nichts mehr gehört.

Die Suche nach dem Heiligen Gral. *Wandteppich, entworfen von dem englischen Präraffaeliten Sir Edward Burne-Jones und angefertigt von William Morris. Perceval und Bors halten sich im Hintergrund, und der auserwählte und ideale Ritter Galahad kommt schließlich zum Ende seiner langen Suche nach dem Gral und stirbt in Verzückung und Seligkeit.*

Der Chymische Zweig

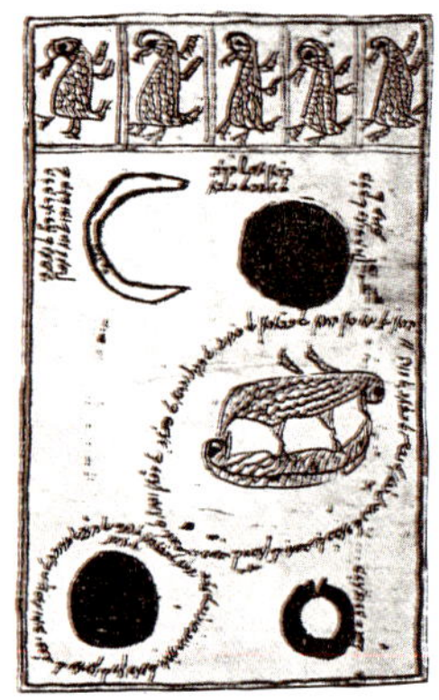

Der dritte Zweig des Gralsbaums besteht aus einem einzigen Werk, das etwa 1220 entstand. Es ist ein gut 25 000 Zeilen langes Gedicht in gereimten, mittelhochdeutschen Verspaaren, die ein großangelegtes Bild entwerfen. Die Handlung beschränkt sich nicht mehr auf die Inseln des keltischen Britannien oder auf das kleine Wales; sie führt uns vielmehr vom Herzen Bayerns bis in den Nahen und Fernen Osten. Und während die anderen Zweige in der vagen, historisch nicht faßbaren Zeit der Gegenwelten wachsen, ist Wolframs *Parzival* fest in dieser Welt verwurzelt, und wir können ihn sogar datieren: Die Mutter des Helden soll elf Generationen vor dem Verfasser des Werks, Wolfram von Eschenbach, gelebt haben, also um das Jahr 870.

Wolfram selbst stammte vermutlich aus der alten fränkischen Stadt Wolframseschenbach in der Nähe des heutigen Ansbach. Aus seinen autobiographischen Anmerkungen können wir schließen, daß er nicht dem Adel angehörte. Möglicherweise war er ein Ritter, allerdings ein armer – läßt er doch scherzhaft einfließen, daß sogar die Mäuse Schwierigkeiten hätten, bei ihm zu Hause etwas zu essen zu finden. Offenbar war er auf großzügige Mäzene wie Hermann von Thüringen angewiesen, dessen Hof in jener Zeit ein berühmtes Zentrum des Lernens und der Literatur war.

Wolframs ironische Behauptung, er sei des Lesens und Schreibens unkundig, dürfen wir nicht allzu ernst nehmen; allerdings genoß er wohl keine klassische Erziehung. Sein Werk deutet darauf hin, daß er mit den Autoren der lateinischen Schule wenig vertraut war, doch diesen Mangel machte er durch seine profunde Kenntnis der damaligen deutschen und französischen Literatur mehr als wett. Bezeichnend ist, daß er selten aus Büchern zitiert. Er schreibt immer nur: »wie ich gehört habe« oder »wie es heißt«.

Die wichtigste Materialquelle für seine Dichtung ist zweifellos Chrétien, doch je tiefer er in seine eigenen Vorstellungen eintaucht, desto mehr entfernt er sich von seinem Vorbild. Wolfram tadelt den französischen Autor sogar, der ursprünglichen Geschichte nicht gerecht zu werden, und behauptet, ihm läge ein authentisches Original vor, das ihm ein gewisser Kyot de Provence gegeben habe. Es wurden zahllose Spekulationen über die sogenannte »Kyot-Frage« angestellt, ob es sich dabei um eine historisch faßbare Person handele oder ob auch diese Gestalt einem von Wolframs vielen Scherzen zuzuschreiben ist. Aber die Geschichte, die er über sein sogenanntes Original erzählt, macht den radikalen Unterschied zwischen dem alten Gralsmaterial und seiner neuen, eher kosmopolitisch ausgerichteten Version deutlich.

Angeblich entdeckte Wolframs Meister Kyot in Toledo ein arabisches Manuskript, das vom Gral berichtete. Es soll 1200 Jahre vor Christi Geburt von einem Juden namens Flegetanis geschrieben worden sein. Flegetanis ist ein persischer Name, der bedeutet »mit den Sternen vertraut«, und wenn wir dieser Geschichte Glauben schenken, dann handelte es sich hierbei um ein astronomisches Buch. Wir erfahren, daß Kyot diese Quelle mit eigenen Untersuchungen lateinischer Chroniken aus verschiedenen Ländern ergänzte, und diese Komposition stellte wohl den Ausgangspunkt für Wolframs Werk dar.

»Dieser Heide Flegetanis
war fähig, uns dies darzustellen:
die Deszendenz von jedem Stern
und seine Rückkehr, Aszendenz,
wie lang jeweils der Umlauf ist,
bis er den Ausgangspunkt erreicht.
Verbunden mit dem Sternenrundlauf
ist das Menschliche Gewimmel.
Flegetanis sah. . .
das verhohlene Mysterium.«

Wolfram behauptet, Kyots Forschungen hätten eine genealogische Verbindung zwischen dem Gralsbericht und dem von Flegetanis verkündeten Kommen Christi ergeben. Ausgehend von der erblichen Abfolge konnte er einen Stammbaum des Grals rekonstruieren. *»Christen müssen ihn jetzt hüten, dies mit äußerst strenger Reinheit: wer zum Gral berufen wird, der hat als Mensch stets hohen Rang.«* Das sind die Gralshüter, deren Abstammung auf Kain, den Sohn Adams, zurückgeht.

Alchemistischer Baum *aus den Abhandlungen des spanischen Theologen, Mystikers und Alchemisten Ramón Lull, der ein Zeitgenosse Wolframs war.*

***Linke Seite:* Alchemistisches Manuskript**, *hebräisch, 12. Jh., Spanien. Unter der toleranten Herrschaft der spanischen Kalifen konnten Juden, Christen und Moslems gemeinsam wirken. Die maurischen Königtümer unterstützten die häretischen Sufis, und von diesen islamischen Mystikern stammen viele der weiblichen Gestalten, die in der Gralslegende auftreten.*

Ein weiter Horizont

Tatsächlich herrscht in der Wolfram-Forschung heute breite Übereinstimmung, daß der Dichter auf eine Vielzahl allgemein verfügbarer Quellen zurückgegriffen hat und es ihm großes Vergnügen bereitete, seine Kritiker mit den rätselhaften Gestalten Kyot und dem uralten Astronomen Flegetanis zu verwirren. Und es gelang ihm zweifellos, aus dem erstaunlich weiten Wissensspektrum der damaligen Zeit alles nur Mögliche herauszuholen.

Historisch gesehen, befand sich Europa damals in einer rebellischen und lebendigen geistig-spirituellen Aufbruchsphase, in deren Verlauf zahlreiche Zweifel und Fragen aufgeworfen wurden. In die Krisenjahre um die Wende zum 13. Jahrhundert fiel zum einen die entsetzliche Niederschlagung der häretischen Albigenser und Katharer, aber gleichzeitig fand auch die Erleuchtung des Heiligen Franz von Assisi statt, der vielleicht bedeutendsten geistigen Figur der westlichen Welt seit Christus. Der moslemische Kulturkreis erlebte die Blütezeit der Sufi-Meister wie Rabiya, Shams-y-Tabriz, Byazid und Mevlana Rumi, während die Dominikaner in der berüchtigten Heiligen Inquisition alle christliche Häresie ausrotteten. Die heilige Stadt Jerusalem war an die Sarazenen gefallen, doch in Europa standen die Templer auf dem Höhepunkt ihrer Macht. Es war die Glanzzeit der Liebeshöfe, und der geheimnisvolle Kult der Jungfrau Maria gewann an Einfluß. Dies war auch die große Zeit der Troubadoure, und Europa bereitete sich auf einen Bewußtseinssprung vor, der die Inquisition leider nicht überleben sollte.

Vor diesem bewegten Hintergrund entstand Wolframs *Parzival*. Gleichzeitig ließ sich der Autor von dem fruchtbaren Gedankenaustausch inspirieren, den das Aufeinanderprallen zweier Kulturen während der Kreuzzüge auslöste. Der Westen steuerte die Tradition der keltischen Geschichtenerzähler bei, während der Osten mit dem Schock einer Kultur aufwartete, die alles übertraf, was Europa – abgesehen von den Mauren in Spanien und den mystischen Experimenten im Languedoc – zu bieten hatte.

Wolfram gelingt es, dies alles in sein umfassendes Sprachgemälde aufzunehmen. In seinem Epos finden wir Verweise auf die neue arabische Astrologie, auf islamische Liebesgedichte, alchemistische Symbolik und die jüdisch-esoterischen Traditionen von Magie und Mystik.

Im *Parzival* geht es vor allem um zwei gegensätzliche Bereiche: auf der einen Seite die höfische Welt von König Artus, die zum keltisch-britischen Kulturkreis gehört, und auf der anderen Seite eine transzendentale Gedankenwelt, die vieles dem esoterischen

Christentum und den neuen spirituellen Ideen des Orients verdankt.

Diese zwei Themen des Weltlichen und des Jenseitigen werden durch Gawan und Parzival, die beiden größten Krieger ihrer Zeit, verkörpert. Sie sind vergleichbar mit dem Helden und seinem Schatten, den beiden Seiten eines Individuums. Gawan ist Parzivals weltlicher Doppelgänger, der ideale Ritter, der den Inbegriff der Ritterlichkeit innerhalb der Gemeinschaft der Tafelrunde darstellt. Parzival hingegen ist Gawans spirituelle Ausprägung, der ideale Ritter innerhalb des transzendentalen Reichs der Gemeinschaft und der Gralsfamilie. Wie Parzival verläßt auch Gawan den Artuskreis und erlebt eine Reihe von Prüfungen und Begegnungen, die denen Parzivals immer wieder zur Kontrastierung und Verdeutlichung gegenübergestellt werden und so dessen eigene innere Entwicklung erhellen. Und ebenso wie Parzival gelangt auch er erst über eine Reihe schmerzvoller Erfahrungen und Umwege an sein eigentliches Ziel.

Zu Beginn der Dichtung treten wir in die Artuswelt höfischer Tugenden ein. Parzival versucht, nach dem Vorbild seines Vaters Teil dieser Welt zu werden, doch ihm genügen selbst die höchsten ritterlichen Ehren nicht. Seine innere Integrität hindert ihn daran, den gesellschaftlichen Idealen anderer zu folgen, und zwingt ihn dazu, die Göttliche Quelle in sich selbst zu suchen.

Das ist der Grund, warum *Parzival* den modernen Leser von allen Gralsgeschichten am meisten anspricht. Der Held begibt sich auf eine verzweifelte Suche nach der Wahrheit, und das ist ein einsamer Weg. Die Ideale des Nahen Ostens jedoch drehten sich vorwiegend um die Gemeinschaft und um die Frage, welchen Platz das Individuum innerhalb des größeren Ganzen einnahm.

Der Held aus dem Nordwesten forderte sogar die Götter heraus, wenn es ihm beliebte oder wenn eine schöne Frau ihn dazu anstachelte. Die Römische Kirche hingegen gründete auf dem Gehorsam gegenüber den Gesetzen Gottes, und deswegen stieß jeder, der alleine auf die Suche nach diesem Gott aufbrach, auf tiefstes Mißtrauen. Parzival war solch ein moderner Individualist, ein Mensch, der zu zweifeln wagte.

Jerusalem und das Tal Joschafat *aus:* Valley of Evil Council *von Thomas Seddon, 1854.*

Parzival

Schwarz und Weiss

PARZIVAL BEGINNT MIT EINER LANGEN Eröffnungspassage, in der Wolfram zeigt, daß jedes Tun Dunkelheit und Licht, schwarze und weiße Seiten gleichzeitig beinhaltet. Und da jede Handlung infolgedessen auch gute und schlechte Folgen zeitigt, ist es ratsam, sich eher zu gut zu verhalten, als schlecht zu sein.

Wenn das menschliche Herz aus seiner alltäglichen, unbewußten Lethargie erwacht und zu zweifeln beginnt, empfindet die Seele ein Gefühl von Ehrlosigkeit, aber auch von Gnade. Dieser Zustand ähnelt dem verzauberten Vogel, der Elster, die halb Taube, halb Rabe zu sein scheint. Jeder Moment des Lebens ist gleichzeitig von der Dunkelheit der Hölle und vom Licht des Himmels geprägt. Es ist sinnlos, sich über diesen Widerspruch den Kopf zu zerbrechen, und man muß lernen, sich nicht gegen den Fluß des Lebens zu wehren – in einem Moment verfolgt man die Hirschkuh, im nächsten wird man vom Eber gejagt. Der Held, so sagt der Dichter, muß drei Stadien durchlaufen. Zuerst erwacht er langsam aus dem dumpfen, unbewußten Zustand der Erstarrung, dann erfährt er das Leid, das der Zweifel mit sich bringt, und gelangt schließlich zu Erleuchtung.

Das Bild der schwarzweißen Elster ist ein Leitmotiv, das sich durch alle Kapitel von Wolframs Dichtung zieht. Am Anfang des Werks steht Parzivals abenteuerlustiger Vater, der seine erste Geliebte verteidigt, als sie von einer schwarzen und einer weißen Armee belagert wird. Er heiratet diese schwarze Prinzessin, und sie bekommt ein Kind, das schwarz und weiß ist – Parzivals Halbbruder. Das ist eine natürliche Dialektik, mit der Wolfram den Leser offenbar dazu auffordern will, den Mittelweg einzuschlagen. Selbst der Name des Helden geht wohl auf *Perce à val* zurück, was soviel heißt wie »das Tal zwischen zwei Gipfeln durchqueren«.

Dies ist der allererste Hinweis auf das östliche Tao, der sich in der europäischen Literatur findet. Fast zwei Jahrtausende zuvor hatte der chinesische Weise Sosan einen Vers geschrieben, der wohl am besten verdeutlicht, worauf Wolfram anspielt: *»Der*

Große Weg ist nicht schwer für jene, die keine Vorlieben haben. Gibt es weder Liebe noch Haß, so wird alles klar und unverstellt. Doch schon mit der kleinsten Bevorzugung klaffen Himmel und Erde unendlich auseinander.«

Wer noch mehr Beweise dafür sucht, daß der Autor nicht vom Mittelweg abweichen will, braucht sich nur der Geschichte vom Ursprung des Grals zuzuwenden. In ihr erzählt ein mystischer Eremit dem Helden, daß der Gral ein Steingefäß sei, das die neutralen Engel vom Himmel mitbrachten. Luzifer stürzte allein deswegen, weil er sich nur vor Gott verneigen wollte und sich weigerte, *Adamel,* den ursprünglichen Menschen, zu ehren. Deswegen ist Luzifer für die schiitischen Muslime Gottes eifrigster Anbeter. Das bedeutet, daß der Übergang zwischen Gut und Böse fließend ist. Als im Himmel Krieg ausbrach, schlug sich ein Drittel der Engel auf die Seite des Allmächtigen, ein Drittel ergriff die Partei Luzifers, aber ein Drittel verhielt sich neutral – sie standen weder auf Gottes noch auf Satans Seite.

Auch der Natur ist die Ethik von Gut und Böse unbekannt. Wenn Wolfram betont, in Zweifelsfällen könne man sich nur für das Licht entscheiden, dann weist er letztlich über jegliche Polarität hinaus. Gleichzeitig spricht er damit die Traditionen des fernöstlichen Tao und des nahöstlichen Gnostizismus an.

Die Ausdrucksmittel, mit deren Hilfe Wolfram seine Botschaft verkündet, sind jene der Alchemie und der Astrologie. Immer wieder begegnen wir im Text dem ganzen astrologischen Tierkreis, denn für Wolfram ist die Gralslegende ein immerwährender, endloser Kreislauf von Ereignissen und Jahreswechseln.

Während der keltische Kulturkreis sich bemühte, durch den Sonnenhelden Himmel und Erde wieder zu vereinen, muß Wolframs Sonnenheld Parzival den ganzen Zodiak durchschreiten, um auf diese Weise die Ordnung der Gestirne aufzuzeigen und dabei den Kosmos innerhalb des Mikrokosmos, die Supranatur in der Natur darzustellen.

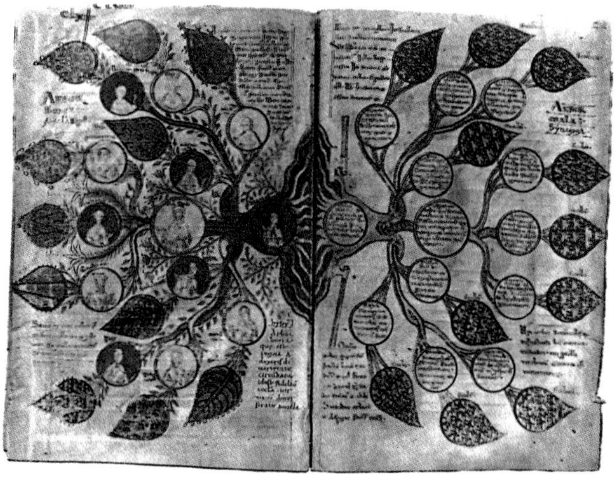

***Gegenüberliegende Seite:* Peraldus**, Summa de Vitiis, *1240. Ein Ritter, der mit dem Schild des Glaubens bewaffnet ist und von den weißen Tauben des Heiligen Geistes begleitet wird, kämpft mit einem Heer von Teufeln und Drachen. Sie stellen die Laster dar, die er überwinden muß.*
***Oben rechts:* Baum des Guten und des Bösen**, *12. Jh.*

AUCH DIE SARAZENEN TRAUERN

WIR HÖREN ZUNÄCHST VON PARZIVALS VATER Gahmuret. Er gehört zur Linie der Anjou, doch nach dem Tod seines Vaters reist er in ferne Länder. Er will dem mächtigsten Mann der Erde dienen, gleichgültig, ob dieser ein Christ oder ein Heide ist. Wolfram schrieb diesen Text praktisch zur gleichen Zeit, als Jerusalem an die Sarazenen fiel. Mit dieser Bemerkung beweist der Autor also großen Mut – aber sie zeugt auch von der Einstellung seiner Leserschaft, die diese Situation bereitwillig akzeptierte.

Gahmuret dient Baruch, dem Kalifen von Bagdad, und steht dann der schwarzen Maurenkönigin Belakane zur Seite, die von weißen und schwarzen Heeren belagert wird. Ihr Name bedeutet Pelikan – im Mittelalter das alchemistische Symbol für Christus, der sein Blut für die Menschheit vergossen hat, denn damals glaubte man, der Vogel risse sich Fleisch aus der eigenen Brust, um damit seine Jungen zu füttern.

Belakane bekommt von Gahmuret einen Sohn, den sie Feirefiz nennt und der schwarzweiß gescheckt ist. Aber Gahmuret kennt keine Treue; das Abenteuer lockt ihn zu sehr. Zum großen Kummer der Königin verläßt er sie.

Durch seine Hochzeit mit Belakane war Gahmuret König von Sasamanc geworden. Nun reist er nach Nordeuropa, wo er bei einem Turnier die Hand der schönen Herzeloyde gewinnt. Auch sie heiratet er, und jetzt ist er nicht nur der Herrscher von Sasamanc, sondern auch der König von Süd- und Nordwales, und nach dem Tod seines Bruders wird er überdies König von Anjou. Wir erfahren, daß sein Bruder von dem Ritter Orilus getötet wurde, von dem wir später noch hören werden. Doch zunächst ruft wieder das Abenteuer.

Gahmuret läßt auch Herzeloyde in ihrem Kummer zurück und eilt erneut Baruch zu Hilfe, aber dieses Mal stirbt er in der Schlacht an einer bösen Verletzung: Der große Diamant in seinem Helm, der ihn bislang geschützt hat, wird durch Zauberei aufgeweicht. Auf seinen Grabstein läßt der Kalif schreiben: *»Er war getauft und lebte christlich. Um seinen Tod trauern auch die Sarazenen.«* Dies ist ein äußerst gewagter Anfang für eine Dichtung, denn er entstand, als die christlichen Ritter auf dem Zweiten Kreuzzug von den Sarazenen vernichtet wurden.

Was Tapferkeit betraf, war Gahmuret zweifellos ein beispielhafter Held, der an König Artus' Hof nicht fehl am Platz gewesen wäre. Aber Wolfram macht gleichermaßen deutlich, daß ihm die zwei wesentlichen Eigenschaften des Gralssuchers fehlten, nämlich Standhaftigkeit und Treue. Eben diese Qualitäten besitzen seine beiden Söhne, der weiße Parzival und der gescheckte Feirefiz, im Übermaß.

Oben: **Richard I. besiegt Saladin**. *Kacheln mit Einlegearbeit aus der Chertsey Abbey, England, 13. Jh. In Wirklichkeit war der Sarazene Saladin weitaus ritterlicher und kultivierter als der christliche Richard.*
Linke Seite *und* ***unten:*** **Kreuzritter**, *England, 13. und 14. Jh.*

Ach Mutter, »Gott«, was ist denn das?

Vierzehn Tage nach Gahmurets Tod kommt sein Sohn Parzival zur Welt. Herzeloyde verläßt den Hof und zieht mit ihm in den Wald von Soltane. Dort wächst er unter ihrer Obhut heran, ohne vom Rittertum zu erfahren, denn seine Mutter befürchtet, daß er auf die gleiche Weise wie sein Vater sterben könnte. Ihre Angst ist nicht unbegründet, denn der Junge ist ein geborener Krieger und fertigt schon bald Bogen, Pfeile und Speere. Andererseits ist er auch ein Kind der Natur, das Vogelstimmen in Verzückung versetzen können. Doch wenn ein Vogel zu singen aufhört, sobald sein Pfeil ihn trifft, vergießt der Knabe heiße Tränen darüber, denn er war sich über die Folgen seines Handelns nicht im klaren gewesen. Als seine Mutter ihm gegenüber einmal Gott erwähnt, fragt er sie: *»Ach Mutter, ›Gott‹, was ist denn das?«* Sie antwortet: *»Er ist lichter als das hellste Licht, heller als ein Sommertag«*. Damit kehrt sie zum Leitmotiv von Finsternis und Licht zurück und betont den Unterschied zwischen der beständigen Helligkeit von Gottes Wahrheit und der Finsternis der Unwahrheit. Sie schärft ihrem Sohn ein, seine Gedanken von der Dunkelheit und dem schwankenden Zweifel abzuwenden. Auf dieses dualistische Prinzip werden wir im Verlauf von Wolframs Erzählung immer wieder stoßen.

Eines Tages reiten vier Ritter in schimmernden Rüstungen vorüber. Sie verfolgen einen anderen Ritter, der die schöne Inaine geraubt hat. Der letzte Ritter fragt Parzival, ob er die Entführer gesehen habe, aber der Junge hält die Männer für Engel. Selbst als sie ihm erklären, sie seien Ritter, hat Parzival nur Augen für ihre prachtvollen Rüstungen und glänzenden Waffen und beantwortet ihre Fragen lediglich mit Gegenfragen. Auf diese Weise hört er zum ersten Mal von König Artus und dem Rittertum. Parzival beschließt, selbst Ritter zu werden, ohne sich über die ethischen Voraussetzungen des Rittertums im klaren zu sein, die er nur oberflächlich begreift.

Seine Mutter erkennt, daß sie ihn nicht davon abhalten kann, ein Ritter zu werden. Um ihn vor Gefahren zu schützen, stattet sie ihn mit Narrenkleidern aus, gibt ihm einen erbärmlichen Klepper und klärt ihn über seine Herkunft auf. Dann erzählt sie ihm noch, daß Herzog Orilus die Länder seines Vaters angreife und daß Orilus' Bruder Fürst Turkentals umgebracht habe, der dem belagerten Land zu Hilfe eilte. Parzival schwört, seinen Tod zu rächen, aber seine Ungeduld, endlich aufzubrechen, ist so groß, daß er kaum auf den Rat hört, den ihm die Mutter noch mit auf den Weg gibt: Sobald er die Zuneigung einer Dame gewinnen könne, solle er ihren Ring nehmen und sie küssen und umarmen.

Parzival bricht auf und ist kaum außer Sichtweite, da stirbt Herzeloyde (Herzeleide) vor Kummer. Wieder ist sich der junge Mann der Folgen seines Handelns nicht bewußt.

Gegenüberliegende Seite: Der Narr *aus dem Tarot (Visconti-Deck, 1540).* ***Rechts:*** **Ritter**, *Silbersiegel, 14. Jh., England.* ***Unten:*** **Die Heilige Jungfrau**, *Elfenbein-Triptychon mit der Verkündigung, dem Tod und der Krönung Marias.*

Zu diesem Zeitpunkt der Handlung zeigt Wolfram den jungen Parzival in der Rolle des »tumben Tors«, des jungen Narren, wie er in der gesamten Ritterdichtung zum festen Motiv wurde. Eine der ansprechendsten Eigenschaften, die diese Rolle mit sich bringt, ist seine tragikomische Einstellung, die Parzival mit allen großen Narren gemein hat. Letztlich sind sie einsam, kindisch und anarchisch. Sie wollen nichts Böses, aber ihnen fehlt jedes Verantwortungsgefühl; sie wissen nicht um die Folgen ihres Tuns. Stehen sie vor einem Problem, so lösen sie es auf derart absurde Weise, daß eine Komödie daraus entsteht. Außerdem verhalten sie sich gesellschaftlich nicht konform und sind völlig ungeschickt im Umgang mit Frauen.

Ein Narr im Zelt

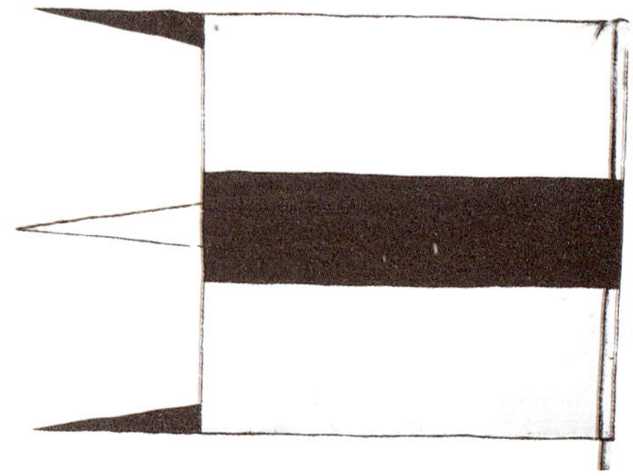

SOFORT GREIFT UNSER JUNGER NARR unwissentlich in die Geschicke der unschuldigen Jeschute ein. Sie ist die Gattin von Orilus, eben jenes Herzogs, der Parzivals Länder für sich beansprucht. Doch davon weiß Parzival nichts, als er die schlafende Jeschute in einem reich geschmückten Zelt entdeckt. Des Rates seiner Mutter eingedenk, um die Gunst schöner Frauen zu werben, weckt er sie mit einem Kuß und nimmt ihren Ring und eine Spange. Ohne die erschrockene Frau weiter zu beachten, die er durch sein Handeln unwissentlich in tiefstes Elend stürzt, verschlingt er das bereitstehende Essen und geht wieder davon. Umsonst schwört Jeschute ihrem aufgebrachten Mann, daß sie nicht entehrt worden sei. Orilus zwingt sie, wie eine Sünderin in Lumpen gekleidet auf einem Klepper hinter ihm herzureiten.

Der einfältige Held geht seines Wegs und begegnet Sigune, die einen toten Ritter im Arm hält. Der Ritter ist Schionatulander, der mit Parzivals Vater nach Bagdad geritten war. Sigune bleibt ihrem toten Geliebten als jungfräuliche Braut treu; ihrer Liebe sollte in dieser Welt kein Glück beschieden sein. Trotz ihres Kummers hört sie Parzival zu und erkennt in ihm das Kind ihrer Tante. Sie verrät ihm seinen wirklichen Namen und erklärt, er bedeute *»durch das Tal«*. Außerdem erzählt sie ihm, daß ihr Bräutigam von Orilus

Wimpel *der Kreuzfahrer aus dem 14. Jh., Deutschland.*

getötet wurde. Orilus ist auch derjenige, der Galoes, Parzivals Onkel, umgebracht hat und nun dem Jungen auf den Fersen ist – aber davon weiß Parzival zu diesem Zeitpunkt noch nichts. Als Parzival Rache für Sigune nehmen will, fürchtet sie um das Leben des unerfahrenen jungen Mannes und weist ihm absichtlich den falschen Weg.

Später erfahren wir, daß Orilus keineswegs Schionatulander bekämpfen wollte, sondern ihn für Parzival gehalten hat. Schionatulander hatte als Waffenbruder von Parzivals totem Vater Gahmuret die Länder von dessen Sohn verteidigt und war an seiner Statt ums Leben gekommen. Somit ist Parzival unbewußt für den Tod des Freundes seines Vaters und des Geliebten seiner Cousine verantwortlich.

Nachdem Parzival so ein weiteres Beispiel gegeben hat, daß unbewußtes Verhalten Unglück heraufbeschwören kann, führt ihn sein weiterer Weg zu einem Fischer, bei dem er die Spange, die er der unglücklichen Jeschute weggenommen hatte, gegen Essen und Unterkunft eintauscht.

DER ROTE RITTER

Das Fastnachts-Turnier *von Marx Walther. Detail aus einem Manual des 15. Jh.*

sein Schaft war rot, die Spitze rot,
so rot, wie es der Held gefordert,
war sein Schwert gerötet worden. . . «

Kein Wunder, daß der junge Mann sofort begehrliche Augen auf die Rüstung wirft. Der Rote Ritter hat von der Tafelrunde einen Becher aus rotem Gold gestohlen und dabei Wein auf die Königin verschüttet. Der Diebstahl sollte seinem Anspruch auf Land, das ihm vorenthalten wurde, Nachdruck verleihen, und er bittet Parzival, diese Botschaft dem König an seinen Hof in Nantes zu übermitteln. Der Junge entspricht diesem Wunsch. Kaum ist er am Hof angekommen, da schlagen die Ritter scherzhaft vor, der junge Einfaltspinsel solle mit dem Roten Ritter das Schwert kreuzen. Widerstrebend läßt sich Artus auf diesen Plan ein. Die Jungfrau Kunneware, die geschworen hat, nicht zu lachen, bis sie den besten Ritter sieht, bricht bei Parzivals Anblick in Gelächter aus. Das veranlaßt den Zwerg Antanar – der gelobt hat, erst zu sprechen, wenn Kunnewarte lacht –, zu reden. Er prophezeit, daß Keye der Kunneware gerade aus Eifersucht geschlagen hat, viel Leid erfahren wird. Das versetzt den leicht reizbaren Keye nun derart in Rage, daß er auch den Zwerg schlägt.

Parzival besiegt den Roten Ritter und tötet ihn, bringt der Königin den Becher zurück und reitet dann in seiner neuen Rüstung davon. Von nun an wird er der Rote Ritter genannt. Was er allerdings nicht weiß, ist, daß er gerade seinen Onkel Ither von Gaheviez getötet hat. Diese gedankenlose Tat ruft am Hof großen Kummer hervor, und Parzival wird während seiner ganzen Suche an den Folgen dieser Handlung zu leiden haben.

Mittlerweile hat der junge Held also den Tod gesehen sowie Treue und Liebe, die über das Grab hinausgehen. Seine nächste Lektion besteht darin, gesellschaftlich korrektes Verhalten zu lernen.

ANDES TRIFFT PARZIVAL NICHT WIE GEPLANT AUF Orilus, sondern auf einen Roten Ritter. Hier unterscheidet sich der Bericht wenig von dem des Chrétien de Troyes, doch wir hören eine wunderbare Beschreibung der Rüstung, wenn auch nicht des Mannes selbst.

»Seine Rüstung war so rot –
es wurde einem rot vor Augen!
Sein Roß war rot und rasch,
der Kopfputz, der war völlig rot,
der caparaçon aus rotem Atlas,
der Schild war mehr als feuerrot,
sein Überrock war überrot
und maßgeschneidert elegant,

Der Rote Ritter *von*
Georg Frederic Watts, 1875.

Die Erziehung des Narren

PARZIVAL, STOLZ IN SEINE neue Rüstung gekleidet, reitet davon und erreicht abends die Burg seines Onkels Gurnemanz de Grahanz. In den meisten anderen Versionen des Epos hatten die verschiedenen Gestalten nur selten einen Namen und erfüllten lediglich eine bestimmte Funktion innerhalb der Erzählung. So war die Figur dieses Mannes in *Peredur* oder in *Perlesvaus* stets ein älterer *vavasour* oder Onkel. Wolfram hingegen belebt seine Gestalten und charakterisiert sie wie ein Romanschriftsteller weit über ihre mystische Rolle hinaus. Jede Person wird namentlich genannt und mit großem Geschick in die verwobenen Stammbäume eingeflochten.

Gurnemanz kennt den ursprünglichen Roten Ritter und ist daher sehr erstaunt, als hinter dem Helm der junge Tor zum Vorschein kommt, der unter der roten Rüstung überdies Narrenkleider trägt.

Gurnemanz' Rolle besteht darin, Parzivals Lehrer zu werden und ihm alles über ritterliches Verhalten beizubringen. Dem alten Recken wird sofort klar, daß er einen außerordentlichen Kämpfer vor sich hat, auch wenn er auf den ersten Blick wie ein Tor wirkt. So lehrt er ihn, nicht ständig seine Mutter im Munde zu führen, denn nun befindet er sich in der Welt der Männer und muß männliche Ideale vertreten. Indem Parzival sein kindliches Narrengewand ablegt, löst er sich vom Einfluß seiner Mutter und wird selbständiger.

Der alte *vavasour* bringt dem jungen Helden den Ehrenkodex des Rittertums bei. Parzival durchläuft dabei alle Stationen der Ausbildung, die die Ideologie höfischen Verhaltens einem Ritter vorschreibt. Vor allem eine Regel muß ein Ritter beherzigen, nämlich, keine unnötigen Fragen zu stellen. Um diese scheinbar unschuldige und vernünftige Anweisung rankt sich Wolframs gesamte Botschaft. Denn sobald jemand versucht, nach den Regeln eines anderen zu leben, beginnt er, ein seiner selbst nicht gemäßes Leben zu führen. Parzival möchte sich der Gesellschaft anpassen, doch bleibt er ein Außenseiter. Zuerst steht er außerhalb der Gesellschaft, weil er ein unschuldiger Einfaltspinsel ist; später wird er von der Gemeinschaft der Tafelrunde ausgeschlossen, weil sein Schicksal ihm höhere Werte als nur Ritterlichkeit abverlangt.

Es ist bezeichnend, daß Gurnemanz seinen Schützling zuerst in Religion und Ethik unterweist, bevor er ihn mit Waffenkunst und höfischer Liebe vertraut macht. Dieser Abschnitt der Erzählung ist idyllisch und häuslich: Gurnemanz bietet ihm die Hand seiner schönen Tochter Liaze an, aber Parzival lehnt ab mit der Begründung, er sei noch zu unreif, um zu heiraten. Trotzdem erlebt er mit ihr seine erste Jugendliebe. Seinem Gastgeber, der bereits alle drei Söhne verloren hat, geschieht *»zum vierten Mal jetzt ein schmerzlicher Verlust«*.

Als Parzival aufbricht, ist er von zwiespältigen Gefühlen zerrissen. Er denkt an die schöne Liaze, die so anmutig war und ihm Ehre schenkte, wie Gefährtinnen es tun. Doch er ahnt auch, daß es nicht wahre Liebe war.

In dieser Stimmung läßt er die Zügel seines Pferdes schleifen. Damit deutet Wolfram an, daß das Pferd den natürlichen Lebensfluß repräsentiert und der Reiter die kontrollierende Vernunft. Das ist die Natur, die weder Gut noch Böse kennt. Jeder christliche Reiter würde versuchen, die Natur zu beherrschen und nur das zuzulassen, was als gut gilt. Aber Parzivals Stimmung erlaubt ihm nicht, die Kontrolle zu übernehmen, und so gestattet er dem Tier, seinem eigenen Weg zu folgen. Dies ist der Mensch des Tao, der dem Lauf des Wassers folgt und dem Fluß der Dinge vertraut. Die Botschaft des Dichters lautet, daß das Leben an sich weder gut noch böse ist, sondern ein Ganzes, das nicht in zwei getrennte Prinzipien zerfällt.

Überreichung der Preise,
Abhandlung des René d'Anjou,
Frankreich, 15. Jh.

Liebe als Führungsmacht

Bei Einbruch der Dunkelheit hat Parzival eine unglaubliche Entfernung quer über die höchsten Berge zurückgelegt und erreicht die wehrbereite Stadt Pelrapeire (in Chrétiens Bericht Belrepaire). Wie in früheren Versionen stellt er fest, daß die Stadt belagert ist und die Einwohner hungern. Als er Condwiramurs begegnet, erstrahlt die Königin in hellem Licht vor ihm:

»Mit ihr schuf Gott Vollkommenstes!
Dies war die Herrscherin des Landes:
es war, wie wenn im süßen Tau
die Rose aus der Knospenhülle
in ihrem frischen Schimmer bricht,
und zwar zugleich in Weiß und Rot
– das brachte ihn in Herzensnot.«

Der junge Mann und die schöne Frau verlieben sich in das Bild ihres Gegenübers, wie sie es wahrnehmen. Sie essen kärglich die letzten Reste, die die Stadt bieten kann, und dann zeigt man Parzival ein üppig geschmücktes Bett zum Schlafen. Mitten in der Nacht wird er von der verführerisch in weiße Seide gehüllten jungen Königin geweckt. Doch obwohl ihr Name *Conduire Amour,* Führung der Liebe, bedeutet, ist sie offenbar mit den höfischen Liebessitten ebensowenig vertraut wie der junge Ritter. Er verspricht, nicht mit ihr zu rangeln, und so legt sie sich zu ihm ins Bett und erzählt ihm von ihrem Unglück.

Dabei erfährt Parzival, daß die Stadt von einem ihrer Verehrer belagert wird, den sie aber nicht heiraten will. Clamide heißt dieser ungebetene Freier; er hat einen von Gurnemanz' Söhnen getötet, dem Condwiramurs versprochen war. Sie schwört, sie werde sich eher in den Burggraben stürzen, als Clamides Wunsch nachzugeben.

Parzival gelobt, sich für sie einzusetzen, und unschuldig schläft das Paar Arm in Arm ein. Am nächsten Tag kämpft er gegen Cla-

Der Alphonso-Psalter, *um 1284. Dieser kunstvolle Psalter, der den Harfe spielenden David zeigt, entstand für die Hochzeit des elfjährigen Sohnes Edwards I. von England. Im Mittelalter waren arrangierte Ehen die Norm; Liebe spielte dabei keine Rolle. Die Wirkung der arabischen und sufischen Liebesgedichte traf die europäischen Höfe völlig unvorbereitet; dennoch blieb die Vorstellung wahrer Liebe dichterische Fiktion.*

Liebender vor dem Tor zum Paradies, *Persien, 14. Jh. Die leidenschaftliche, heroische Liebesdichtung aus dem ungläubigen Persien wurde von den Christen mit Begeisterung aufgenommen, denn unter den strafenden Augen der Kirche gab es für romantische Gefühle wenig Platz. Sinnliche Freuden galten in einer derart repressiven Religion als höchst suspekt, und aufgrund ihrer unterdrückten Sexualität waren die zölibatären Priester und Mönche kaum einfühlsame Beichtväter.*

mides großen Kämpen, den Seneschall Kingrun, und fügt ihm eine schreckliche Niederlage zu. Eingedenk Gurnemanz' Rat, Feinden gegenüber Großmut walten zu lassen, verschont er ihn, jedoch nur unter der Bedingung, daß der Seneschall an Artus' Hof geht und sich Kunneware ergibt, der Jungfrau, die von Keye mißhandelt wurde.

In der Zwischenzeit landen zwei Schiffe mit Vorräten für die belagerte Stadt, und die hungernden Einwohner fassen wieder Mut. Das Blatt beginnt sich zu wenden.

Auch die zweite Nacht verbringt das unschuldige Paar miteinander im Bett, doch die Königin bleibt jungfräulich. Dazu bemerkt Wolfram trocken, der Held zeige Frauen gegenüber eine Zurückhaltung, die zu seiner Zeit wohl nur wenige Damen befriedigt hätte. Doch die kleine Condwiramurs ist glücklich und bedeckt ihr Haar, womit sie der Welt zu verstehen gibt, daß sie sich als vermählt betrachtet.

Erst in der dritten Nacht folgt Parzival dem Rat seiner Mutter, Frauen zu umarmen, und *»sie schlangen Arme und Beine umeinander, was beiden große Freude bereitete«*. Damit ist die Ehe auch offiziell vollzogen. Die Vorstellung einer Liebesheirat zwischen zwei Individuen war ein im 13. Jahrhundert radikal neuer Gedanke, wo Ehen nur unter rein dynastischen Gesichtspunkten geschlossen wurden: *»Ein jeder von ihnen fand sein Leben im anderen, und ein jeder war die Liebe des anderen.«*

Nun folgt die Erzählung im großen und ganzen Chrétiens Bericht: Der Held besiegt den unerwünschten Freier und schickt ihn ebenfalls zu Artus und Kunneware. Das Land ist befriedet, und die zwei Liebenden regieren es glücklich. Doch eines Morgens gesteht Parzival seiner Frau, daß er gerne nach seiner Mutter sehen würde, von deren Tod er noch nicht weiß. Widerstrebend läßt Condwiramurs ihn ziehen, doch statt seine Mutter zu finden gerät er in zahlreiche Abenteuer, an deren Ende die Auffindung des Grals steht.

Die Gralsburg

Ohne Zügel lässt Parzival seinem Pferd freien Lauf. An dieser Stelle erfahren wir, daß der Legende nach niemand die Gralsburg findet, der nach ihr sucht. Dies ist ein Grundgedanke dieser Dichtung und eine wichtige Erkenntnis des Dichters. Östliche Mystiker werden die Worte Christi *»Suchet, und ihr werdet finden«* nie verstehen, denn für sie ist dies gerade nicht der Weg zur Erleuchtung. Doch Wolfram führt seinen Helden zum höchsten Sein. Die Mystiker sagen, der Goldbarren falle dorthin, wo man es am wenigsten erwartet. Anstrengung führt zu nichts. Sechs Jahre lang bemühte sich Buddha um das Letzte Ziel, doch erst als er sein Mühen aufgab, erreichte er, wonach er gesucht hatte. Die Gesetze der Mystik sind subtil. Obgleich Erleuchtung nicht durch Anstrengung erzwungen werden kann, muß sich der Suchende fortwährend bemühen, um bereit zu sein, sie als ein unerwartetes Geschenk entgegenzunehmen.

Zu Wolframs Lebzeiten gab es hitzige Auseinandersetzungen darüber, ob das Tun des Menschen von Gott vorbestimmt sei und man deswegen nur strengsten Gehorsam zu leisten habe, oder ob man sich selbst um innere Läuterung bemühen müsse. Das Christentum spricht in diesem Zusammenhang von Gnade. Indem Parzival die Zügel seines Pferdes losläßt, ergibt er sich in die Gnade des Daseins. Doch wie wir sehen werden, muß er sich das Geschenk verdienen.

Am Abend erreicht der Held einen großen See im Land Brobarz. Nahe am Ufer ankern Boote, von denen aus Fischer angeln. Parzival spricht einen der Männer an, dessen Gesicht unter dem mit Pfauenfedern geschmückten Hut sehr traurig wirkt. Auf seine Frage, wo er Unterkunft für die Nacht finden könnte, antwortet der Fischer, es gäbe im Umkreis von dreißig Meilen nur ein einziges Haus, aber dort könne er gerne bleiben, und er, der Fischer, würde sich selbst um ihn kümmern. Dann beschreibt er Parzival den Weg und warnt ihn ausdrücklich davor, die falsche Richtung einzuschlagen.

Parzival bedankt sich, reitet davon und findet schließlich die Burg, wo er herzlich aufgenommen wird. Nachdem er sich gewaschen hat, gibt ihm die Königin der Burg, Responsе de Schoye, ein Ehrengewand aus Purpur und Gold.

Parzival wird in einen prächtigen Saal geführt, wo der Fischer vom See ihn erwartet und sich als Burgherr zu erkennen gibt. Der Gastgeber gibt eine traurige Gestalt ab: *»Er und seine Lebensfreude waren miteinander quitt: Er lebte nicht, er starb dahin.«*

Noch erfährt Parzival – und auch der Leser – nicht, daß er der Gralskönig ist, dessen Reich nun das Wüste Land ist. Er ist das Symbol der Zerstörung des Landes, gleichzeitig aber auch die Ursache, denn er entstammt zwar der Linie der Gralshüter, doch ihm fehlt die Willenskraft für diese spirituelle Verantwortung. Er hatte sich in die schöne Orgeluse verliebt, die nicht zur Gralslinie gehörte, und war mit dem Ruf »Amors!« zur Burg hinausgeritten. Prompt stieß er auf einen heidnischen Ritter aus dem Heiligen Land, bezeichnenderweise vom Heiligen Grab selbst. Beim Kampf wurde der Heide getötet, doch zuvor verwundete er den König zwischen den Schenkeln mit einer vergifteten Lanze, deren Spitze abbrach. Als sie entfernt wurde, war darauf die Inschrift »Gral« zu sehen.

All das erfahren wir erst später, aber was hier symbolisch dargestellt wird, ist der Verlust der angeborenen Gnade. Die christliche Kirche mit ihren Idealen einer himmlischen »Supranatur« hatte die natürlichen Reaktionen unterdrückt. Nun oblag es den Priestern zu entscheiden, was Weiß und was Schwarz war.

Zwischen Körper und Geist brach eine Kluft auf. In der Natur sind Seele, Geist und Körper untrennbar miteinander verbunden, sie bilden eine Einheit. Doch die religiösen Überzeugungen der damaligen Zeit lösten dieses Ganze in Einzelteile auf. Europa befand sich in einem Zustand der Schizophrenie, in dem das Gute angeblich nur aus der höheren Supranatur des Geistes entstand, während das Böse der physischen Minderwertigkeit des Körpers entsprang.

Durch die christlichen Versionen des Gralsmythos können wir begreifen, warum die christliche Kirche so fanatisch und nach-

drücklich auf Keuschheit, Jungfräulichkeit und sexueller Zurückhaltung besteht und warum Eva und ihresgleichen als Ursache für den spirituellen Verfall des Menschen verdammt werden. Frauen als sexuelle Wesen bezogen ihre Kraft aus der Natur und wurden somit von der Kirche als Bedrohung für Körper und Geist angesehen.

Wolframs wirkungsvoller Beitrag bestand darin aufzuzeigen, daß das Geistige untrennbar mit der Natur verbunden ist. Wenn die Natur durch menschliche Gesetze beherrscht oder unterdrückt wird, entsteht als Folge das Wüste Land. Und wer die Natur ablehnt, lehnt damit notwendigerweise auch den Geist ab, weil beide ebenso untrennbar sind wie Licht und Schatten. Das Wüste Land kann also nur durch eine spontane Geste geheilt werden, durch intuitives und natürliches Mitgefühl. Über die Natur wird ein Bann verhängt, indem der natürlichen Ordnung übernatürliche Gesetze auferlegt werden. Dieser Bann kann nur gebrochen werden, wenn den Gesetzen der Natur wieder Geltung verschafft wird. Dazu würde ein mitfühlende Frage genügen, doch wie wir sehen werden, liegt vor Parzival noch ein weiter Weg, bis er sein von Gurnemanz erlerntes, gesellschaftlich akzeptables Verhalten wieder aufgeben kann.

Es gab sogar Deutungsversuche, die in Gurnemanz eine Verkörperung des Mephistopheles sehen wollten, der den aufkommenden natürlichen Geist mit viel List in ein Gefängnis aus scheinbar vernünftigen Überzeugungen und Verhaltensweisen lockt.

Die Episode in der Gralsburg ist eine der wichtgsten Szenen in der Erzählung. Der Leser erfährt die Hintergründe zwar erst, als der Held dem Einsiedler Trevrizent begegnet und alles für ihn langsam Sinn ergibt, doch wir werden schon etwas früher in diese Geheimnisse eingeweiht.

Oben: *Detail aus dem Fresko* **Guidoriccio da Fogliano** *von Simone Martini, 1328, Siena, Palazzo Pubblico, in dem der Künstler die Rückkehr des erfolgreichen Reiterkapitäns von einem Feldzug darstellt.*

Die ewige Wiederkehr und der unendliche Horizont

Parzival wird in Kürze beobachten, wie der Gral in den Saal getragen wird, doch bevor wir dazu kommen, ist es vielleicht hilfreich, einen Blick zurück auf die beiden anderen Zweige der Legende zu werfen, die wir den keltischen und den christlichen nannten. Der erste entspricht dem Zeitalter des Rituals und der Magie. Dies ist die zyklische Welt der Erneuerung und des jahreszeitlichen Wechsels. Der zweite ist das christlich-religiöse Ideal, dem eine lineare und historische Entwicklung von der Schöpfung bis zum Jüngsten Tag zugrundeliegt. Im Kern der Gralsgeschichte findet eine nicht sehr überzeugende Vermischung dieser beiden im Grunde unvereinbaren Konzepte statt. Wolfram von Eschenbach bemüht sich als Dichter instinktiv, über beides hinauszugehen.

Zu Wolframs Lebzeiten herrschte die Überzeugung vor, daß die Weltgeschichte zyklischen, periodischen Einflüssen und besonders der Bewegung der Gestirne unterliege. Man glaubte, daß diese Kräfte immanent im Kosmos existierten, unabhängig von Gottes Willen.

Der kalabrische Abt Joachim von Floris, der revolutionäre Geister wie den Heiligen Franz von Assisi und Dante Alighieri inspirierte, teilte als erster die Weltgeschichte in drei große Epochen ein, die jeweils nacheinander von einem Aspekt der Heiligen Dreieinigkeit bestimmt wurden: das Zeitalter des Vaters, das des Sohnes und das des Heiligen Geistes. Das heißt, daß jedes dieser Zeitalter jeweils einen neuen, höheren Aspekt der Allumfassenden Göttlichkeit enthüllte.

Das Gralsepos bewegt sich unsicher zwischen diesen neuen Ideen und der älteren, eher heidnischen Gedankenwelt hin und her. Einerseits sehen wir in den Texten erste Andeutungen auf unsere heutige Vorliebe für eine kontinuierliche, historische und lineare Zeit, andererseits aber auch eine völlige Mißachtung gegenüber geschichtlichen Tatsachen und die Auffassung, daß alle Ereignisse entweder zyklischer oder mythischer Natur sind.

In der linearen Zeitauffassung erstreckt sich der Ablauf von Ereignissen von einem Anfang zu einem Ende. Auf dieser endlichen historischen Linie ist jedes Ereignis in sich neu; keine Begebenheit kann sich je genau wiederholen. Das heißt, in diesem Konzept bewegen wir uns von einem Zeitalter zum nächsten und gelangen dabei langsam vom Einfachen zum Komplexen, von Unschuld zu Weisheit.

Aber in dieser Sicht der Dinge ist der Held völlig auf sich gestellt und kennt keine der tieferen zyklischen Welten von Erneuerung und Wiedergeburt. Ihn umgibt ein Universum, in dem ihm nichts vertraut ist.

Nach heidnischer Tradition jedoch wiederholt sich die Natur. Der Held braucht nicht ständig seine eigene Geschichte zu erschaffen, indem er gegen den Strom der Zeit schwimmt. Der archaische

Mensch erkennt keine Handlung an, die nicht vor ihm von jemand anderem durchlebt wurde. Für ihn ist die Realität eine Nachahmung eines früheren himmlischen oder göttlichen Archetypus. Somit können Helden ihre persönliche Geschichte auslöschen und in eine Zeitlosigkeit eintreten, in der sie wirklich zu diesem großen heroischen Archetypus werden.

Indem archaische Gesellschaften in periodischen Abständen immer wieder in einen rituellen und mythischen Zustand der Zeitlosigkeit eintraten, stand ihnen die Möglichkeit offen, jedes Jahr einen Neuanfang zu machen.

Jedesmal, wenn der Held zu einem neuen Leben aufbrach, transzendierte er die Zeit und lebte in der Unendlichkeit. Aber es mißlang ihm jedes Jahr wieder, sich einen solchen Höhepunkt transzendentaler Erfahrung zu bewahren, und er fiel in seine historische Existenz zurück. Mit Beginn des nächsten Jahres konnte er einen neuerlichen Versuch unternehmen.

Das bedeutet, daß sowohl in der heidnischen als auch in der christlichen Sicht der Gralslegende der Erneuerung eine zeremonielle Reinigung vorausgehen muß. Dies ist ein radikales Hintersichlassen des Vergangenen. Die alte Welt stirbt, damit die neue Welt geboren werden kann. Der neue Zyklus entsteht und wird von neuen Darstellern in neuen Situationen belebt. Aber die zugrundeliegenden Prinzipien bleiben dieselben: *»Der König ist tot, lang lebe der König.«*

Wolfram bietet eine völlig andere Lösung an. Zum Teil begreift auch er Parzival als historisch, als einen Helden innerhalb der linearen Zeit, der allein ist und angesichts der ungewissen Zukunft häufig verzweifelt. Der Mensch als historisches Wesen kann nicht auf ein Schicksal innerhalb des zyklischen Heldenmusters zurückgreifen; er muß vielmehr lernen, daß er für seine Handlungen selbst verantwortlich ist. Um dies zu erfahren, muß er sich auf eine Suche begeben, und dabei kann er nur einen Weg einschlagen, der nie zuvor beschritten worden ist.

Historisch sind sowohl Raum als auch Zeit wie die Spur eines Vogels am Himmel. Parzival ist der erste existenzialistische Held Europas, der sein Leben ohne Vorbilder und ganz auf sich selbst gestellt bewältigen muß. Und doch muß auch in dieser kraftvollen Legende der linear-zeitliche Held sich innerhalb einer zyklischen und mythischen Arena beweisen. Er ist also gleichzeitig der mythische und der historische Mensch – zwei völlig widersprüchliche und unvereinbare Konzepte, die in der Gestalt eines einzigen Helden verkörpert werden.

Als Parzival schließlich seiner inneren Natur vertraut und in einem spontanen Impuls handelt, kann er aus diesem schizophrenen Zustand ausbrechen und auf der Schwelle zwischen der vergänglichen Welt der historisch-linearen Zeit und der ewigen Welt der Zeitlosigkeit stehen. Doch bevor ihm das gelingt, muß er abgrundtief scheitern.

Der Gralstempel

Als Parzival den grossen Saal der Gralsburg betritt, sieht er hundert Kronleuchter über den Köpfen der vierhundert Mitglieder des Haushalts hängen. Auch an den Wänden brennen Kerzen. Im Raum finden sich hundert Ruheliegen, auf denen jeweils vier Personen Platz haben, ferner drei quadratische Feuerstellen aus Marmor, in denen Aloë-Holz aufgestapelt ist. Der Burgherr ruht auf einem Tragbett bei der mittleren Feuerstätte. Er begrüßt den jungen Ritter wie ein Familienmitglied (was er ja auch ist).

Von jetzt an unterscheidet sich die Handlung nur noch wenig von den bereits besprochenen Berichten, doch hier wird alles sehr genau beschrieben.

»Ein Knappe lief zur Tür herein, in seiner Hand lag eine Lanze (der Anblick löste Trauer aus), Blut entquoll der Schneide, lief am Schaft entlang und auf die Hand – erst der Ärmel fing es auf. Und in der großen Halle droben schrie man, brach in Tränen aus – die hätten dreißig Völkerschaften mit ihren Augen nicht geschafft! Er trug die Lanze in den Händen rundherum zu den vier Wänden und wieder zu der Tür zurück; der Knappe lief durch sie hinaus.«

Daraufhin scheinen sich die Anwesenden zu beruhigen. Dann wird am Ende des Saals eine Stahltür geöffnet, und es treten zwei blondgelockte Jungfrauen mit einem Kerzenleuchter in der Hand ein. Ihnen folgt eine Herzogin mit einer Begleiterin. Beide tragen zwei Gestelle aus Elfenbein herein. Die vier Frauen sind in braune Gewänder gekleidet; sie verbeugen sich und setzen die Gestelle vor dem Gastgeber ab.

Als nächstes kommen acht Jungfrauen, von denen vier große Kerzen tragen, die anderen bringen eine hauchdünne Schale aus durchsichtigem Hyazinth-Granat, die sie auf ein Gestell legen. Diese acht Frauen sind in grünen Brokat gehüllt und stellen sich zu den anderen Damen. Dann erscheinen zwei Edelfräulein mit einem silbernen Messer auf einer Serviette. Ihnen gehen vier reine Jungfrauen voran, die Lichter bringen. Dazu gesellen sich sechs weitere, die in kostbare zweifarbige Gewänder gekleidet sind und sechs Glasgefäße mit brennendem Balsam tragen. Nun sind es insgesamt 24 Jungfrauen.

Alsdann erscheint die Königin, deren Gesicht leuchtet, als ginge die Sonne auf. *»Auf einem grünen Achmardi trug sie das Glück vom Paradies (war Wurzel und zugleich der Wuchs), es war ein Ding, das hieß Der Gral, der die Vollendung übertraf. Von der Der Gral sich tragen ließ, sie hieß Respanse de Schoye. Das Wesen dieses Grals war so: die das Recht hat, ihn zu hüten, muß von höchster Reinheit sein, muß frei von jedem Makel bleiben.«* Mit zwölf Fräulein der Prozession zu jeder Seite verfolgt sie, wie Kämmerer den versammelten Rittern Wasser aus goldenen Schüsseln und weiße Tücher darbieten, um sich die Hände zu waschen und zu trocknen. Hundert Tische für jeweils vier Männer sind aufgestellt. *»Wonach man auch die Hand ausstreckte, man fand es alles fertig vor: warme Speisen, kalte Speisen, neue Speisen, altbewährte, ... Der Gral war: Frucht der Seligkeit, Füllhorn aller Erdensüße, er reichte nah an das heran, was man vom Himmelreich erzählt ... Parzival nahm alles wahr: den Luxus und das große Wunder – er wahrte die Form und fragte nicht. Er dachte: ›Gurnemanz empfahl ... ich soll nicht viele Fragen stellen.‹«*

Ein Page mit einem Schwert in der Hand tritt hinzu. Der Gastgeber überreicht dieses Parzival und sagt, bevor Gott ihn verstümmelt habe, habe es ihm in vielen Ländern beigestanden. Der junge Ritter greift nach dem Schwert, und in diesem Augenblick hätte er die Frage stellen müssen. Doch er schweigt aus Angst, Unmut zu erregen.

Dann macht die Prozession wieder kehrt, und durch die geöffnete Tür erblickt Parzival einen alten Mann, dessen Haar »grauer ist als der Nebel«.

Parzival verabschiedet sich von seinem Gastgeber und zieht sich für die Nacht zurück. Auch hier wird er von vier Mädchen umsorgt, die ihm Früchte und Wein anbieten. Trotzdem schläft er schlecht: »Schweiß brach ihm aus Fleisch und Bein.« Die bösen Träume, die ihn bedrängen, versinnbildlichen die dunkle Nacht seiner Seele und eine Todeserfahrung mit der Gegenwelt. Doch noch ist der junge Held nicht dafür bereit.

Montségur, *französische Pyrenäen. Die Überreste der letzten Festung der häretischen Katharer in Südfrankreich. Der Legende nach gilt diese Ruine traditionell als die Gralsburg, auch deswegen, weil vier Katharer-Ritter auf geheimnisvolle Weise aus der belagerten Zitadelle entkommen konnten. Angeblich nahmen sie dabei den größten Schatz der Katharer mit – den Heiligen Gral.*

MONTSALVASCH

TREFFPUNKT DES HIMMELS UND DER ERDE ist die Gralsburg, die wir soeben gesehen haben, der Heilige Berg. Alle Tempel sind der Axis Mundi. Als Nabel der Welt galten wahlweise der indische Berg Meru, der Berg Sumeru im Ural, über dessen Gipfel der Polarstern steht, der buddhistische Berg Zinnalo, Tabor in Palästina sowie der Berg Golgatha, wo Adam erschaffen und begraben wurde und wo das Blut des gekreuzigten Christus auf Adams Schädel fällt und ihn erlöst.

Jeder dieser Berge ist der Treffpunkt von Himmel, Erde und Hölle. Dieser Mittelpunkt ist ein *Bereich heiliger und absoluter Realität*. Der Weg zu jedem Heiligen Berg, Jungbrunnen, Baum des Lebens oder Verwunschenen Schloß ist stets gefährlich und mit großen Mühen verbunden. Die Schwierigkeiten auf diesem Weg sind dieselben, denen der Suchende bei seiner Selbstfindung begegnet. Dieser dornenreiche Pfad versteht sich als Durchgangsritus vom Profanen zum Heiligen, vom Vergänglichen und Illusorischen zur Realität der Unendlichkeit, vom Tod zum Leben, vom Menschsein zur Göttlichkeit.

Dies wird insbesondere in der christianisierten Gralslegende deutlich, die nicht nur aus dem keltischen Hintergrund erwächst, sondern auch von einer heiligen, wenngleich heidnischen Tradition der Mauren abstammt. In dieser Version stellt das blutgefüllte Gefäß den Schoß dar, der Wiedergeburt und Reinkarnation ermöglicht.

Respanse de Schoye *(Joie)* war alles andere als die in Wolframs *Parzival* beschriebene keusche Jungfrau, sondern der alte (und ehrwürdige) Name einer Heiligen Hure. Die Gralsritter gehörten zum östlichen Orden der Templer, den Respanses Sohn Johannes gegründet hatte, und der Gralstempel lag traditionell in Montsalvasch in den spanischen Pyrenäen.

Der Tempel galt als Mikrokosmos des Universums, auf dem ein riesiger Rubin thronte, das mütterliche Herz der Welt, das die Heilige Rose genannt wurde. Diese Bilderwelt wurde wohl von den Rosenkreuzern erschaffen.

Der Tempel selbst wird ausführlich und detailliert beschrieben: Er hatte angeblich einen *»Durchmesser von einhundert Faden. Darum standen zweiundsiebzig Kapellen von achteckiger Gestalt. Je zwei Kapellen hatten einen Turm, sechs Stockwerke hoch, an dem außen eine Wendeltreppe hinaufführte.«*

Dann hören wir von der reichen Ausschmückung des Tempels, von dem Gewölbe aus blauem Saphir, einem Smaragdteller und *»dem Altar, der ebenfalls aus Saphir bestand«*. Im Inneren der Kuppel, die den Tempel krönte, waren Sonne und Mond aus Diamanten dargestellt, und Topas verstreute ein Licht, als sei es hellichter Tag in der Dunkelheit der Nacht. *»Die Fenster waren aus Kristall und Beryll, und der Boden aus durchsichtigem Kristall, unter dem alle Fische der Meere in Onyx geschnitten waren, als ob sie lebten. Die Türme bestanden aus Edelsteinen, mit Gold eingelegt; ihre Dächer waren aus Gold und blauem Email. Über jedem Turm ragte ein Kristallkreuz auf, und darauf ein Adler mit ausgebreiteten Schwingen, so daß er zu fliegen schien. Oben auf dem Hauptturm befand sich ein riesiger Karfunkel, der den Templern nachts wie ein Stern den Weg wies. In der Mitte des Baus, unter der großen Kuppel, stand eine kleine Nachbildung der Anlage, und darin wurde das heilige Gefäß aufbewahrt.«*

In diesem Bericht werden die Templer als Hüter des Grals genannt, die auf die Ankunft des *Mahdi* warten, des ersehnten Ritters. Er sollte das Paradies auf Erden wiederauferstehen lassen und der Ausbreitung des Wüsten Landes Einhalt gebieten. Hier begegnen wir wieder dem Weiblichen, das die tiefsten Schichten des Mythos durchzieht. Diesmal liegt der Ursprung nicht in den feuchten Ländern des keltischen Nordens, sondern in den heißen, trockenen Wüsten des mystischen Ostens.

Die Sehnsucht nach einem mythologischen oder literarischen weiblichen Prinzip wurde immer heftiger, je mehr es die Kirche mit ihrer männlichen Furcht vor der fruchtbaren Frau zu unterdrücken suchte. Das zeigt sich etwa darin, daß der Kult um die Jungfrau Maria enormen Zuspruch fand, auch wenn die Kirchenväter ihn gnadenlos verfolgten. Es ist also kein Wunder, daß die Menschen des Mittelalters Gott häufig als Verfolger und Maria als ihre Beschützerin betrachteten.

Der intensive Kontakt mit dem Osten und seinen fremdartigen Kulturen, der während der Kreuzzüge stattfand, beschränkte sich nicht nur auf einen regen kulturellen Austausch zwischen Christen und Sarazenen. Hier begegnete Europa auch zum ersten Mal der orientalischen Üppigkeit der christlichen Ostkirche. Diese Bilder- und Gedankenwelt trug ein revolutionäres Potential in sich, vor allem für jene Kulturkreise, die sich im Raum einer rein männlichen Hierarchie nach der Integration des Weiblichen in die Religion sehnten.

Burg der Kreuzritter, *Syrien. Angeblich besuchte Wolfram von Eschenbach die Templer im Heiligen Land und übernahm einige ihrer recht außergewöhnlichen Ideen. Zweck der riesigen Burgen war zwar, die Sarazenen abzuwehren, doch deren reiche Gedankenwelt durchdrang die massiven Mauern dennoch, und so kehrten viele Kreuzritter mit ausgesprochen häretischen Ansichten nach Europa zurück. Es ist gut möglich, daß Montsalvasch den exotischen christlichen Stützpunkten nachempfunden wurde, in denen häretische Gedanken blühten und gediehen.*

Der Wendepunkt

Taghell scheint die Sonne, als Parzival am nächsten Morgen erwacht und feststellt, daß die Burg leer ist. Er bewaffnet sich, nimmt das Schwert, das ihm sein Gastgeber am Abend zuvor überreicht hat, und bricht auf. Während er die Zugbrücke überquert, wird sie plötzlich hochgezogen, so daß sein Pferd fast zu Fall gebracht wird und die letzten Meter überspringen muß. Dann hört er jemanden von den Zinnen wüste Beschimpfungen gegen ihn ausstoßen, doch er kann den Rufer nicht erkennen.

In der Hoffnung, die Burggesellschaft bei der Jagd anzutreffen, reitet er seines Weges, doch statt dessen begegnet er seiner untröstlichen Cousine Sigune. Mittlerweile ist der Körper ihres Geliebten, den sie im Arm hält, balsamiert. Aber Parzival erkennt Sigune nicht, weil sie totenbleich ist, und auch sie erkennt ihn zunächst nicht.

Nun erzählt Sigune ihm vom Gralskönig Amfortas und seinem Bruder Trevrizent, der zum Ausgleich für Amfortas' Taten zum Eremiten wurde. Als sie an Parzivals Seite das Schwert Trebuchets hängen sieht, erklärt sie ihm, daß er damit zwei Waffen bei sich trägt. Er ist sowohl der Ritter des Schwerts als auch ein Ritter des Wortes, und die Waffe zerbricht, wenn er ihre Macht nicht ständig zu erneuern weiß. Parzival hat nämlich das spontane, intuitive und mitfühlende Wort verloren, das spirituelle Klarheit verschafft. Als Parzival auf Sigunes Frage hin zugeben muß, daß er es unterlassen hat, auf der Burg die bewußte Frage zu stellen, muß er sich auch von ihr beschimpfen lassen. Er bekundet seine Bußbereitschaft und verläßt die Jungfrau.

Von diesem Punkt an verläuft Parzivals Leben rückwärts, denn er muß nun all seine unverantwortlichen oder unbewußten Handlungen wiedergutmachen und jedes Ereignis, jede Begegnung, die er durchlebt hat, im Licht seines neuen Verständnisses begreifen. Als erstes trifft er zufällig auf die Tochter des Königs von Lac – dem Ort, an dem das Schwert, das er jetzt trägt, geschmiedet wurde. Es ist Jeschute, die Frau aus dem Zelt, in deren Gestalt Parzival zum ersten Mal der Welt begegnete. Seit diesem unglückseligen Tag ist sie zu einer traurigen Figur auf einem abgemagerten Klepper geworden, denn ihr Mann hat sie verstoßen. Parzival bietet ihr den purpurfarbenen Mantel an, den er vom Gralsträger erhalten hatte. Doch sie lehnt ab aus Angst vor ihrem Gemahl, der in diesem Augenblick den jungen Helden sieht. Hier erkennen wir nun die unbarmherzigen Verflechtungen, die das karmische Schicksal bestimmen. Denn Orilus, der Ehemann, ist mit eben der Lanze bewaffnet, die Ither gehörte, dem Roten Ritter, den Parzival tötete. Nun richtet sich die Lanze des Toten gegen ihn. Der Helm, den Orilus trägt, wurde von Trebuchet geschmiedet, dessen Schwert Parzival nun führt. Parzival muß also gegen die Waffen kämpfen, die aus seinen vergangenen Fehlern hervorgegangen sind. Orilus' furchteinflößende Rüstung ist mit Drachen verziert, und der Dichter erzählt uns: *»Der Preis gebührt hier Parzival: der wehrte sich dort mutig gegen einen Mann und hundert Drachen!«* Schließlich besiegt Parzival Orilus und legt den Unfrieden bei, den er unwissentlich verursacht hatte, indem er Orilus mit Jeschute aussöhnt und die beiden zu Artus schickt mit dem Auftrag, Kunneware von ihm zu grüßen. Keiner der drei ahnt, daß Kunneware die Schwester von Orilus ist, und somit bereitet Parzival noch mehr Freude als erwartet.

Um Jeschutes Unschuld zu beschwören, sucht Parzival Trevrizents Klause auf. Am Altar des Eremiten lehnt eine bunte Lanze, die Wolfram mit dem Planeten Saturn und seinen vielfarbigen Ringen vergleicht. Geistesabwesend nimmt Parzival die Lanze des Vergessens mit.

Orilus und Jeschute reisen zu Artus' Hof, wo Orilus seine Schwester Kunneware vorfindet. Sie bewacht eine Quelle und erweist sich damit unerwarteterweise als eine Jungfrau der Quellen. Auf dem Brunnen ist das Abbild einer Schlange zu sehen, die einen Apfel in den Zähnen hält. Darüber schwebt ein Drache, an dem Orilus seine Schwester erkennt, denn sein Schild trägt das gleiche Emblem. Zum krönenden Abschluß der Szene stellt sich heraus, daß die Quelle dieselbe ist, die Parzivals Gralsschwert zusammenschweißen wird; und die Dame, die er geehrt hat, ist die Hüterin der Quelle.

Fahrender Ritter *von J. Everett Millais, 1870.*

Der Falke

Auch wenn es Mai ist, hat es dennoch geschneit. Am Abend zuvor haben Artus' Jäger einen Falken verloren. Der Vogel und Parzival haben die Nacht gemeinsam im Freien verbracht; nun frieren sie in der Morgenkälte. Der Falke verfolgt eine Schar Gänse und verletzt eine. Sie entkommt zwar, aber von der Wunde fallen drei Blutstropfen in den Schnee. Wir kennen bereits den Symbolismus der keltischen und der christlichen Gralsgeschichte, doch hier kommt durch Parzival eine weitere Dimension hinzu: Häufig spiegeln sich Vorgänge seines Inneren in einem äußeren Ereignis wider. Der Knappe, der die Zugbrücke der Gralsburg hochzog, hatte ihn als *»Gänserich!«* tituliert. Jetzt sieht Parzival eine Gans, die verwundet ist – ebenso wie er verwundet ist, weil er nicht seiner inneren Bestimmung gemäß gelebt hat.

Nachdem er so lange nach den Normen anderer gehandelt hat, sucht Parzival in sich die eine spontane Geste, die seinem eigenen Wesen entspricht. Bei Condwiramurs hat er eine natürliche spontane Liebe gefunden, denn bei ihr ist er seinen innersten Gefühlen treu. Beim Anblick der drei roten Tropfen im weißen Schnee muß er an seine Gemahlin denken und verfällt in Verzückung: *»Dann erschien ihr liebliches Gesicht vor ihm wie in jener ersten Nacht, als sie an seine Seite kam, als auf jeder Wange eine Träne glitzerte und eine dritte ihr über das Kinn rann.«*

Unweit von dieser Stelle lagert Artus mit seinem Gefolge, da er aber die Gralsburg in der Nähe wähnt, verbietet er seinen Rittern, das Schwert zu zücken, denn sie könnten dabei gegen einen der Gralshüter kämpfen. Ein Knappe sieht Parzival mit erhobener bunter Lanze auf dem Pferd sitzen und glaubt, einen streitbaren Ritter vor sich zu haben. Er läuft zu Segramors, der wiederum Artus und seine Königin weckt und um Erlaubnis bittet, den unbekannten Ritter zum Kampf herauszufordern. Anfangs weigert sich Artus, aber die Königin drängt ihn, der Bitte stattzugeben. Also reitet Segramors angriffslustig auf Parzival los und zwingt ihn, sein Pferd zu wenden, so daß Parzival das Blut im Schnee nicht mehr sieht. Im ritterlichen Zweikampf, der daraufhin entbrennt, wirft Parzival den Ritter aus dem Sattel, wendet sich aber sofort wieder verzückt den Blutstropfen zu.

Nun bittet Keye, der Seneschall am Artushof, gegen den unbekannten Reiter kämpfen zu dürfen. Er wird ebenfalls vom Pferd geworfen und bricht sich dabei den rechten Arm und das linke Bein. Doch auch sein Sturz hindert Parzival nicht daran, wieder in Trance zu verfallen.

Schließlich reitet Gawan aus, um es mit diesem unübertrefflichen Ritter aufzunehmen. Doch der *»Falke des Mai«* gilt nicht umsonst als Ritter der Damen. Sofort erkennt er, daß sein Gegner alle Anzeichen einer Liebesentrückung aufweist: *»Und wenn der Mann im Bann der Liebe ist – wie ich es damals war? Und weil er liebt, ist all sein Denken von der Liebesmacht besiegt?«* Deswegen greift er nicht an, sondern wirft einen Mantel aus syrischer Seide über das Blut. Sofort ist der Bann gebrochen. Gawan erklärt Parzival, was vorge-

fallen ist, und erzählt, daß er sowohl mit Segramors als auch mit Keye gekämpft und die beiden besiegt hat, so daß Kunneware nun gerächt ist.

Einträchtig wie Zwillingsbrüder reiten Parzival und Gawan an Artus' Hof zurück, wo Parzival offiziell in die ritterliche Gemeinschaft der Tafelrunde aufgenommen wird. Die beiden Helden nehmen an einem Festgelage teil, und Parzival läuft Gefahr, sich im Leben eines weltlichen Ritters der Tafelrunde zu verlieren. Doch sowohl Parzival als auch Gawan erwartet ein höheres Schicksal, und es ist ein seltsames und unerfreuliches Erlebnis, das sie wieder in die Ferne treibt.

Falken. *Details aus Zeichnungen von Audobon, 1838.*

Die Wege trennen sich

Parzival wird an Artus' Hof gefeiert. Doch mitten in das Fest platzt eine Frau auf einem Maultier herein; ihr Gesicht hat eine Hundeschnauze und ist mit Eberhauern verunstaltet. Die häßliche Alte verflucht Parzival als einen Verräter. Wir wissen bereits, daß ihre Aufgabe darin besteht, dem Helden einen Anstoß zu geben, damit er dem höfischen Leben den Rücken kehrt und seinem Schicksal folgt. Denn vor dem Erscheinen Kundries, der Gralsbotin, stand Parzival kurz davor, ein ritterliches Leben aufzunehmen. Dann verheißt die Zauberin den übrigen Rittern, daß im Wunderschloß – wo vier Königinnen und 400 Damen gefangen sind – Abenteuer auf sie warten, bevor sie tieftraurig und ohne Abschied den Artushof verläßt.

Während Kundrie davonzieht und die Hofgesellschaft bestürzt zurückläßt, erscheint der Ritter Kingrimursel. Er beschuldigt Gawan, seinen Herren schamlos ermordet zu haben. Offenbar ist der Vorwurf unbegründet, aber Gawan willigt ein, seinen Namen in einem Kampf reinzuwaschen. Die beiden vereinbaren, sich in vierzig Tagen in der Stadt Schanpfanzun zu treffen, um Gawans Schuld oder Unschuld festzustellen.

Nun sind die Zwillingshelden beide verflucht, denn sie versinnbildlichen die zwei unterschiedlichen Seiten der menschlichen Natur: Der eine strebt nach dem spirituellen Gral, während der andere der Liebe folgt. Der eine findet die Gralsburg, der andere das Wunderschloß.

Trotzdem hat Parzival zumindest einen Teil seiner früheren Vergehen wiedergutgemacht. Orilus und Jeschute sind versöhnt, und der Herzog hat seine Schwester gefunden. Clamide, der so hartnäckig um Condwiramurs warb, findet Kunneware nun noch reizvoller, und damit ist Parzival seiner Aufgabe enthoben, sie zu beschützen. Außerdem erfährt er von dem Heiden Eckuba, daß er einen Halbbruder namens Feirefiz hat.

Gawan verabschiedet sich von Parzival mit den Worten: *»Gott beschenke dich mit Glück«*, worauf Parzival erwidert: *»Ach, Gott, was ist denn das!«* Der Kreis der Erzählung hat sich geschlossen. Parzival ist zu seiner Frage *»Ach Mutter, ›Gott‹, was ist denn das?«* zurückgekehrt, die er stellte, als er einen Vogel tötete und zum ersten Mal die Konsequenzen seines Tuns erkannte. Aber nun sagt er diese Worte, weil er gesehen hat, wohin es führt, wenn man Verantwortung übernimmt. Er hat seine früheren Fehler wettgemacht, wird dafür aber nicht belohnt, sondern verflucht, und er hat das Gefühl, gescheitert zu sein.

»Seit ich von Seiner Gnade weiß,
bin ich Ihm im Dienst ergeben –
ich künde Ihm den Dienst nun auf!
Haßt Er mich, so nehm ich's hin!«

Auf seiner Suche durchlebt Parzival einen Entwicklungsprozeß, der sich in drei Stadien vollzieht. Das erste war die Unschuld, das fraglose Hinnehmen dessen, was andere ihm sagten. Diese Phase stellte seine Kindheit dar. Nun tritt er in das zweite Stadium ein: Zweifel. Er rebelliert gegen alles, was ihm gesagt wurde. Das ist seine jugendliche Entwicklungszeit. Die dritte, reife Phase kommt erst später.

In seinen Abschiedsworten an Gawan verleiht er seinem Zweifel an Gott noch einmal Ausdruck, indem er ihm rät, nicht auf diesen zu vertrauen, wenn er in den Kampf zieht, sondern sich unter den Schutz der Liebe einer edlen Frau zu begeben:

»Mein Freund, steht dir ein Kampf bevor,
so fechte eine Frau ihn aus,
für dich, und leite deine Hand;
bei der du weißt, daß sie die Reinheit,
die Güte einer Frau besitzt –
deren Liebe sei dein Schutz.«

Gegenüberliegende Seite: **Der Ritterschlag.** *E.B. Leighton, England, 19.Jh.*

Königin auf dem Schachbrett

***Oben:* Abhandlung über Schach**. *Abbildung aus einem Buch von Alfonso dem Weisen, um 1283. Das indische Schachspiel erreichte den Nahen Osten kurz vor dem Islam. Offenbar war Schach im 11. Jh. in Europa weit verbreitet. Über die Höfe Nordspaniens, wo die Damen Schach spielten und musizierten, fand die arabische Kultur Eingang nach Südeuropa.*

NUN FOLGEN WIR PARZIVALS anderer Hälfte, nämlich dem edlen Ritter Gawan. In vieler Hinsicht verlaufen dessen Abenteuer parallel zu denen seines Zwillingsaspekts, und gleichzeitig wird er Parzival bei den unterschiedlichsten Gelegenheiten immer wieder begegnen. Diese Szenen erinnern an einen Spiegelsaal, in dem die beiden Ritter plötzlich mit ihrem eigenen Spiegelbild oder mit dem des anderen konfrontiert werden.

Die erste Begegnung im Spiegel findet statt, als Gawan gegen das Heer von Meljakanz reitet, der die Burg eines Königs und dessen zwei Töchter belagert. Meljakanz will die Ältere gewaltsam für sich gewinnen, und Gawan kämpft in den Farben der jüngeren Tochter an des Königs Statt. In dieser Schlacht stehen Parzival und Gawan auf entgegengesetzten Seiten des Spiegels, doch in letzter Minute erkennt Gawan den Roten Ritter, und durch seine und Parzivals Fürsprache wird die Angelegenheit beigelegt.

Beim nächsten Abenteuer kommt Gawan unerkannt in Schanpfanzun an, wo er sich Kingrimursel stellen muß. Der König bietet ihm Unterkunft an und versichert, seine Schwester werde sich um ihn kümmern. Diese Aussicht erfreut Gawan ebenso wie die fragliche Dame. Als ein alter Ritter die beiden sieht, erkennt er Gawan und verflucht ihn als Mörder seines Herrn. Das Paar muß sich mit einem riesigen Schachspiel gegen die wütenden Stadtbewohner verteidigen.

Schließlich kommt Kingrimursel zu ihrer Rettung, denn er hat Gawan sicheres Geleit zugesagt. Die Lage klärt sich, und Gawan willigt ein, sich auf die Gralssuche zu begeben – eine Aufgabe, die dem König auferlegt wurde –, und ein Jahr zu warten, bis er seinen Kampf mit Kingrimursel ausficht.

Wir kehren zu Parzival zurück, der mittlerweile jahrelang Abenteuer überstanden hat. Es ist Karfreitag, aber er ist sich dessen nicht bewußt. Einige Gläubige sind entsetzt, ihn an diesem heiligen Tag in Rüstung zu sehen. Als Parzival dies erkennt, sucht er Trevrizents Klause auf.

Nun hören wir auch von Kyot und Flegetanis und erfahren, daß die neutralen Engel den Gral auf der Erde zurückgelassen haben. Und hier erzählt uns Wolfram, was er als das wahre Wesen des Grals erachtet.

Der Eremit teilt Parzival mit, daß viele Templeisen beim Gral in Montsalvasch weilen und kraft eines Steins mit dem Namen *lapis exilis* leben. Durch die Macht des Steins wird der Phoenix verbrannt, ersteht aber aus der Asche noch strahlender zu neuem Leben. Dieser Stein nährt, heilt und bringt die Jugend zurück. An Karfreitag steigt eine Taube vom Himmel herab und legt eine

Hostie auf den Stein, von der er seine Kraft bezieht, all das hervorzubringen, was auf der Erde gedeiht. Ursprünglich waren die neutralen Engel die Hüter des Steins, übergaben ihn aber an die Ritter, deren Namen kurz am Rand des Steins erscheinen und wieder verschwinden.

Wolframs Begeisterung für die Wunder des Orients erstreckte sich zweifellos auch auf die bekannte Legende von Alexander dem Großen und dem Paradies auf Erden. In dieser Geschichte kann der Stein, der dem Kriegsherrn vom Tor zum irdischen Paradies geschickt wurde, »*den Alten wieder Jugend schenken*«. Er leuchtete mit einem seltenen Glanz und hatte große Ähnlichkeit mit einem menschlichen Auge. Dabei wog er weitaus mehr, als jede Waage an Gold zu wiegen vermochte, und war doch federleicht, sobald man ihn mit Staub bedeckte. Dies symbolisiert die unersättliche Gier des Menschen nach Reichtum. Wenn das Auge mit Staub verschlossen wird, erlischt die Gier. Diese Botschaft des *lapis exilis* entging Alexander nicht, und angeblich gab er von diesem Augenblick an seinen Plan auf, die Welt zu erobern.

Eine weitere Erklärung besagt, daß *lapis exilis* von *lapis exilii* kommt, was soviel heißt wie der Stein des Todes. Der Dichter beschreibt, wie der Phoenix auf diesem Stein in Flammen aufgeht, zu Asche verbrennt und dann verjüngt wiederersteht. Das verweist auf die alchemistische Umwandlung und Wiedergeburt, die viele als den Stein der Weisen begreifen. Es hieß, Alexander habe im Fernen Osten einen Phoenix gesehen, und ein Großteil von Wolframs Bilderwelt geht auf die Kontakte des Westens mit dem Orient zurück, die durch die Kreuzzüge entstanden waren.

Links: **Phoenix**, *englische Darstellung aus dem 12. Jh. Dieser mythische Vogel, der angeblich in Flammen aufgeht, zu Asche verbrennt und danach wiedergeboren wird, weist auf die alchemistische Umwandlung und Wiedergeburt, die mit dem Stein der Weisen verbunden wurden. In der christlichen Ikonographie und der mittelalterlichen Tiersymbolik wird er als Metapher für die Auferstehung Christi verwendet.*

Die Gralshüter

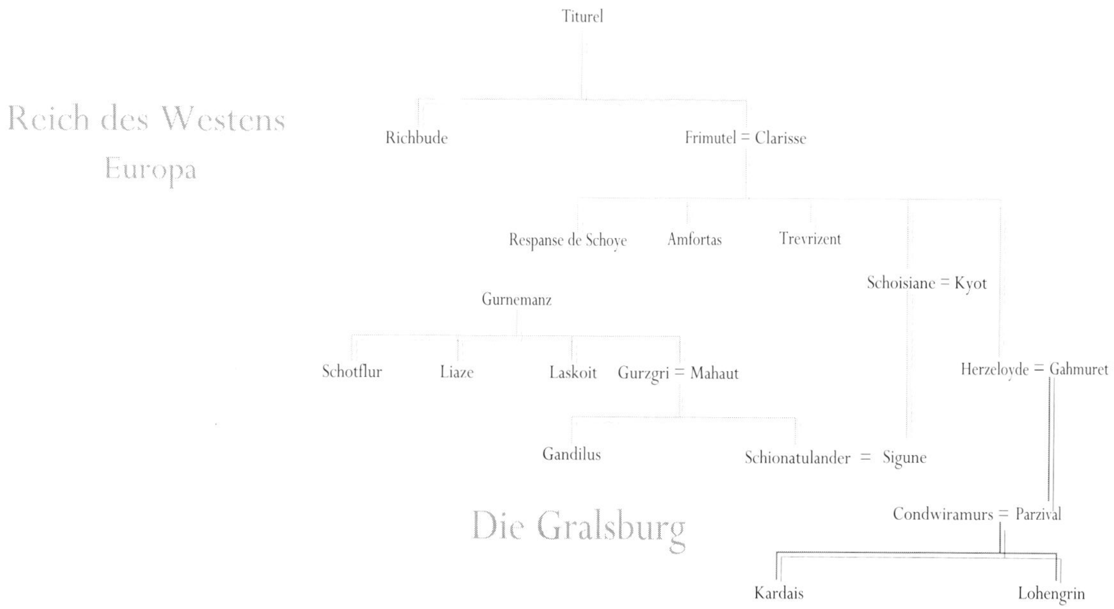

Die zwei Familien

Manche Kommentatoren behaupten, Wolframs *Parzival* enthalte eine verborgene, geheime astrologische und alchemistische Beschreibung des Vorgangs, mit dem ein Mensch von der minderwertigen Körperlichkeit zu immer lichteren und höheren Formen des Geistigen verwandelt wird. Zweifellos hat das Werk einen alchemistisch-spirituellen Kern, der für seine Zeit einzigartig ist. Auch der Eremit Trevrizent scheint eher ein Alchemist als ein Geistlicher zu sein. Zum einen ist er weder ein geweihter Priester noch Mönch, sondern lediglich ein Laie, der keinerlei Verbindung zur Kirche hat. Er ist der Bruder des Gralskönigs und war früher ein königlicher Ritter, der in der irdischen Welt aufging. Dann aber gab er dieses Leben auf, um sich auf die Suche nach dem Göttlichen zu machen, und zwar allein, ohne Vermittlung eines Geistlichen.

Durch Trevrizents Worte werden Parzival die Kräfte der Erneuerung bewußt, und er erkennt die wahre Stellung des Menschen in Natur und Zeit. Das höchste Fest des Jahres ist Ostern, an dem die christliche ebenso wie die heidnische Erneuerung des Jahres durch den Tod des Erretters und Königs begangen wird. Dadurch kommt es im Reich zu einem neuen Frühling. Parzival muß lernen, wie die Sonne, der Mond und die Sterne auf die vegetativen irdischen Vorgänge einwirken. Außerdem muß er begreifen, daß die Gralsfamilie den Gral und alles, was er darstellt, von einem Zyklus zum nächsten, von einer Jahreszeit zur anderen trägt.

Nun erfahren wir, daß der Gralskönig Amfortas sich eine Frau erwählte, die ihn nicht vom Gral ernährte. Sie hieß Orgeluse, und wir werden sie später kennenlernen, wenn wir zu Gawan zurückkehren.

Eines Tages kämpfte Amfortas gegen den im Paradies geborenen Heiden Ethnise, der mit seiner Lanze das Geschlecht des Königs durchbohrte. Da die Lanzenspitze vergiftet war, konnte der König nicht geheilt werden. Aber der Gral erhielt ihn am Leben, jedoch unter größter Pein. Nur eines kann ihn heilen, nämlich ein Ritter, der die bewußte Frage stellt.

Die Söhne Kains

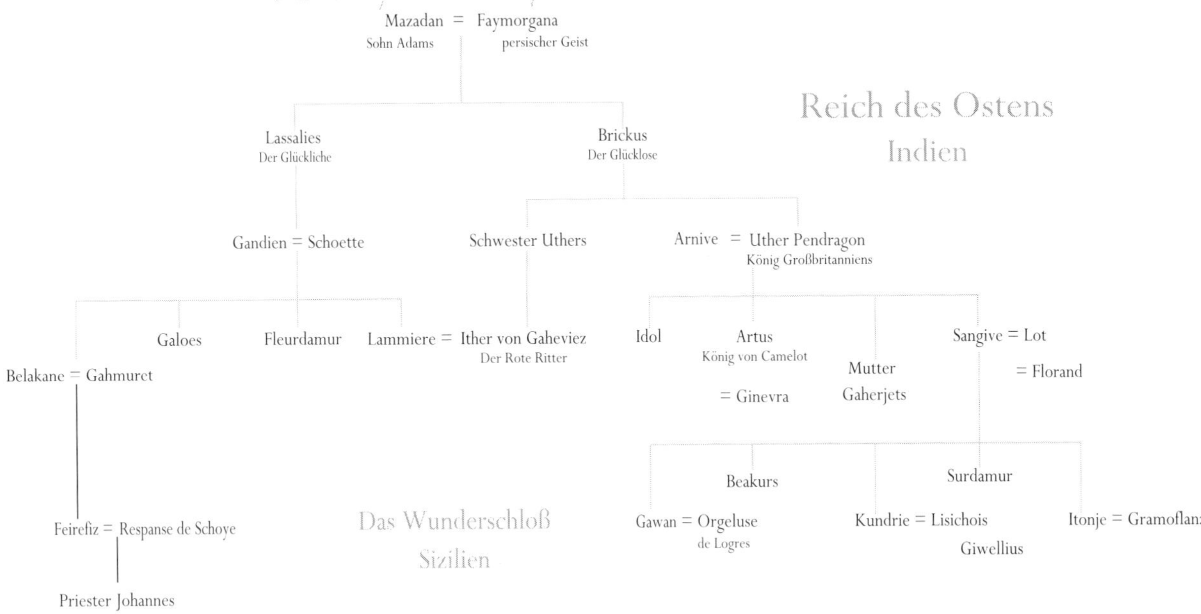

Im Verlauf der zwei Wochen, die Parzival bei Trevrizent verbringt, erfährt er, daß er viereinhalb Jahre lang umhergezogen ist, seitdem er in der Einsiedelei Jeschutes Unschuld beschwor und die Lanze Trojas mitnahm.

Dann kehrt Wolfram zu einem fast keltischen Thema zurück: Der Eremit erzählt Parzival, daß Adam und Eva in dem Augenblick entstanden, als Luzifer in die Hölle stürzte. Ihr inneres Wesen war also eng mit dem Aufstand Satans verbunden. Die Sünde Kains, ihres Sohnes, bestand darin, daß er der Erde ihre Jungfräulichkeit raubte, indem er das Blut seines Bruders vergoß. Kain versündigte sich an der Erde, blieb ihr aber verbunden, und irgendwann muß er sie erlösen. Der Eremit erzählt wie er dies von den Sybillen erfuhr, und er berichtet, daß diese Erlösung nur durch wahre göttliche Liebe bewirkt werden kann. Dies ist die einzige Stelle im *Parzival*, in der die alte Legende vom Raub der Göttin durchscheint. Doch sie ist bedeutsam.

Parzival gesteht, daß zwei Dinge ihm Gram bereiten. Sein größter Kummer ist die endlose, fruchtlose Suche nach der Gralsburg und seine Unfähigkeit, den Fischerkönig zu heilen. Außerdem belastet ihn die Trennung von seiner Frau Condwiramurs, nach der er Sehnsucht hat.

Das ganze Werk hindurch verzichtet Wolfram auf kirchlichen Prunk und Rituale, und das zeigt sich nirgends deutlicher als in dem zentralen Kapitel über Trevrizent. Der Heilige ist ein selbsternannter Eremit, der ein Gleichgewicht zu den Handlungen seines Bruders herstellen will. Parzivals Fehler bestehen für ihn darin, daß er verantwortungslos seinen Verwandten Ither von Gaheviez tötete (was Kains Mord an Abel entspricht), gedankenlos den Tod seiner Mutter herbeiführte und es unterließ, die mitfühlende Frage zu stellen. Zwei Wochen verbringt Parzival mit seinem Onkel im geistigen Gespräch, bis Trevrizent ihn von seinen Sünden freispricht.

Das Schloss der Wunder

Wir kehren nun zu Gawans Abenteuern zurück. Hier deckt sich Wolframs Erzählung praktisch mit Chrétiens Version. Daher sollen die Ereignisse hier nur kurz zusammengefaßt werden. Gawan begegnet Orgeluse de Logrois (Logres), die ihm beibringt, daß ein Mann sich höfische Liebe durch beharrliches Umwerben und wagemutige Taten verdienen muß. Als der Held sich schließlich mit ihrem provokanten Hohn abfindet und ihrer Liebe zumindest teilweise für würdig befunden wird, erzählt sie ihm, daß sie indirekt für Amfortas' Wunde verantwortlich ist. Sie gesteht, daß Parzival ihre Liebe verschmähte und Condwiramurs und seiner Suche nach dem Gral treu blieb. Das heißt, daß sie einmal mehr versucht hatte, den künftigen Gralskönig zu verführen; Parzival aber vermied diesen Fehler. Doch Gawan kann durch sie nicht in Schwierigkeiten geraten, denn er sucht nicht den Gral, sondern die Liebe.

Gawan erreicht das Schloß der Wunder, das in Sizilien liegt. Er besteht das Abenteuer mit dem Zauberbett und tötet den Löwen, der ihn angreift. Als der Spuk ein Ende findet, begegnet er den vier Königinnen.

In der Mitte dieses magischen Schlosses findet Gawan – eine Parallele zum Gral auf der Burg des Fischerkönigs – eine wundersame Säule, deren Licht sechs Meilen weit leuchtet. Alles, was in diesem Umkreis passiert, ist von diesem Punkt aus zu sehen. Einst gehörte sie Gahmurs Gemahlin Sekundille, doch dann wurde sie vom Zauberer Klingsor gestohlen.

Selbst nachdem Gawan alle Aufgaben erfüllt hat und Herr des Wunderschlosses ist, muß er noch eine Probe bestehen und den Turkowiten bezwingen, der bei Orgeluse ist. Dann stellt sie ihn vor eine weitere Aufgabe: Er soll den gefährlichen Abgrund überspringen und einen Zweig vom Baum der Tugend pflücken, der vom Ritter Gramoflanz bewacht wird. Dieser hat Orgeluses ersten Gatten erschlagen, weil er sie an seiner Statt heiraten wollte. Aber sie verweigerte ihm ihre Hand, und mittlerweile ist er in Itonje verliebt, Gawans Schwester. Gramoflanz hat daraufhin Rache an Gawan geschworen, weil König Lot, Gawans Vater, seinen Vater tötete. Gawan gibt sich Gramoflanz zu erkennen, und sie beschließen, in sechzehn Tagen im ritterlichen Turnier gegeneinander anzutreten.

Kaum ist Gawan mit dem Zweig zu Orgeluse zurückgesprungen, da legt sie ein völlig anderes Verhalten an den Tag. Zuerst erzählt sie ihm von ihrem ersten Gemahl Eidegast und dann von Amfortas, der Eidegasts Tod wegen seiner Verletzung nicht rächen konnte.

Gawan bittet Orgeluse, seinen Namen zu verschweigen, und kehrt als Schloßherr zum Wunderschloß zurück. Heimlich lädt er König Artus durch einen Boten zum Duell mit Gramoflanz ein, denn er möchte sowohl Artus als auch dessen Mutter, Königin Arnive, eine Überraschung bereiten.

Bei seiner Ankunft ist Artus überglücklich, seine Mutter wiederzusehen. Unerkannt trifft auch Parzival ein, geschmückt mit einem Kranz vom Baum der Tugend. Gawan glaubt, Gramoflanz vor sich zu haben, und greift ihn mit voller Wucht an. Doch er ist noch angeschlagen vom Kampf mit dem Löwen und zieht den kürzeren.

Als sein Knappe seinen Namen ruft, erkennt Parzival mit Schrecken, gegen wen er gekämpft hat, und zerstreut jeden Zweifel darüber, daß sie beide die Zwillingsaspekte einer Ganzheit sind:

»Ich hab hier mit dem edlen Gawan wahrhaftig einen Kampf geführt. So habe ich mich besiegt; das Unglück harrte meiner hier.« Darauf erwidert der blutüberströmte Gawan trübsinnig: *»So hast du dich hier selbst besiegt.«*

Im Namen Gawans kämpft Parzival gegen Gramoflanz und besiegt ihn mühelos. Nach vielen Verwirrungen werden alle Parteien unter Artus' Führung vereint. Gramoflanz heiratet Itonje, und Gawan heiratet Orgeluse.

Parzival jedoch reitet inmitten der Feierlichkeiten heimlich ab, seinem letzten Kampf entgegen – dem mit seinem Halbbruder Feirefiz.

SCHWARZ TRIFFT WEISS

PARZIVAL ERKENNT SEINEN HEIDNISCHEN BRUDER, den Anführer von fünfundzwanzig Heeren, nicht. Diese Zahl spiegelt die fünfundzwanzig Gralsjungfrauen wider sowie die fünfundzwanzig Kerzen, die vor dem Gralsaltar stehen. Der Bruderkampf ist eine Wiederholung des unglückseligen Gefechts zwischen Amfortas und dem heidnischen Ritter, der diesem die entsetzliche Verletzung zufügte. Doch diesmal ist der Ausgang ein völlig anderer.

Feirefiz reitet herbei, prachtvoll in seiner Rüstung, über deren Helm Ecidemon schwebt. Dieser Engel des Menschen scheint derart mit dem Träger vereint, daß das strahlende höhere Wesen sichtbar ist.

Der Kampf ist der schwierigste, den die beiden je bestehen mußten. Viele Kommentatoren haben erklärt, daß Feirefiz' schützende Rüstung ihre Macht aus dem unterirdischen Willen beziehe, während Parzival Kraft aus dem Überirdischen schöpfe – er hat seinen Gotteszweifel besiegt. Das bedeutet, daß die drei Seiten des Menschen verkörpert werden durch Parzival als den Kopf, Gawan als das Herz und Feirefiz als die Zeugungskraft und den Willen der Natur. Parzival mit seinen saturnischen Eigenschaften ist treu und beständig; Feirefiz nennt als seine Götter Juno und Jupiter, und Gawan versinnbildlicht die heilende Seite des Mars.

Der christliche und der heidnische Ritter sind gleichwertige Gegner. Parzival wird in die Knie gezwungen, aber Condwiramurs hört seinen Schlachtruf »Belrapier« über vier Königreiche hinweg und schickt ihm die Kraft, einen gewaltigen Schlag auszuteilen, der Feirefiz in die Knie zwingt. Doch dabei bricht das Schwert, und Parzival ist nun unbewaffnet und damit wehrlos. Großmütig wirft auch Feirefiz sein Schwert fort und gesteht Parzival, daß er sich geschlagen gegeben hätte, wenn dessen Schwert nicht zerbrochen wäre. Während sie sich unterhalten, erkennen sie daß sie beide denselben Vater haben. Nun beschreibt Feirefiz die vielen Facetten eines Menschen: »*Ich ritt zum Zweikampf mit mir selbst, mich selber hätt ich gern erschlagen ... Deine Macht erwies uns Hilfe, indem sie uns vorm Tod beschützte.*«

Die beiden Ritter empfinden sich nun als Einheit, so, als hätte ihnen vordem etwas Wesentliches gefehlt. Gawan heißt die beiden im Schloß der Wunder willkommen. Am nächsten Tag, als sie an Artus' Tafelrunde sitzen, erscheint wieder die Gralsbotin Kundrie. Diesmal fällt sie Parzival zu Füßen und bittet ihn um Verzeihung. Sie sagt

Ganz links: **Ritter**, *Manessische Liederhandschrift, 14. Jh. Diese Darstellung zeigt angeblich Wolfram von Eschenbach, wie er zu seiner Reise zu den Templern im Heiligen Land aufbricht.*
Mitte: **Helm** *aus dem 14. Jh.*
Rechts: **Ritter**. *Aquamanile aus Bronze, 13. Jh.*

ihm voraus, daß seine Suche nun ein Ende hat, und klärt ihn über das Schicksal seiner Gattin Condwiramurs auf:

»Freue dich demütigen Herzens,
denn die Krone alles Irdischen
ist nun dein.
So steht es in der Inschrift:
Der Gral begrüßt dich als König,
und deine Gattin Condwiramurs
soll in dein Reich einziehen.
Sie ist mit dir zum Gral berufen,
und auch dein Sohn Lohengrin.
Denn als du ihr Reich verlassen hattest,
hat sie dir zwei Söhne geschenkt.
Und Kardais bekommt mit diesem Königreich
einen überreichen Besitz.«

Dann bietet sie Parzival an, ihn zur Gralsburg zu begleiten, damit er den König heile. Einen Gefährten darf er mitnehmen, und natürlich wählt er Feirefiz.

Der grosse Plan

Tierkreis und Astrologie, Alchemie, und Kabbala sowie die neuen spirituellen Gedanken des Ostens sind neue esoterische Bereiche, auf die sich zahlreiche Anspielungen in Wolframs *Parzival* finden. Damit verkörpert er den Inbegriff des mittelalterlichen Menschen, der sich mit den neuen Grenzbereichen des Wissens beschäftigte. Die Wende zum 13. Jahrhundert war von außergewöhnlichem Wissensdurst geprägt und kündigte eine Zeit an, in der der Geist neue Wege und Erkenntnisse suchte. Parzival versinnbildlicht die Suche des mittelalterlichen Menschen nach einem höheren Wissen oder einer Erfahrung, die dem Leben Sinn geben konnte – wozu die Kirche offenbar nicht fähig war. Wolframs Interesse gilt vor allem der Astrologie; er streut in sein Abenteuerepos zahlreiche Verweise auf den Tierkreis ein und führt den Leser dabei von einer Konstellation zur nächsten. Dabei wird die geniale Struktur seines Werks deutlich: Jede Episode entspricht den Einflüssen, die einem bestimmten Sternzeichen zugeordnet werden. Wir erleben also, wie der Sonnenheld den Tierkreis durchläuft, und erfahren die Einflüsse der Zeichen oder Planetenkonstellationen, in denen er sich jeweils bewegt.

Das Werk beginnt im Zeichen der Zwillinge mit der Doppelhochzeit Gahmurets mit der Königin des Ostens und der Herrin des Westens und der Geburt der beiden Helden Parzival und Feirefiz. Als ob Wolfram dieses Doppelthema noch betonen wollte, handeln die ersten Zeilen von den Kräften des Guten und des Bösen, des Himmels und der Hölle, dargestellt im Bild der Elster.

Auf Parzivals Weg von unbewußter Unschuld über Zweifel zu beginnender Bewußtheit wird das Zeichen der Zwillinge häufig wiederholt und mehrfach abgehandelt. Als Parzival und Gawan sich auf ihre Suche begeben, erreicht der Held den zweiten Zyklus, und natürlich endet das Epos damit, daß Parzival seinem leiblichen Bruder Feirefiz begegnet.

Zwar ist die Astrologie die wahre, wenn auch nahezu verborgene Kraft innerhalb des Textes, aber Wolfram ist auch fasziniert von dem zyklischen Wesen der Natur. Man kann sein Werk auch als die Zweige des kabbalistischen Lebensbaumes begreifen, als die zweiundzwanzig Stadien der Alchemisten auf der Suche nach dem Stein der Weisen oder als die zweiundzwanzig Großen Arkana des Tarot, die unter geheimnisvollen Umständen zu Wolframs Lebzeiten auftauchten. Doch letztlich besteht die Aufgabe Parzivals und des Lesers darin, das Wesen des Makro- und des Mikrokosmos zu begreifen. Wolfram will uns unsere Stellung innerhalb des großen Plans der Dinge verdeutlichen, und wir sollen begreifen, daß nur derjenige Gralskönig werden kann, der all seine Kraft in den Dienst des Ganzen stellt. Damit all diese Naturgesetze walten können, muß das Individuum sich selbst zurücknehmen.

Oben: Tierkreis. *Abbildung aus dem 9. Jh. Die zwölf Zeichen des westlichen Tierkreises, die die Sonne umkreisen, symbolisieren den Weg, den der Sonnenheld Parzival beschreitet und der im Zeichen des Zwillings mit der Doppelhochzeit Gahmurets beginnt.*

2
Der Suchende
Parzival

4
Die Dualitäten
Condwiramurs & Parzival

11
Die Prüfung
Die Gralsbegegnung

13
Rot Weiß Schwarz
Blutstropfen im Schnee

22
Stein der Weisen
Das wiederhergestellte Paradies

0
Der Narr
Der junge Parzival

6
Die Liebenden
Condwiramurs & Parzival

9
Der Eremit
Trevrizent

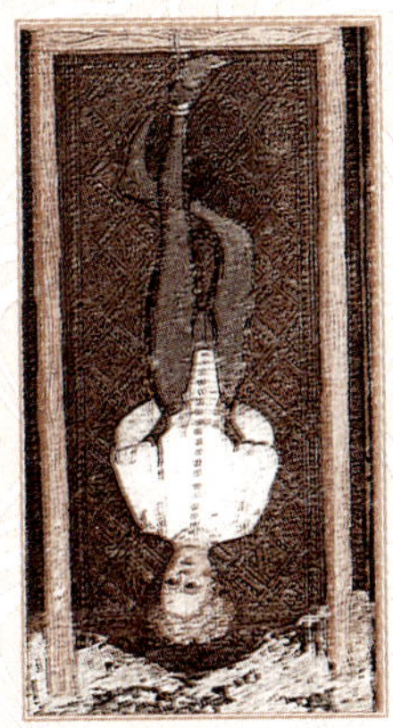

12
Der Erhängte
Der Fischerkönig

21
Die Welt
Das wiederhergestellte Paradies

»Dies sind die vier Weiten des Universums,
Und der Edle ist einer von ihnen:
Der Mensch folgt dem Weg der Erde,
Die Erde folgt dem Weg des Himmels,
Der Himmel folgt dem Weg des Lebens,
Bis der Kreis sich schließt.«
Der chinesische Weise des Tao, Lao Tse

***Oben:* Splendor Solis**. *Fünf der 22 alchemistischen Stadien bei der Suche nach dem Stein der Weisen aus einem Manuskript von Salomon Trismosin, 16. Jh. In den 22 Großen Arkana des* **Tarot** *finden sich viele faszinierende alchemistische Anspielungen. Oben sind fünf Karten aus dem Visconti-Deck von 1450 abgebildet. Die ursprünglichen Tarotkarten kamen zur gleichen Zeit auf wie die Gralslegende und stammen angeblich von den Rittern des Templerordens.*

Gralsritter *von Alan Lee*

Das Geheimnis wird gelüftet

Parzival und sein Bruder Feirefiz erreichen die Gralsburg, und endlich stellt Parzival dem König die erlösende Frage: *»Oheim, sag, was quält dich so?«* Mittlerweile ist jedoch nicht mehr die Frage an sich bedeutsam; der Akt des Fragens selbst bewirkt die Heilung.

Dem ganzen Epos liegt das Geheimnis der Dreieinigkeit zugrunde. Mann, Frau und Natur entstehen aus Gott dem Vater, aber da in der Natur das Prinzip von Werden und Vergehen herrscht, müssen sie irgendwann altern und sterben. Im Sohn durchlebt die Natur den Tod, wird aber wiedergeboren, um als Geist fortzubestehen. In der Erlösung und Wiedergeburt des Amfortas zeigt sich hier die Trinität.

Dann trifft Parzival seine Gemahlin, und zwar an genau der Stelle, wo er zuvor die Blutstropfen im Schnee gesehen hatte. Doch nun ist seine unbewußte Sehnsucht zu bewußter Liebe geworden. Er begegnet auch Trevrizent wieder, der etwas ungemein Wichtiges sagt:

»Eure Mühsal tut mir leid:
es ist noch nie zuvor geschehn,
daß irgend jemand irgend wann
den Gral im Kampf errungen hat -
ich hätt Euch gern davor bewahrt.
Doch alles kam mit Euch ganz anders:
Euch hat sich der Gewinn erhöht.«

Damit sagt der Eremit, daß man den Gral nicht kämpfend erringen kann, nicht durch Anstrengung, sondern nur durch Liebe, Mitgefühl und Loslassen. Wenn man sich nicht in Übereinstimmung mit seinem inneren Gott verhält, ist alles Streben umsonst. Trevrizent hatte Parzival gewarnt, es sei unmöglich, durch Anstrengung zur Gralsburg zurückzukehren; doch nun muß er zugeben, daß es Parzival allein durch sein Beharren gelungen ist, die göttlichen Gesetze zu verändern. Aber natürlich werden diese Gesetze von dem Gott in uns gemacht. Parzivals Sohn Kardais wird zum Herrscher über alle Ländereien seines Vaters gekrönt und reist mit seinen Vasallen ab, während Parzival, Condwiramurs, Lohengrin und Feirefiz zur Gralsburg reiten. Dort erleben sie die gleiche Prozession und die gleiche Zeremonie wie zuvor, doch die blutige Lanze fehlt.

Als Repanse de Schoye den Gral hereinträgt, entbrennt Feirefiz in Liebe zu ihr. Er kann nur sie sehen, nicht den Gral, den sie trägt. Um seinem Liebesschmerz ein Ende zu bereiten und Repanse heiraten zu können, tritt er zum Glauben seiner Geliebten über. Als das Taufbecken vor den Gral geneigt wird, füllt es sich mit Wasser.

Sobald Feirefiz getauft ist, kann er den Gral sehen sowie die Inschrift, die auf dem Stein erscheint: *»Ein Tempelritter, der durch Gott zum Herrscher fernen Volkes werde, verhelfe dem zu seinen Rechten.«* Hier findet sich zum ersten Mal überhaupt der Gedanke, daß ein König nicht in seinem eigenen Namen, sondern im Namen seines Volkes herrscht.

Dann reist das frischgetraute Paar von der Gralsburg ab, doch erst als die beiden vom Tod Sekundilles, der früheren Gemahlin des Feirefiz erfahren, kann sich Repanse de Schoye an der Reise erfreuen.

Schließlich gelangen sie nach Indien und bekommen einen Sohn namens Priester Johannes. Parzivals Sohn Lohengrin verbleibt im Dienst des Grals.

Links: **Priester Johannes** *aus einer Landkarte des 16. Jh.* ***Rechts:*** *Seekarte, vermutlich von Juan de la Cosa gezeichnet, einem Offizier des Columbus. Im 16. Jh. glaubte man, Priester Johannes sei in Afrika gewesen.*

TATSÄCHLICH GIBT ES EINEN ÜBERRASCHENDEN HISTORISCHEN NACHTRAG zu Wolframs Dichtung, der den Sohn von Feirefiz und der Gralsdame betrifft, den Priester Johannes.

1122 traf in Rom ein angeblich indischer Patriarch mit dem Namen Johannes ein, der von einer geheimnisvollen Reliquie des heiligen Thomas berichtete, der in Indien gestorben sei. Wie wir aus den Evangelien seines Namens wissen, ging Thomas tatsächlich widerstrebend nach Indien. Der Patriarch Johannes beschrieb seine Stadt in leuchtenden Farben – durch ihre Mauern fließe ein Fluß, der im irdischen Paradies entspringe. Unweit davon stehe inmitten eines Sees die Kirche des heiligen Thomas. Allerdings könne sie nur in den zwei Wochen um seinen Namenstag betreten werden, weil dann das Wasser zurückweiche und eine Landbrücke freigebe. In einem silbernen Gefäß liege der unversehrte Leichnam des Apostels, und davor brenne eine Balsamlampe, die sich auf wundersame Weise immer selbst fülle. Beim Heiligen Abendmahl werde ein goldener Teller mit der Hostie vor den Leichnam gestellt, und die Hand greife danach, als sei sie lebendig, und reiche die göttliche Speise den Gläubigen. Von den päpstlichen Gesandten, die nach Indien geschickt wurden, um den Wahrheitsgehalt dieses Wunders zu überprüfen, hören wir nichts mehr.

Bischof Otto von Freising, einer der größten Historiker des Mittelalters, berichtet von einem Priesterkönig Johannes, einem nestorianischen Christen aus dem Osten, der am 9. September 1141 in einer entsetzlichen Schlacht eine mohammedanische Armee besiegte. Diese Schlacht fand tatsächlich statt; allerdings war der Kriegsherr ein in China erzogener Herrscher einer halbnomadischen Volksgruppe, der höchstwahrscheinlich Buddhist

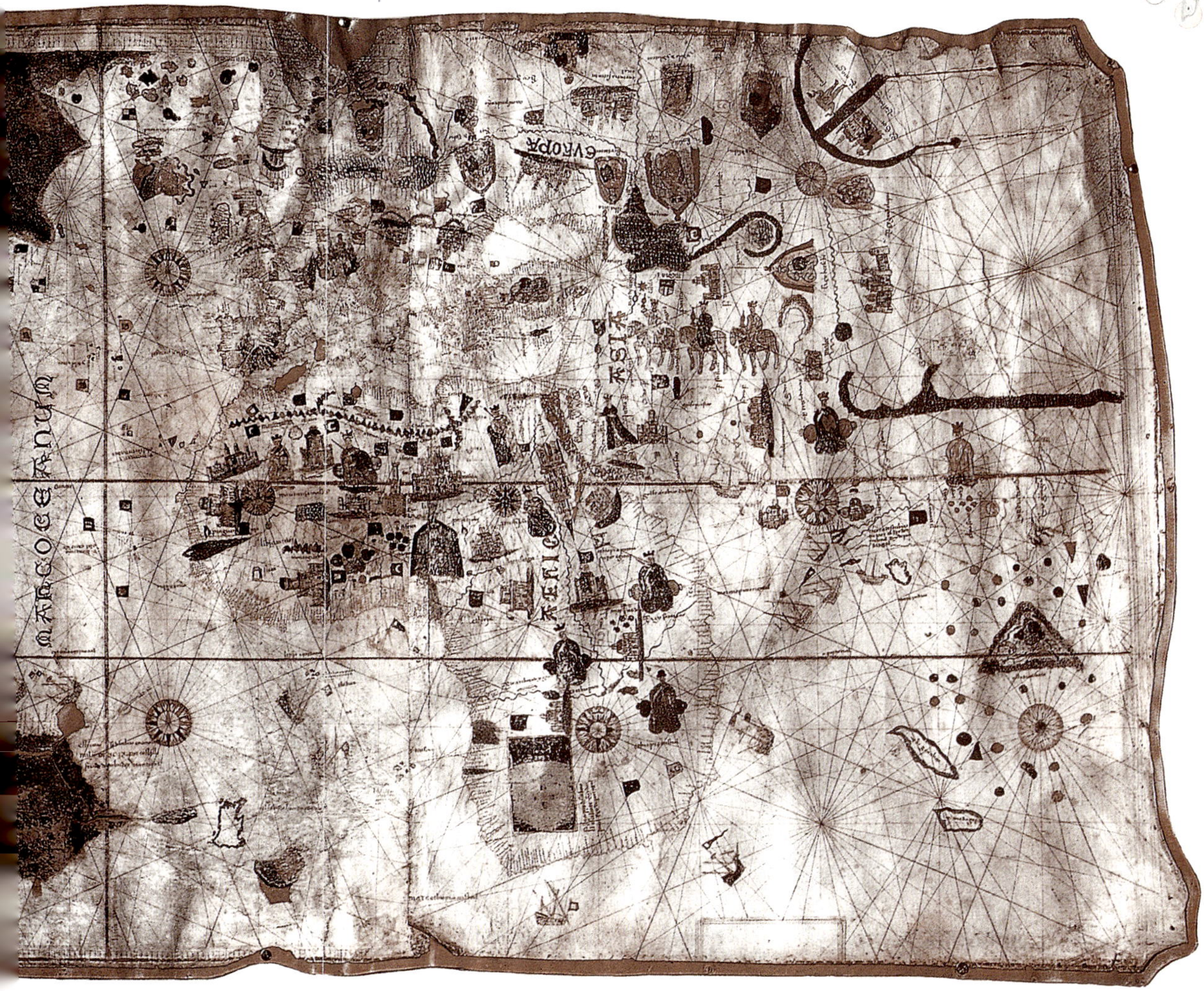

war. Laut Bischof Otto stammte Priester Johannes von den Weisen aus dem Morgenland ab und war über alle Maßen reich. Der berühmteste Bericht über Priester Johannes findet sich jedoch in einem Brief, den der Nomadenführer an Kaiser Manuel schrieb. Offenbar erreichte er den Empfänger um das Jahr 1170, also lange bevor Wolfram den *Parzival* schrieb. 1177 antwortete Papst Alexander III. dem »König von Indien«.

Der Brief aus Asien war zweifellos ein Scherz, aber er hinterließ einen nachhaltigen Eindruck auf Europa. Die nächsten zwei Jahrhunderte war Indien nur aufgrund dieses Dokuments bekannt. Darin wird ein exotisches und phantastisches Paradies auf Erden beschrieben, das genau an das Ende von Wolframs Dichtung passen würde, denn Feirefiz und seine neue Königin brechen schließlich nach Indien und ins Morgenland auf.

Es ist einfach, dieses Dokument als lächerlich abzutun. Andererseits sollten wir bedenken, daß das Gefäß in diesem indischen Heiligtum den Körper des Heiligen angeblich in einem Zustand ewiger Jugend erhielt. Es war der »ungläubige Thomas«, der seine Hand auf die Wunde in Christi Seite legte, und es war seine Hand, die die Hostie beim Abendmahl darreichte. Dies entsprach sicherlich dem Zeitgeist in Europa in den Jahren, als die Gralslegende entstand.

Zweiter Teil

Ein Mythos für unsere Zeit

Glastonbury Tor *ragt über den Nebeln von Avalon auf. In der mystischen Stimmung dieser verzauberten englischen Landschaft lebt das Geheimnis des Heiligen Grals bis heute fort.*

KAPITEL EINS

EINE LEBENDE LEGENDE

NACHDEM WIR DIE DREI ZWEIGE der Gralslegende, den keltischen, den christlichen und den chymischen betrachtet haben, kehren wir zu unserer anfänglichen Fragestellung zurück: Wie ist es möglich, daß dieser reichste unserer westlichen Mythenzyklen heute noch immer die gleiche Anziehungskraft besitzt wie im 13. Jahrhundert? Welche Qualitäten zeichnen ihn aus, daß er nach wie vor unser kollektives Unbewußtes anspricht – kann er vielleicht sogar unsere heutige Weltsicht beeinflussen?

Bei der Betrachtung dieses Kreises aller Mythen, die sich um die Gralssuche drehen, darf man nicht vergessen, daß das Material, aus dem er sich entwickelte, aus zwei völlig unterschiedlichen Kulturkreisen stammte. Die ursprünglichen keltischen Quellen Nordwesteuropas und ebenso der arabische Themenstoff aus dem Nahen Osten sind seit langem verschwunden, und die Kulturen, in deren Umkreis die Gralslegende entstand, gehören der Vergangenheit an.

Einer der Gründe für die lebhafte Faszination der Gralssagen ist vielleicht das Blut, das sie durchströmt – und zwar nicht im metaphorischen, sondern im wörtlichen Sinn.

In allen Versionen der Gralslegende kommt dem Blut eine geheimnisvolle Bedeutung zu, und es taucht immer wieder auf surreale Weise auf. In der walisischen Fassung des *Peredur* schwimmt gar der Kopf eines Blutsverwandten in einer Schale mit Blut. In allen Berichten, unabhängig von ihrem Ursprung, kommt ein Speer, eine Lanze oder ein Schwert vor, von dessen Spitze Blut tropft. Überall, wo der Gral als ein Gefäß beschrieben wird, enthält er unweigerlich das heilige Blut Christi. Der Gralskönig blutet aus einer Wunde, die nicht heilt. Die Gralswächter werden ausschließlich aus einem Geschlecht heiligen Geblüts erwählt, ebenso wie die Hüterinnen der Quellen.

Viele überzeugende Argumente deuten darauf hin, daß die reiche Bilderwelt der Gralslegenden in mythologischen Begriffen zu erklären ist, und deswegen haben wir bislang noch nicht in Erwägung gezogen, daß der Gral möglicherweise als reales, geheimnisvolles Artefakt existieren könnte.

Geschichte und Mythos lassen sich nur schwer vereinen. Geschichte ist ihrem Wesen nach ausschließlich linear, der Mythos aber zyklisch. Geschichte beruft sich auf die faktische Außenwelt einzelner Ereignisse, die sich nicht wiederholen können. Der Mythos hingegen lebt aus dem Übereinklang mit dem innersten Sein und erneuert ständig seine zyklischen Motive. Diese kollektiven Träume können ein ganzes Volk verändern, ähnlich wie der Traum eines Individuums dessen Leben verändern kann. Der Geschichte hingegen fehlt dieses Vermögen. Wenn also ein Mythos mit historischen Ereignissen verwechselt wird, verliert er seine transformative Kraft.

Lassen wir nun die literarischen Qualitäten der bislang untersuchten Werke beiseite und befassen uns mit ihren zentralen Themen. Ein allen Versionen der Legende gemeinsamer Faktor, der auf die Realität des Grals deuten könnte, ist zweifellos das Blut. In ihrem Buch *The Holy Blood and the Holy Grail* von 1982 zeigen die drei Autoren (Baigent, Leigh und Lincoln) auf, warum nicht nur Blut an sich so bedeutend ist, sondern auch *wessen* Blut. Für sie besteht kein Widerspruch zwischen dem Gefäß, das das Blut Christi enthält, *San Greal,* und einem Geschlecht königlichen Bluts, *Sang Real*, das von Jesus abstammt. Das »Gefäß«, das dieses Geschlecht in sich trug, war der Leib Maria Magdalenas, und das königliche Blut stammte vom Sohn Gottes.

Gegenüberliegende Seite: **Der Kelch Tassilos**, *angelsächsisch, England, 9. Jh.* ***Oben:*** **Maria salbt die Füße Jesu**, *von einem Schüler Dirk Bouts, 1450.*

Das heilige Gefäss

Seit dem Erscheinen des Buches von Baigent, Leigh und Lincoln im Jahr 1982 sind weitere eindrucksvolle und aufschlußreiche Beweise aufgetaucht, die die Hypothese der drei Autoren untermauern. Selbst die orthodoxen Kirchenväter gingen davon aus, daß Christus vom königlichen Geschlecht Davids abstammte, auch wenn er nur der Sohn eines armen Zimmermanns war. Allerdings ergeben nähere Untersuchungen, daß mit dem Wort für Zimmermann – Najjar – auch heilige Männer der mystischen jüdischen Bruderschaft der Nazarener bezeichnet wurden.

Die meisten Gralsepen sind zeitlich in der Epoche der französischen Merowingerkönige des fünften und sechsten Jahrhunderts angesiedelt. Als schriftlich festgehaltene Legenden erschienen diese Erzählungen erst, als ein Zweig der merowingischen Linie auf dem Thron in Jerusalem saß, obwohl das Geschlecht zwischendurch zweihundert Jahre lang in der Versenkung verschwunden war.

Es gibt einige Legenden, die wissen wollen, daß Maria Magdalena die Ehefrau Jesu war und nach der Kreuzigung angeblich das Heilige Land verließ, um sich mit ihrem Kind in Gallien niederzulassen. So gab es in Südfrankreich zahlreiche alteingesessene jüdische Gemeinden, in denen sie Zuflucht gefunden haben soll. Das mit dem Kind von Maria Magdalena begründete Geschlecht der Nazarener – wie es die Legende will – könnte sich mit der Königslinie der Franken verbunden haben, aus denen die Merowingerdynastie entstand.

Dies würde die vielen seltsamen Berichte erklären, die von Magdalenas Ankunft in Marseille erzählen – aber auch die rätselhafte mythische Geburt Merowechs, des Begründers der französischen Linie, dem man zwei Väter zuschrieb; der eine soll das Meereslebewesen gewesen sein, das man traditionell mit dem mystischen Fisch Christi gleichsetzt.

Das königliche Geblüt der Merowinger galt als derart heilig und besaß der Überlieferung nach so große magische oder geheimnisvolle Kräfte, daß zur Zeit Clodwigs ein eigenartiger Pakt zwischen diesem Königsgeschlecht und der Römischen Kirche geschlossen wurde. Dieser wurde gebrochen, als die Kirche 679 Dagobert II. ermorden ließ. Sein Sohn konnte ins Languedoc entkommen, und sein Geschlecht starb angeblich vier Jahrhunderte später mit Gottfried von Bouillon aus.

Nach 680 verloren die Könige ihre Macht allmählich an ihre Hausmeier und verkümmerten zu schwächlichen Herrschern, bis die Dynastie der Vergessenheit anheimfiel.

Das im Languedoc überlebende königliche Geschlecht könnte die erfundenen Ursprünge der Gralsfamilie in den Versepen erklären. Es paßt zweifellos zu der geheimnisvollen Atmosphäre, die den impotenten Fischerkönig umgibt, aber auch den jungen Helden, der aus dem Königsgeschlecht stammen muß, wenn er die Burg erringen und den Thron des Hüters einnehmen will. Wenn diese Interpretation stimmt, dann stellte Gottfrieds triumphaler Einzug in Jerusalem mehr als nur die Rettung der Heiligen Stadt vor den Sarazenen dar – damit hätte er auch sein rechtmäßiges Erbe als Nachkomme Christi, Königs der Juden, und des königlichen, magischen Bluts der Merowinger angetreten.

Gleichgültig, inwieweit diese Vermutungen richtig sind, für die uns zumeist nur Indizien vorliegen, die historisch jedoch in der Regel nicht zu beweisen sind, die Frage, welche Rolle Maria Magdalena spielte, ist auch heute noch von zentraler Bedeutung. Sie verweist auf eine Botschaft von großer Macht, die im Gral verborgen liegt. Maria Magdalena ist eng mit der frühchristlichen Sekte der Gnostiker verbunden. In deren Evangelien wird sie Maria Luzifer, die Lichtspendende, genannt. Darüber hinaus wurde sie auch als Hure Maria und als Jungfrau Maria bezeichnet. Dies waren drei Erscheinungsformen der dreifachen Göttin Mari-Anna-Ischtar, der Großen Hure Babylons, die zusammen mit ihrem Erlösersohn im Tempel von Jerusalem verehrt wurde. Der Name Magdalena bedeutet eigentlich »die Frau des Tempelturms«, und wie wir wissen, besaß der Tempel drei Türme als Symbol der dreifachen Göttin.

GALLERIA DELL. ACCADEMIA

Zur Anbetung der Großen Hure gehörte ein seltsames und tödliches Ritual, bei dem die männlichen Opfer gesalbt wurden: Ihre Priesterinnen rieben kostbare Öle auf die Opfer und tauften sie, damit sie in die Unterwelt absteigen konnten, um wiedergeboren zu werden. Im Matthäus-Evangelium (26,7–12) sagt Jesus: »Daß sie das Öl auf meinen Leib gegossen hat, das hat sie für mein Begräbnis getan.« Wie die Jungfrau Maria wird sie das Taufgefäß genannt, das das heilige Öl enthielt.

Von allen Anhängern stand Magdalena Christus am nächsten, und das führte bei seinen Jüngern, insbesondere bei Petrus, zu großer Eifersucht. Nach der Kreuzigung lebte Magdalena angeblich eine Zeitlang mit der Jungfrau im griechischen Ephesos, bis sie in ein leckgeschlagenes Boot ohne Ruder gesetzt wurde. Aber sie landete unbeschadet in Ratis (Les Saintes-Marie-de-la-Mer) und predigte in der Nähe von Marseille (benannt nach einem Aspekt der dreifachen Göttin, Mari). Schließlich starb sie in der Provence und wurde in St. Maximin beigesetzt.

Doch bevor wir darangehen, die geheimnisumwobene Verbindung zwischen Magdalena und der Schwarzen Jungfrau zu untersuchen, folgen wir kurz dem Leben des einen Mannes, der als der letzte der Gralshüter gelten könnte: Gottfried von Bouillon.

Magdalena, *Italien, 13. Jh. Diese Darstellung zeigt sie nach der Vorstellung der Kirche von einer reumütigen Hure, lediglich in ihr Haar gehüllt. In der Hand hält sie eine Pergamentrolle mit der lateinischen Inschrift: »Verzagt nicht, die ihr ein sündiges Leben geführt habt. Folgt meinem Beispiel und beschreitet mit Gottes Hilfe den rechten Pfad.« Aus dem uns verfügbaren Material geht jedoch eindeutig hervor, daß Magdalena keineswegs eine Hure war. Offenbar war sie eine wohlhabende Adelige und die Lieblingsanhängerin Christi – nach einigen Indizien möglicherweise sogar seine Gemahlin.*

Der Gral entschwindet

Im Falle, dass der Gral nicht von Joseph von Arimathia nach Großbritannien gebracht wurde, wie einige Legenden behaupten, sondern in der Gestalt Magdalenas nach Frankreich kam, würden sich viele widersprüchliche Rätsel klären. In der *Queste del San Graal* wird als Datum der Ereignisse, die in der Gralsgeschichte stattfinden, ausdrücklich das Jahr 487 n. Chr. genannt, also der Beginn des kometenhaften Aufstiegs der Merowinger, kurz bevor Chlodwig, der bedeutendste Vertreter dieses Geschlechts, die Taufe empfing.

Das gibt Anlaß zu der Frage, ob der legendäre Artus, ein historischer Zeitgenosse, nicht von den Erfindern der Versromane übernommen und entsprechend umgestaltet wurde, damit sie in einer geheimen symbolischen oder allegorisch verschlüsselten Form von den Geschicken des verschwundenen Geschlechtes der Merowinger berichten konnten.

Wolfram von Eschenbach läßt König Artus in seinem *Parzival* in Nantes und nicht in Wales Hof halten, und bei keiner seiner ausgedehnten Reisen durch den Kontinent überquert er das Meer. Ebenso könnte Percevals Beiname »der Waleis« auch Perceval aus Wallis heißen, also dem heutigen Schweizer Kanton am Genfer See.

Chrétien de Troyes behauptet, Perceval sei in Sinadon geboren, was walisische Gelehrte kurzerhand als Snowdon in Nordwales identifizierten. Mit dem gleichen Recht kann man diesen Ort aber auch mit Sidonensis, der Hauptstadt des Wallis, gleichsetzen.

Aus der Legende ist uns bekannt, daß Galahad ein Sproß des Hauses Davids war, und sein Name stammt von Gilead – Jesus – ab. Parzivals Sohn Lohengrin heiratete die Herzogin von Brabant und war der Überlieferung nach insgeheim der Großvater des Gottfried von Bouillon. Rein chronologisch wäre dies unmöglich, aber im Mittelalter wurde zwischen »Vorfahre« und »Großvater« nicht deutlich unterschieden.

Gottfried, der Anführer des Ersten Kreuzzugs ins Heilige Land, war ein populärer Held, der in der christlichen Welt hohes Ansehen genoß. Schließlich hatte er Jerusalem den Heiden entrissen, hatte das Heilige Grab befreit und verkörperte die höchsten christlichen Werte, nämlich Frömmigkeit und Ritterlichkeit. Zu seinen Ahnen aus dem Haus Lothringen, die auf Dagobert II. zurückgingen, gehörte die Familie Plantard.

Da die Linie der Merowinger sich zusehends in Mystik und Frömmigkeit vertiefte, verlor sie den Kontakt zu den von ihr beherrschten Völkern und ging allmählich unter, so daß sie buchstäblich ebenso verschwand wie der reiche Fischerkönig in der Gralsburg, bis sie schließlich im Triumph mit Gottfried von Bouillon wieder auferstand.

Die Antwort auf die Gralsfrage, die der Held stellen muß – die Frage: »Wem dient der Gral?« – lautet: »Er dient allen.« Doch selbst in den positivsten Versionen des Gralsmythos erfahren nur drei Suchende die große Glückseligkeit, die das Gefäß bereithält. In den meisten Fällen wird der Gral daraufhin wieder entfernt oder versteckt; das tatsächliche Ziel, nämlich, daß er allen dient, wird nie erreicht.

Die Suche nach dem Gral ist nur zum Teil erfolgreich, und auch die ihr zugrundeliegende gnostische Botschaft ging verloren, sobald die Kreuzfahrer aufhörten, das Heilige Land zu plündern, und sich daran machten, die Schätze Südfrankreichs an sich zu reißen und alle häretischen Katharer hinzumetzeln. Diese wagten ein für Europa außerordentliches spirituelles Experiment, und dieses wurde in den Gralslegenden getreulich aufgezeichnet.

Gottfried galt zwar als Held, als Inbegriff des ritterlichen, christlichen Ideals, doch in Wirklichkeit war er ein gnadenloser, von Gier und Fanatismus getriebener Schlächter. Die von ihm befehligte Armee massakrierte die ganze Bevölkerung Jerusalems, und seine Ritter erschlugen *»eine große Anzahl von Menschen jeden Alters, greise Männer und Frauen, Jungfrauen, Kinder und Mütter mit Säuglingen, all dies als feierliches Opfer«* – ausgerechnet für Jesus. Stolz zogen die Kreuzritter in die Stadt ein, *»knietief im Blut der Ungläubigen«*, und trieben sofort alle Juden in die Synagogen, um sie bei lebendigem Leib zu verbrennen.

Ein solches Verhalten ist himmelweit entfernt vom Inhalt der Gralsinschrift, die Parzival sieht und die, wie wir gehört haben, besagt, daß jeder Templer, der über ein Volk herrscht, dessen Glaube und Rechte zu achten habe. Doch genau dieser Anführer Gottfried war es, der in Jerusalem den Thron bestieg, ebenso wie Galahad, sein Widerpart in der Legende, in der Heiligen Stadt Sarras nahe der ägyptischen Grenze inthronisiert wurde.

Gottfrieds triumphaler Einzug in Jerusalem fand rund tausend Jahre nach dem Zeitpunkt statt, als Christus, sein möglicher Urahne, auf einem bescheidenen Esel in die gleiche Stadt eingeritten war. Und nach allen uns verfügbaren Beweisen war es offenbar dieser Galahad/Gottfried, der den geheimen Orden Sions gründete – den Orden, der möglicherweise als treibende Kraft hinter den Geschicken Europas stand, insbesondere hinter den geheimnisvollen Templern.

Gegenüberliegende Seite: **Gottfried von Bouillon**, *der erste König Jerusalems, dessen Abstammung sich, einigen Überlieferungen zufolge, von Parzival herleiten soll, beim Aufbruch zum Ersten Kreuzzug ins Heilige Land, französische Handschrift, 14. Jh.* *Oben:* **Christus zieht am Palmsonntag auf einem Esel in Jerusalem ein**, *Schweizer Volkskunst.*

Die Hüter des Grals

Der Templerorden – der sich »Pauperes commilitones Christi templique Salomonis« nannte, der Orden der Armen Ritter Christi und des Tempels Salomons, und der vermutlich 1111, zwölf Jahre nach der Eroberung Jerusalems, gegründet wurde – ist ebenso geheimnisumwittert wie Gottfrieds Orden Sions. Es gab neun Gründungsmitglieder, die neun Jahre lang keine weiteren Kandidaten aufnahmen. Der Zisterzienser Bernhard von Clairvaux pries diese Ritter als Inbegriff und Apotheose christlicher Tugenden und half ihnen bei der Aufstellung ihrer Ordensregeln.

Dieser neue Orden war ein getreues Abbild der weiß gekleideten Zisterzienser – bis auf eine gewichtige Ausnahme. Während die Zisterzienser extrem friedliebend waren, wie man auch an ihren wenig gewalttätigen Versionen der Gralslegende unschwer sehen kann, bestand der Lebensinhalt ihrer berittenen Brüder aus Krieg und kühnen Taten. Die Templer mußten Armut, Keuschheit und Gehorsam und nicht zuletzt den unermüdlichen Kampf gegen die Ungläubigen geloben. Sie schnitten sich zwar die Haare, aber nicht die Bärte und trugen wie die Zisterzienser weiße Überröcke und Umhänge, ab 1146 mit dem berühmten achtspitzigen roten Kreuz versehen. Treue mußten sie nur dem Papst geloben, und wie viele der Armut verpflichtete Orden wurden sie rasch eine der reichsten Organisationen Europas.

Auf dem Höhepunkt seiner Macht und seines Einflusses galt der Orden der Templer als die diszipliniertestc und gewaltigste Streitmacht aller Zeiten, der sogar ihre Gegner, die islamischen Haschischims oder Assasinen, Respekt zollten. Es ist wohl kaum ein Zufall, daß sich eines der mächtigsten Zentren der Templer in Troyes befand, wo Chrétiens *Le Conte del Graal* zuerst erschien. Hier, am Hof des Grafen von Champagne, gab es auch eine einflußreiche jüdische Kabbala-Schule.

Auch von Wolfram von Eschenbach ist überliefert, daß er das Outremer (das Heilige Land jenseits des Meeres) bereiste, um die Taten der Templer zu studieren, und sich dort ihre Gedankenwelt zu eigen machte. Zweifellos unterhielten die Templer im verborgenen viele Kontakte zu islamischen und arabischen Kulturkreisen. Mit dem Fall Jerusalems 1187 verloren sie offenbar ihre Daseinsberechtigung.

Auch in späterer Zeit blieben die Templer nach wie vor die gefürchtetste christliche Streitmacht, doch sowohl die Kirche als auch die Könige warfen bereits begehrliche Augen auf ihren Reichtum.

Ganz oben: **Siegel der Templer**, *12. Jh.* ***Oben:*** **Islamische Kavallerie**. *Die berittenen Sarazenen waren den schweren Rüstungen der Templer nicht gewachsen.* ***Rechts:*** **Plan der Heiligen Stadt**. *Die Templer waren in Ställen rechts in der ummauerten Einfriedung untergebracht.*

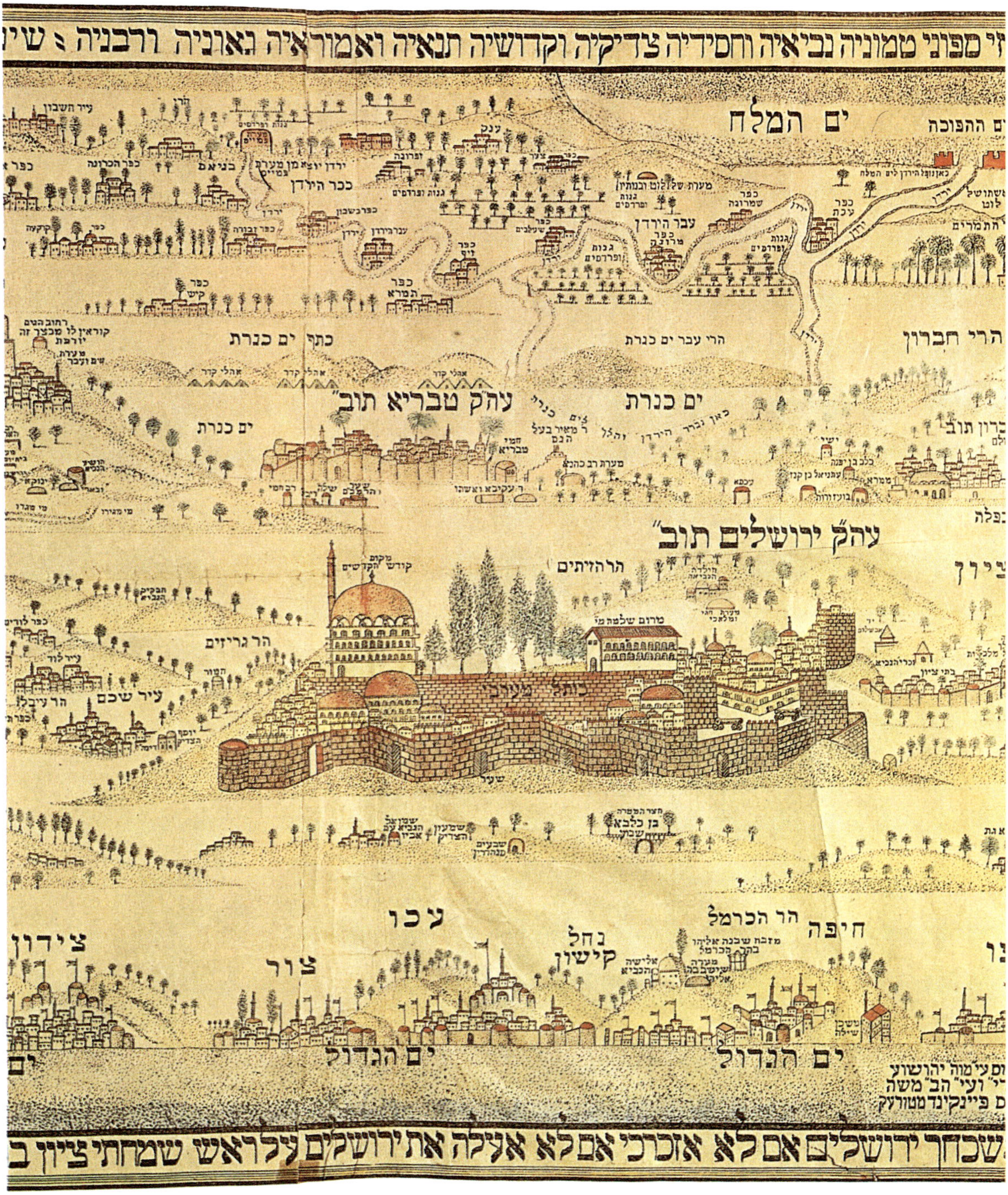

טמוניה נביאיה וחסידיה צדיקיה וקדושיה תנאיה ואמוראיה גאוניה ורבניה
ים המלח
ים ההפוכה
ככר הירדן
עבר הירדן
הרי עבר ים כנרת
הרי חברון
ים כנרת
עה״ק טבריא תוב״
עה״ק ירושלים תוב״
הר הזיתים
כותל מערבי
הר גריזים
עיר שכם
הר עיבל
בן כלבא שבוע
צידון
צור
עכו
נחל קישון
הר הכרמל
חיפה
ים הגדול
ים הגדול
ירושלים אם לא אזכרכי אם לא אעלה את ירושלים על ראש שמחתי ציון

Krak des Chevaliers, *eine typische Kreuzritter-Burg, wachte über den nördlichen Zugang zum Outremer.*

Das Ende der Gralshüter

Endlich hatte die Gier der Herrscher gesiegt, und plötzlich wurden die Templer in ganz Frankreich verhaftet und obskurer Vergehen angeklagt. Neben anderen Vorwürfen legte man ihnen zur Last, sie hätten Novizen zu homosexuellem Verkehr gezwungen, Christus als falschen Propheten beschimpft, die Geschlechtsteile des Teufels geküßt, das Kreuz mit Füßen getreten und einen geheimnisvollen dreigesichtigen Kopf angebetet.

In der Folge brachte die Inquisition einige höchst mysteriöse Dinge zu Tage. Die Punkte, die die Folterer offenbar am meisten faszinierten, sind in einer Anklageschrift vom 12. August 1308 zusammengefaßt:

»*In jeder Provinz hatten sie* [die Templer] *Idole, vor allem Köpfe. Diese beteten sie an, und sie sagten, daß der Kopf sie erretten könne. Daß er Reichtümer erzeuge, daß er die Bäume zum Blühen bringe und das Land fruchtbar mache.*« Am auffallendsten ist wohl, daß diese geheimnisvollen sowohl weiblichen als auch männlichen Köpfe mehr oder minder die gleichen Eigenschaften besaßen, die dem Gral zugeschrieben wurden.

Schließlich wurde der Templerorden auf das grausamste unterdrückt, alle Ordensmitglieder in Frankreich verhaftet und der Großmeister Jacques de Molay 1314 auf dem Scheiterhaufen verbrannt. Damit fand eine einflußreiche, zwei Jahrhunderte währende Macht ein Ende.

Nachdem wir die mögliche – wenngleich nicht allzu wahrscheinliche – genealogische Linie des königlichen Geschlechts vom Sohn Gottes zu Gottfried von Bouillon aufgezeigt haben, stellt sich nun die Frage, zu welchem Zweck man eine solch komplizierte Herleitung unternahm. Auch wenn jemand der Sohn des Sohnes ... des Sohnes Gottes ist, wird er dadurch noch lange nicht zu einem Christus. Doch im Gegensatz zu historischen Fakten kann ein Mythos nicht plötzlich aufhören zu existieren. Der Stoff, aus dem Mythen bestehen, kann weiterverarbeitet und erneuert werden. Mythen leben von ewiger Wiederkehr, sich erneuernden Kreisläufen und wiedergeborenen Helden. Doch irgendwie ist der Gralsmythos unvollständig; der Kreis der Legende hat sich nicht geschlossen. Was hindert uns daran, die Lücke zu schließen und den Zyklus zu vervollständigen? Die Hemmnisse scheinen sich in den letzten achthundert Jahren kaum verändert zu haben. Nach wie vor gibt es drei unverheilte Wunden, die uns ebenso betreffen wie die Menschen des 13. Jahrhunderts: das Weibliche, das wüste Land und das verletzte Individuum.

Oben: **Dreigesichtiger Kopf** *aus der Kathedrale von Salisbury, England. Der Kult des Kopfes beschränkte sich nicht nur auf die Kelten. Insbesondere die heidnischen Ursprünge der Templer-Riten, die ebenfalls in einem geheimnisvollen Kult um ein Kopfidol ihren Ausdruck fanden, schienen den Inquisitoren sehr gefährlich.*

Die drei Wunden

Die Tatsache, dass die Gralssuche scheiterte oder bestenfalls nur mäßigen Erfolg hatte, ist eng mit der materiellen und spirituellen Verfassung Europas zur Entstehungszeit dieser Legenden verbunden. Damals war der ganze Kontinent in Aufruhr. Es gab zwar offenbar große Bewegungsfreiheit, auch für Wallfahrten in alle möglichen Regionen, aber abgesehen von der Römischen Kirche gab es keine zentrale Autorität. Die verschiedenen Königreiche ergingen sich zu sehr in Fehden und Streitigkeiten um benachbarte Länder, womit sie der kirchlichen Macht ein weltliches Äquivalent entgegensetzten. Trotz alledem breitete sich ein neues religiöses Denken aus, dessen Ursprung letztlich auf die frühchristlichen Sekten der Gnostiker zurückging. Dem Gnostizismus liegt aber eine im wesentlichen weibliche Sicht des Kosmos zugrunde, und dieser Aspekt war es, der die Katharer und Alchemisten am meisten inspirierte.

Wie wir sehen werden, führte das bei den patriarchalischen Priestern Roms zu einer Überreaktion. Als Antwort auf diese in ihren Augen hautnahe Bedrohung ihrer Macht entfesselten sie eine entsetzliche, teuflische Verfolgungsjagd und attackierten alle, die sich ihrem Dogma nicht in allen Punkten unterwarfen. Ihr Haß richtete sich unweigerlich auf die revolutionärsten Geister ihrer Zeit und natürlich auch auf die verfluchte Brut Evas, der schon der ganze Zorn des heiligen Petrus gegolten hatte – die Frauen. Als wichtigstes Werkzeug der Unterdrückung dienten der Kirche vom 11. bis zum 14. Jahrhundert die Kreuzzüge, aber der gewalttätige, plündernde Mob, der den Großteil der Kreuzfahrer bildete, schoß weit über das Ziel hinaus. Schätzungsweise zehn Millionen Unschuldige ließen ihr Leben beim Versuch der Kirche, Europa unter ihre Fittiche zu nehmen. Selbst nach der erzwungenen Bekehrung, die oft genug nur ein Lippenbekenntnis war, schwelte der Widerstand gegen das Neue Gesetz weiter, und das schürte den flammenden Haß auf die sogenannten Häretiker noch mehr.

Galahad empfängt den Gral *von Dante Gabriel Rossetti. Die romantische Welt der Gralslegende war ein Lieblingsthema der englischen Präraffaeliten, waren sie doch vom wüsten Land der Industriellen Revolution umgeben.*

Die Bezeichnung Häresie leitete sich vom griechischen *hairesis* (= persönliche Denkweise) ab. Indem sie Freidenker als Häretiker deklarierte und sie dadurch in den Zusammenhang eines vom kirchlichen Dogma abweichenden Ketzertums stellte, lieferte die Römische Kirche zugleich die ideologische Begründung für ihre immer diktatorischer und fanatischer werdenden Säuberungsaktionen, die sie mehr oder weniger ungehindert durchführte. Als Folge davon verschwanden die neu aufkommenden Wissenschaften und das weibliche Prinzip aus dem Blickfeld und wirkten die nächsten fünfhundert Jahre im Untergrund.

Man kann das Scheitern des Grals bei seiner Aufgabe, »allen zu dienen«, begreifen als das Versagen, die Bedrohung durch die Römische Kirche rechtzeitig zu erkennen. Doch das Mißgeschick reicht noch weiter. Das wüste Land Europa war sicherlich die Folge der »drei schmerzlichen Schläge«. Rückblickend können wir die drei großen Wunden, die Europa ausbluteten und noch immer ausbluten, wohl so benennen: die Unterdrückung des weiblichen Prinzips, die Schaffung des wüsten Landes und die Verletzung des Individuums.

Im folgenden werden wir nun jede dieser drei Wunden im einzelnen untersuchen, denn diese Grauen gehören leider nicht der Vergangenheit an, und selbst nach achthundert Jahren sind die Wunden noch nicht verheilt, auch wenn wir uns mittlerweile so sehr an die Schmerzen gewöhnt haben, daß wir sie nicht mehr fühlen. Doch wenn wir das »Verbandszeug« der Geschichte entfernen und die Wunden der frischen Luft aussetzen, können wir zumindest eine Diagnose stellen und die besten Heilmittel dafür finden.

Kapitel zwei
Der Verlust des Weiblichen

Die Suche nach der Frau

Wir haben bereits festgestellt, daß die zwei grundlegenden archetypischen Elemente des Grals/Kelchs und der blutenden Lanze/Klinge klassische Sexualsymbole für das weibliche und das männliche Prinzip sind. Ebenso haben wir gesehen, daß das wüste, unfruchtbare Reich der Gralsburg in den meisten Gralsberichten erst dann zu seinem früheren paradiesischen Zustand zurückkehrt, wenn diese beiden Prinzipien sich vereinen.

Der Gral ist nicht nur ein nährendes Gefäß, das Speisen und Getränke bereitstellt. Er kann auch den Schoß oder die Gebärmutter der Erd- bzw. Muttergöttin versinnbildlichen. Gleichzeitig ist er jedoch auch das heilige Gefäß, das das Blut Christi enthält – was wiederum entweder der Schoß der jungfräulichen Mutter sein kann oder eine Schale mit dem Blut des gekreuzigten Christus.

Angeblich wurden die Sünden Evas zumindest teilweise durch die Jungfrau Maria gesühnt. Trotzdem durften Frauen in keinem Teil Europas – mit Ausnahme von Irland und der Bretagne – an christlichen Gottesdiensten teilnehmen, geschweige denn ein Amt dabei ausüben. Doch im innersten Heiligtum der Gralsburg findet eine Vertauschung der Rollen statt. Bei der geheimnisvollen Zeremonie und Prozession in der Burg des Fischerkönigs galten nur Frauen als rein genug, um den Gral zu tragen. Wir erleben hier eine Tradition, die entweder aus der Zeit vor der Römischen Kirche stammt oder die sich auf eine andere Form des Christentums bezieht, in dem die Frauen sich ihre spirituelle Gleichheit zurückeroberten.

In den Begriffen der modernen Psychologie kann man die Gralssuche auch als die Rückkehr des Sohnes zur Mutter interpretieren. So gesehen verläßt der Held, wenn er den Rittern aus der Wildnis folgt, den Schoß der Mutter. In dieser Hinsicht ist jedes neugeborene Kind ein Held, denn es erfährt eine psychische und physische Verwandlung von einem Wasserlebewesen im amniotischen Paradies des schützenden Mutterleibes zu einem sauerstoffatmenden Säugetier, das sich in einer gefährlichen, unbekannten und nicht umgrenzten Umgebung behaupten muß. Wir alle haben diese Veränderung durchgemacht, und wenn wir ein solches Abenteuer bewußt auf uns genommen hätten, könnten wir uns alle als Helden bezeichnen.

Berauscht von seinem neuen Leben und dem Gefühl von Freiheit, entgeht unserem egozentrischen Helden der Tod seiner Mutter, der eintritt, als er das Kindheitsparadies verläßt. In vielen Gralsversionen war es genau diese Sünde, die ihn beim ersten Mal daran hinderte, den Fischerkönig zu heilen und das Reich des Grals zu erlösen.

Zu einem späteren Zeitpunkt verläßt der Held seine Königin, um seine Mutter zu suchen, findet aber nicht sie, sondern den Gral. Das ist kein Zufall. Denn die Burg, die er betritt, ist von Wasser umgeben und nur für einen würdigen Menschen sichtbar. Man kann die Burg deuten als den Schoß der neuen Mutter, die nun von ihrem Sohn/Geliebten wiederentdeckt wird, denn in gewisser Weise ist jeder Geliebte ein Sohn und jede Geliebte eine Mutter. Um im Kulturkreis der westlichen Welt das Bild von Mutter und Sohn zu finden, brauchen wir lediglich die Jungfrau Maria und das Christuskind zu betrachten. Doch was ist mit der anderen, der gefährlichen, inzestuösen Seite dieser Beziehung? Die verborgenen Schriften deuten auf die Geliebte Christi hin, auf Maria Magdalena.

Jungfrau Maria und Kind, *die häufigste Darstellungsform des Themas Mutter und Sohn in der christlichen Welt. Beide Figurengruppen entstanden etwa zur gleichen Zeit wie die Niederschrift der Gralslegenden.*
Links: *England, um 1200.*
Rechts: *aus dem anglo-norwegischen Raum, 1220.*

Die Königin und der Kelch

Auf seiner Suche nach dem Gral findet der Held an praktisch allen Kreuzungen einen Wegweiser in Gestalt einer Frau. Jede Begegnung mit einer der vielen Facetten des mystisch Weiblichen ist choreographiert wie die Züge der Figuren in einem Schachspiel, bei dem der gegnerische König nur mit Hilfe der Dame schachmatt gesetzt werden kann. Diese Dame (Königin) kann die Gestalt aller anderer Figuren mit Ausnahme des Springers (des Ritters) annehmen und ist die einzige Schachfigur, die in jede Richtung beliebig weit ziehen kann. Diese in vielfältiger Gestalt auftretende Herrscherin übernimmt in der Gralssuche unterschiedliche Funktionen. Sie ist gleichzeitig eine und viele Figuren, der Inbegriff der Stabilität, die sich doch laufend verändert.

Alle Helden scheinen vor allem von der kraftvollen Sexualität dieser Frau fasziniert, ob diese nun unterdrückt ist wie in den prüden christlichen Versionen oder lüstern und promiskuitiv wie in den walisischen Texten. Dabei kann der Held ein keuscher Jüngling sein, der sich bei jeder Begegnung widerwillig daran erinnern lassen muß, seine Unberührtheit mindestens noch ein Kapitel lang zu verteidigen, oder auch ein wollüstiger Kelte, der ein sprödes, aber williges Mädchen zu Boden ringt. Ob nun sittsamer junger Mann oder Weiberheld, ob Galahad oder Gawain – diese implizite und explizite Sexualität überrascht in einem Text, der doch die feierliche Suche nach einem heiligen Objekt beschreibt. Dieser seltsame Widerspruch wird sofort verständlich, wenn man bedenkt, daß das Mythische, das hier im kollektiven Unbewußtsein aufflackert, in Wahrheit die Suche des Mannes nach seinem verdrängten weiblichen Aspekt darstellt.

Denken wir zurück an den Prolog zu Chrétiens *Le Conte del Graal*, in dem wir erfuhren, daß die Gralsburg früher für alle Menschen sichtbar war. Damals war das Land üppig und fruchtbar, die Bewohner freundlich und wohlhabend, und die Jungfrauen an den Quellen und Brunnen im ganzen Land labten die müden Reisenden aus ihren Kelchen. Doch als König Amangons eine der Jungfrauen vergewaltigte und ihr den Kelch raubte, woraufhin seine Gefolgsleute eifrig seinem Vorbild folgten, waren die Quellen bald verlassen. Das Königreich wurde unfruchtbar und öde, die Brunnen versiegten.

Der einzige, der das Land in seinen ursprünglichen blühenden Zustand zurückversetzen konnte, war ein Mann, der den Fischerkönig und die Burg hinter ihren vielen trügerischen Formen und Scheinexistenzen erkennen konnte. Die Gralsträgerin symbolisiert die Jungfrauen der Quellen als Spenderinnen von Speise und Trank. Überdies steht sie aber auch, wie diese, stellvertretend für die Herrschaft über das Land, das zurückweicht und vertrocknet, wenn der König ihm (also ihr, der Herrscherin), seinen Willen aufzwingt und ihm (ihr) weder dient, noch sich für seine Dienste erkenntlich zeigt.

Damit treten mehrere Themen und Motive zutage, die grundlegend sind für den Mythos des suchenden Helden. So gibt es einen impotenten oder verwundeten König, der weder herrschen noch in Übereinstimmung mit der Herrin des Landes leben kann. Zuerst erscheint sie in Gestalt verschiedener Frauen, denen der Suchende unterwegs begegnet, und verwandelt sich dann zu der Königin oder Kaiserin, die nur einem würdigen Helden die heilige Nahrung geben kann.

Somit besteht kein Unterschied zwischen der Suche nach dem

***Gegenüberliegende Seite:* Die schwarze Madonna**, *Darstellung aus dem Salzburger Raum.*
***Oben:* Die drei Marien** *von Michael Wolgemut, 1499. Der Nürnberger Meister und Lehrer Albrecht Dürers zeigt hier Maria als Dreifache Göttin in ihren drei Aspekten als Mädchen, Mutter und alte Frau. Nicht zufällig hießen die drei Frauen, die Christus am nächsten standen, alle Maria. Und es kann wohl kaum ein Zufall sein, daß im Tempel von Jerusalem einst die Dreifache Göttin gleichen Namens verehrt wurde.*

Gral und der Suche nach der Frau. Wer sie findet, entdeckt auch den Gral. Nach dem impotenten König muß ein neuer, junger, lebenskräftiger Nachfolger kommen, der die Fruchtbarkeit der Kelchträgerin und damit symbolisch auch die des Reiches wiederherstellen kann.

Vielleicht läßt sich dieses Motiv auf eine kollektive Erinnerung an die Göttinnen alter Zeit zurückführen, die von den aggressiven Göttern verdrängt wurden; dies wird am deutlichsten symbolisiert durch König Amangons' Vergewaltigung der göttlichen Wasserjungfrau. Er raubte ihr ihre Herrschaft in Form des Kelches und zwang sie mit brutaler männlicher Gewalt in seinen Besitz, damit sie ein weiterer Besitz in seiner Burg werde.

Nur wenn der Sohn der Mutter kommt und den Vater entweder tötet oder heilt, kann ihre ursprüngliche Herrschaft zurückkehren. Man kann die Suche nach dem Gral auch als Lobgesang auf die ewige Frau verstehen, die darauf wartet, daß der Sohn sie wieder als große Mutterkönigin einsetzt und die Harmonie des Reiches wiederherstellt.

Der weibliche Blutstrom

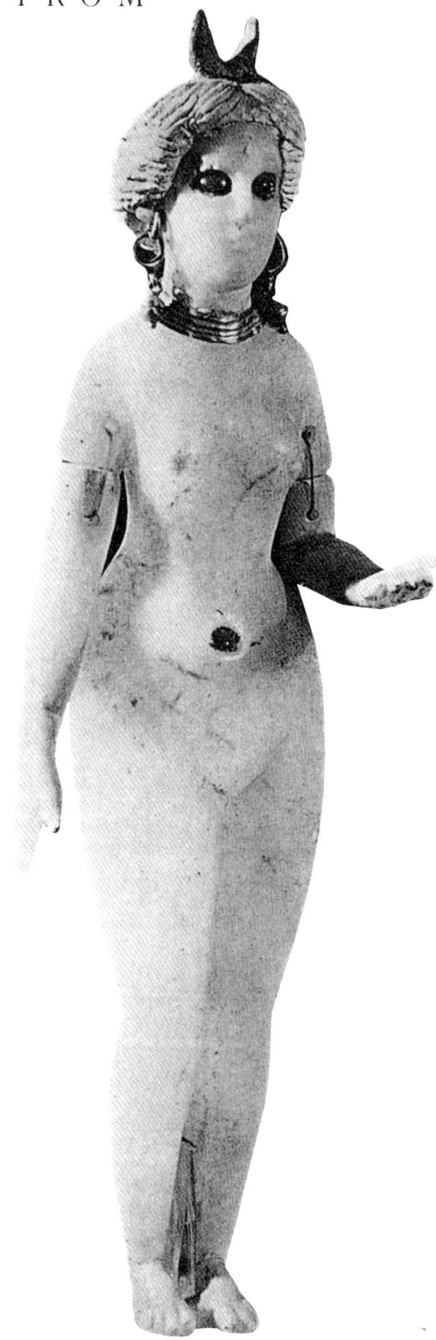

Bis jetzt haben wir uns ausschliesslich mit den historischen Blutlinien beschäftigt. Doch das Blut, das sich durch den Gralsmythos zieht, deutet auch auf etwas weitaus Gefährlicheres und Kraftvolleres hin, etwas Dunkles und Magisches, das in wesentlich tieferen Schichten des kollektiven Unbewußten fließt. Wir wollen daher zunächst einen kurzen Blick auf die dunklen Springfluten unter dem Mond und die Entstehung des Lebens werfen.

In den Zeiten, als die ersten Gralslegenden aufkamen, herrschte allgemein die Überzeugung, neues Leben entstehe durch das Blut, das Frauen während bestimmter Mondphasen verloren. Blut, das in der Gebärmutter zurückblieb, gerann – so glaubte man – zu einem Kind. Sogar Aristoteles behauptete, menschliches Leben entstehe aus geronnenem Menstruationsblut, und der römische Schriftsteller Plinius der Ältere, Verfasser der umfassenden *Naturalis historia*, erklärte, dieses Blut bilde die materielle Substanz der Fortpflanzung. Noch vor zweihundert Jahren wurde diese seltsame Auffassung an Medizinschulen gelehrt. Die alte mesopotamische Göttin Ninhursag schuf die Menschen angeblich aus Lehm, den sie mit ihrem »Lebensblut« vermischte. Die Juden, die Muslime und die Christen übernahmen später diesen und ähnliche Schöpfungsmythen, wandelten sie ab und gestalteten daraus ihre eigene Schöpfungsgeschichte. Der Name Adam läßt sich auf das weibliche »adamah« zurückführen, was soviel wie blutiger Lehm bedeutet.

Hier betreten wir das gefährliche, tabuisierte Gebiet des Mondblutes, das weitaus größere magische Kräfte besitzt als alles vom Menschen Geschaffene. In den meisten Kulturen empfinden Männer dieser Lebenssubstanz gegenüber eine heilige Scheu, denn sie liegt außerhalb jeder männlichen Erfahrung.

Doch in vielen magischen und mystischen Initiationsriten, vom hinduistischen Kulturkreis Indiens bis zu den Ländern Nordeuropas, muß der Held von der magischen Substanz trinken, darin baden oder sie anbeten, damit seine Wandlung sich vollziehen kann. In Griechenland hieß die Flüssigkeit der übernatürliche rote Wein. Die indische Göttin Kali forderte die Götter auf, in den Fluß ihres Schoßes zu tauchen oder davon zu trinken, um dann gesegnet in den Himmel aufzusteigen. Und der nordische Gott Thor erreichte das mythische Land der Erleuchtung, indem er im Mondblut der höchsten Matriarchin badete. Das archetypische Getränk Soma, das verwandelt, heilt und Blicke in die Gegenwelten gestattet, kam von der Mondkuh. In Indien gab Lakschmi, die Göttin der Herrschaft, Indra ihr Menstruationsblut zu trinken, woraufhin er wie die Göttin zum Berg des Paradieses mit seinen vielfarbigen Flüssen wurde. Fast identische Bilder finden sich in Ägypten und Persien, wo das Gefäß dieses unsterblichen Blutes der Mond ist. In Nordeuropa konnte jeder keltische König Unsterblichkeit erringen, indem er die »rote Herrschaft« trank, und wer damit rot befleckt wurde, war zum Prinzgemahl der Herrin des Landes erkoren.

Wir haben bereits gesehen, wie stark die geheimnisvollen Gnostiker viele der Gralsversionen beeinflußten. Besonders aufschlußreich ist auch die entsetzte Beschreibung des Epiphanius, eines der heftigsten Kritiker der Gnosis, der eine »Agape« der Ophiten, das heißt ein gnostisches Liebesmahl, schilderte. Selbstgerecht führt er die häretischen Handlungen der Gnostiker vor Augen und erzählt schockiert, wie sie dieses spirituelle Ereignis begehen: »*Und diese Elenden vereinen sich, und nachdem sie in ausschweifenden Orgien verkehrt haben, nehmen die Frau und der Mann sein Ejakulat in die Hände und entbieten es dem Vater, dem Höchsten Wesen der ganzen Natur, mit den Worten: ›Wir bringen Dir diese Gabe dar, die der Leib Christi ist‹.*« Und er fährt fort: »*Dann verzehren sie es schamvoll und sprechen dazu: ›Dies ist der Leib Christi, das österliche Opfer, durch das wir leiden und das uns dazu zwingt, uns zum Leiden Christi zu bekennen.‹ Und wenn die Frau ihren Monatsfluß hat, bringen sie ihr Blut auf die gleiche Weise dar.*«

Für die Ophiten war es ein weitaus heiligerer Akt, die beiden lebenden Substanzen der Reproduktion zu verzehren, als das symbolische, aber tote Blut von Gottes Sohn zu trinken. Hier sehen wir ein kraftvolles weibliches Motiv, das dem männlichen Thema vom Blut Christi und dem eucharistischen Leib – das in allen Versionen der Gralslegende immer wieder durchscheint – völlig zuwiderläuft.

Wenn dieses doppelte Symbol des männlichen und weiblichen Blutes in einem Mythos wie der Gralslegende zusammenfließt, so entsteht daraus, so untergründig die jeweiligen Andeutungen auch sein mögen, eine extrem wirkungsvolle transformative Kraft.

Man sollte auch nicht vergessen, daß Adam-Kadmon, das gnostische Bild des ersten Menschen, ein Mann aus Lehm und Blut war; er wurde der Fürst der Narren genannt und war wie Perceval/Parzival ein höchst unerleuchtetes Wesen.

Links: Göttin, *Mesopotamien. Diese kleine Skulptur trägt auf dem Kopf eine Mondsichel, die gleichzeitig das empfangende Gefäß darstellt und den natürlichen Lebensfluß, der durch den weiblichen Körper fließt.*

Oben: Alchemistische Säule des Lebens. *Planeten umgeben die Säule, um die sich der männlich-weibliche Merkurstab windet.*

Glaube – Weisheit – Hure

DEM GROSSEN NARREN ADAM-KADMON steht diametral die gnostische Große Mutter Sophia gegenüber, der Geist weiblicher Weisheit. Wie die Gralsträgerin und Maria Magdalena wird sie durch eine Taube symbolisiert. In einigen Überlieferungen betrachtete man Sophia als den kraftvollen weiblichen Teil der göttlichen Seele. Angeblich war sie noch älter als Jehovah und gebar sowohl Christus als auch seine Schwester Achamoth, die ihrerseits den Sohn der Dunkelheit und Jehovah, den Gott der Kirche gebar. Eben dieser eitle und stolze Jehovah verbot den Menschen, die Früchte vom Baum der Erkenntnis zu essen. Aber Sophia schickte ihren Geist in Gestalt der Schlange Ophis in den Garten Eden, damit sie Adam und Eva lehre, dem eifersüchtigen Gott nicht zu gehorchen. Diese Schlange wurde Christus genannt.

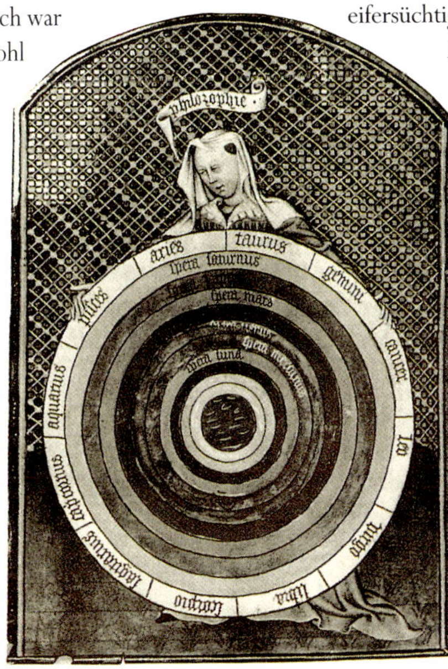

Die Christen der Ostkirche brachten Sophia sehr viel Liebe und Verehrung entgegen und errichteten ihr in der Hagia Sophia in Konstantinopel ihren größten Schrein. In der jüdischen Kabbala erscheint sie als *Shekina* Gottes. Eine wunderbare Legende besagt, daß die Weltseele aus ihrem Lächeln geboren wurde; das ist eine erfreuliche Abwechslung nach der arbeitsreichen Woche, in der der männliche Gott die Erde erschuf.

Doch all dies fand nicht den Beifall der Patriarchen in Rom, die Sophia als eine dumme, unwissende und fordernde Frau abtaten. In dem kultischen Helden Simon Magus allerdings, einem Jünger von Johannes dem Täufer, einst Begleiter Christi und ein unermüdlicher Fürsprecher Sophias, hatten sie einen einflußreichen und charismatischen Rivalen.

Nach Ansicht Simons gab es zwar durchaus einen Schöpfer, aber gleichberechtigt neben ihm auch eine Schöpferin. Noch radikaler war seine Behauptung, daß der Vater aus der Mutter geboren wurde. Auf seinen Reisen wurde Simon von der heiligen Hure Helena begleitet, die er als Sophia, die gnostische Jungfrau des Lichts, verehrte.

Die gnostischen Evangelisten berichten, daß Jesus die mystischen Schlüssel zum himmlischen Königreich an Magdalena übergab, und manche wollen darin den Grund sehen, warum Petrus und die Kirche, die er begründete, auf Maria und alle Frauen eifersüchtig reagierten. Auf Simon folgte Menander, »der Mondmann«, und das läßt darauf schließen, daß die legendäre Rivalität zwischen Petrus und Simon letztlich die Konkurrenz zwischen den frühen christlichen Sekten um die Vormachtstellung versinnbildlichte – ein Kampf zwischen dem essenischen Sonnengott und jenen, die den Mondhelden verehrten. Das könnte möglicherweise auch erklären, warum Simon die Frauen verherrlichte, denn für Simon war das Paradies die Gebärmutter und der Garten Eden die Plazenta: »Der Fluß, der in Eden entspringt, stellt den Nabel dar, der den Fötus ernährt.« Diese überraschend weibliche Sichtweise beschränkte sich aber nicht auf das frühe Christentum. Bevor die Patriarchen des Islam im 7. Jahrhundert erschienen, war Arabien rund ein Jahrtausend lang matriarchalisch gewesen. In Mekka hatte man die Göttin Saba in Form des schwarzen, weder menschlich noch tierisch gestalteten Steins angebetet, der heute in Kabba am Ort des alten Tempels der Frauen verwahrt wird.

***Gegenüberliegende Seite:* Sophia**, *aus dem* Buch der Wunder *von David Jovis, 16. Jh.*

***Oben:* Philosophie**, *14. Jh. Im Mittelalter hatte Sophia in ganz Europa großen Einfluß. Mit Beginn der Inquisition jedoch mußte sie in alchemistischen Abhandlungen und astrologischen Manuskripten verborgen werden.*

DIE GNOSTISCHE FRAU

INTERESSANTERWEISE GIBT es auch außerhalb des christlichen Glaubens Parallelen zu Sophia. Mohammeds »Tochter« Fatima mußte die gleiche Veränderung erfahren wie Sophia und die Jungfrau Maria. Einst hieß sie die Mutter des Vaters, der Baum des Paradieses und die Rote Mondkuh, die die Erde säugt. Der Name Fatima bedeutet die Schöpferin, und ihr Symbol, die Mondsichel, erscheint noch heute auf islamischen Flaggen.

In der Sicht der Schiiten und der mystischen Sufis wird die Welt von der weiblichen Macht der Sexualität zusammengehalten. Einer der größten Sufi-Dichter, Farid, erklärte, die wahre Göttlichkeit sei weiblich und Mekka »der Schoß der Erde«. Die Schiiten warten noch immer auf die Ankunft der Jungfrau Pairidaeza, die den *Mahdi* gebären wird, den vom Mond geleiteten Messias und Erlöser, der als der ersehnte Ritter bekannt ist. Die Schiiten brachten die Assassine hervor, das islamische Gegenstück zu den Templern, und unterhielten erstaunlich enge Verbindungen zu ihren angeblichen Feinden, den Christen. Somit verwundert es kaum, daß sich diese »häretischen« Gedanken in den christlichen Gemeinden verbreiteten, um dann in den geheimnisvollen Berichten über den Gral Ausdruck zu finden.

Während die christliche Kirche dazu neigte, alles heidnische Gedankengut als Werk des Teufels zu verdammen, ohne dieses Urteil rechtfertigen zu müssen, hatten die orthodoxen Väter große Schwierigkeiten, genau zu benennen, worin für sie die Sünden der Gnostiker bestanden. In einer Hinsicht allerdings stimmten sie überein: Die im wesentlichen weibliche und damit häretische Sicht und Bilderwelt der Gnostiker gab sie eindeutig als Werkzeug des Teufels zu erkennen.

Besonders erboste die Priester, daß die Gnostiker den Frauen bei Zeremonien und Ritualen gleiche Rechte einräumten. Mit heiligem Abscheu, der aus tiefstem Herzen kommt, berichtet Tertullian: »*Alle Initiierten, ob Mann oder Frau, können zum Priester, Bischof oder Propheten erwählt werden.*« Das ist für ihn unvorstellbar. Jetzt können wir verstehen, wie radikal die Gralslegenden waren, denn hier fungierten Frauen bei der allerheiligsten Zeremonie als Gralsträgerinnen. Schlimmer noch war die Überzeugung der

Die Königin von Saba. *Das Kind, das aus der Verbindung Salomons und der Königin entstand, war schwarzweiß gefleckt und symbolisierte die Vereinigung Afrikas mit dem jüdischen Staat. Parzivals gescheckter Bruder Feirefiz verkörperte die Verbindung von Ost und West.*

Gnostiker, daß die wahre Enthüllung des esoterischen Christentums auf Maria Magdalena übertragen wurde, »den Jünger aller Jünger«.

So sehr die Kirche diese Sekten auch unterdrückte und verdammte, fanden deren Prinzipien der Erleuchtung durch die frühmittelalterlichen Troubadoure und Versromane allmählich Eingang in die Traditionen der Barden. Tantrische Meditation – sehr ähnlich dem tantrischen Yoga des Ostens, bei dem die weibliche Kraft das ursprüngliche, von Gott gesprochene schöpferische Wort umschloß – verbreitete ihre innere mystische Botschaft durch direkte, unmittelbare Erfahrung. In den alchemistischen Abhandlungen des frühen Mittelalters finden sich geheime Symbole und rätselhafte Darstellungen, in denen die weibliche Botschaft visuell vermittelt wurde, und diese Bildersprache verblüffte die orthodoxen Theologen.

Angeblich wurde die Alchemie von Maria der Jüdin erfunden, die die Destillation von Alkohol etwa zur gleichen Zeit entdeckte, als die ersten Gralslegenden in Europa auftauchten. Ein Aspekt der alchemistischen Suche bestand darin, die göttliche weibliche Kraft Sophia zu finden, deren Farben Milchweiß und Blutrot waren. Der Stein der Weisen, das große Ziel aller Alchemisten, wurde auch »Sophistischer Stein« genannt.

Merkur/Hermes Trismegistos war der alchemistische Held, der das heilige Gefäß befruchten sollte. Es symbolisierte die Große Mutter und wurde als *Vas Hermeticum*, Gefäß beziehungsweise Schoß des Hermes, bezeichnet. Es hatte die Gestalt einer gebärmutterartigen oder eiförmigen Kugel, die den *filius philosophorum* gebären würde – eine Metapher, die sehr stark an das Heilige Gefäß erinnert, das den Christus gebärenden Schoß darstellt.

Die Alchemisten wandten sich gegen die kirchliche und gnostische Auffassung, daß die Materie an sich böse sei. Ihrer Überzeugung nach war der Heiland, der aus der schoßähnlichen alchemistischen Matrix kommen würde, gleichzeitig ein Kind und der wundersame Stein der Weisen. Diese Auffassung ist ein Spiegelbild der Gralsvorstellung von Wolfram von Eschenbach, des Lapis exilis.

Maria Prophetissa. *Diese legendäre Begründerin der Alchemie verhieß die Geburt des Göttlichen Kindes, das im wundersamen Gefäß des Hermes entstehen sollte. Die beiden Kelche (oben und unten im Bild) stellen die Vereinigung von Gegensätzen dar, die Rosen mit fünf Blütenblättern in der Mitte symbolisieren die Passion.*

Unio Mystica

Siegel *Raymonds VI., Graf von Toulouse, Anführer der Rebellen gegen die Truppen des Albigenser-Kreuzzugs.*

Rechts: **Montségur**, *die letzte Bastion der Katharer in den Pyrenäen, die im ersten Völkermord Europas an die Truppen aus dem Norden fiel.*

Zur Erscheinungszeit der ersten Gralslegenden stellten die Katharer die größte Bedrohung für die Macht der Kirche dar. Die in Südfrankreich gegen sie eingeleiteten Kreuzzüge verfolgten zwei Ziele: Zum einen sollte damit der Einfluß eines Volkes gebrochen werden, das sich erbittert der Römischen Kirche – der Synagoge des Satans, wie die Katharer sie nannten – widersetzte, und zum anderen wollte die Kirche Land und Beute im zivilisierten Languedoc in Besitz nehmen. Die Katharer waren der Kirche ein Dorn im Auge geworden, denn die Sekte verhöhnte ihre geheiligtsten Symbole der Macht: die heiligen Bilder, die Dreieinigkeit, die Sakramente, den erschwindelten Ablaß und die offensichtliche Korruptheit der Geistlichen. Die Katharer hatten den gnostischen Glauben an das zweifache Prinzip übernommen, das verkörpert ist im Fürsten des Lichts mit seinem Reich des Geistes und dem Fürsten der Dunkelheit, der die materielle Existenz schuf. Somit konnten sie der Römischen Kirche vorwerfen, sie bete den falschen Gott an. Denn nach Überzeugung der Katharer war Jehovah der finstere Demiurg, der die Materie erschaffen und die Seele in dieses dunkle Gefängnis gesperrt hatte. Am meisten entsetzte die Priester in Rom jedoch, daß die häretischen Gedanken der Katharer sich wie ein Lauffeuer in den städtischen Zentren Frankreichs, Deutschlands und Flanderns ausbreiteten und die Macht der Kirche rasch unterwanderten.

Da uns nur die voreingenommenen Berichte der Inquisitoren vorliegen, ist es schwer, die Glaubenswelt der Katharer in allen Einzelheiten zu rekonstruieren. Doch es finden sich bestimmte eindeutige Anzeichen dafür, daß Europa kurz davor stand, ein friedvolles Paradies auf Erden zu werden – und das ironischerweise durch eine Gruppe, die alle Materie für ein Produkt der Hölle hielt. Dieser Umstand verdeutlicht, wie stark die Gralserzählungen von häretischem Gedankengut durchdrungen waren, und warum die Kirche nie mit dieser Legende in Verbindung gebracht werden wollte.

Die Vision der Katharer war im wesentlichen gnostisch. Sie glaubten an die Wiedergeburt und an ein grundlegendes weibliches Prinzip und verzichteten auf alle klerikalen Hierarchien oder offiziellen Vermittler zwischen Mensch und Gott. Ihr Glaube folgte nicht blind den Worten anderer, sondern war eher ein »Wissen«, das auf direkte, persönliche und mystische Erfahrungen mit dem Göttlichen durch Meditation beruhte. Durch diesen unmittelbaren, individuellen Kontakt zu Gott war die Priesterschaft natürlich überflüssig, wodurch der Römischen Kirche jede Daseinsberechtigung entzogen wurde.

Letztlich waren die Katharer Dualisten, die die menschliche Existenz als einen ständigen Kampf zwischen dem Fürsten der Dunkelheit und dem Fürsten des Lichts betrachteten. Alle Menschen, ob Männer oder Frauen, waren für sie Wesen des Lichts, ein

reiner Geist, eingezwängt in die Materie, die der diabolische Rex Mundi, König der Welt, erschaffen hatte. Und eben diesen Demiurgen, so behaupteten sie, betete die Römische Kirche an. Das bedeutet, der Schöpfer und die Kirche folgten dem männlichen Prinzip der Macht, die Katharer hingegen dem weiblichen Prinzip der Liebe.

Ein weiterer Punkt der katharischen Lehre war die Ablehnung der Kreuzigung sowie all dessen, was das Kreuz repräsentierte. Für die Katharer war Jesus ein Prophet der Liebe, aber doch auch ein Mensch aus Fleisch und Blut. Ihre Lehrer und Lehrerinnen, *les parfaits* oder *parfaites*, zogen paarweise durch das Languedoc und lehrten Meditation, die den direkten Zugang zum Göttlichen ermöglichte. Die Kirche sah dies als weiteren Beweis für ihre Häresie an, denn die Grundlage ihres eigenen Glaubens beruhte auf Gebeten und komplizierten Ritualen. Die Rolle als Vermittler zwischen Mensch und Gott erfüllten die Geistlichen mit derartigem Eifer, daß jeder Laie sofort hingerichtet wurde, wenn er beim Lesen der Bibel entdeckt wurde.

1145 besuchte der heilige Bernhard von Clairvaux das Languedoc, um gegen die Häretiker zu predigen. Allerdings mußte er feststellen, daß die Gottesdienste und die Moral der Katharer weitaus christlicher waren als die seiner eigenen korrupten Kirche. Er gestand, er könne an den *parfaits* der Katharer nichts Böses entdecken; zumindest praktizierten sie das, was sie predigten. Papst Innozenz III. fand diese Einsicht äußerst destruktiv und befahl einen Kreuzzug, um diese aufkeimende spirituelle Renaissance niederzuschlagen.

Diese Ereignisse fanden im Jahr 1208 statt, genau zu der Zeit, als die Gralslegenden niedergeschrieben wurden. In den folgenden vierzig Jahren wurde die hochstehendste Kultur Europas, die christliche, gnostische, jüdische und muslimische Gedanken in sich vereinte, in Schutt und Asche gelegt und verfiel wie der Rest des Kontinents in geistige Finsternis.

Doch zu diesem Zeitpunkt hatten Bernhards Zisterzienser, die den Vulgate-Zyklus zusammenstellten, bereits viele Gedanken der Katharer übernommen. Wolfram von Eschenbach versetzt die Gralsburg in seinem *Parzival* ins Herz der Katharerländer. In einem seiner Gedichte nennt er den Herrn der Gralsburg in Montsalvasch »Perilla«. Wohl kaum zufällig ist dies auch der Name des Herren von Montségur, der größten Festung der Katharer, die als letzte ihrer Zitadellen in den Pyrenäen fiel. Diese Burg, die dem Vormarsch der Inquisition am längsten Widerstand leisten konnte, wird herkömmlich mit dem größten Schatz der Katharer gleichgesetzt, der angeblich unter den Augen der Besatzer in Sicherheit gebracht wurde, kurz bevor es ihnen gelang, die Festung zu stürmen. Ob es sich bei diesem kostbaren Schatz jedoch wirklich um den Gral handelte, wird wahrscheinlich ein ewiges Geheimnis bleiben.

DAS DUNKLE GESICHT DER JUNGFRAU

ES GIBT EINE HISTORISCHE GESTALT, die erstaunlich häufig in Erscheinung tritt; es ist der heilige Bernhard von Clairvaux, sicherlich der einflußreichste Denker seiner Zeit. Als Kind war ihm die wundersame Gnade der Schwarzen Madonna von Châtillon zuteil geworden, als er beobachtete, wie drei Tropfen Milch aus ihrer Brust austraten. Dieses Ereignis hatte nicht nur auf ihn und sein ganzes Leben einen großen Einfluß, sondern auch auf die Gralslegende. Es gelang Bernhard, das dahinkümmernde Kloster von Cîteaux mit neuem Leben zu erfüllen, und er gründete die mächtige Organisation der Zisterzienser, die weit über die Grenzen Frankreichs hinaus wirkte und deren Reichtum und Einfluß sogar den der Templer übertrafen.

Der Zisterzienserorden errichtete Hunderte von Klöstern, die florierende Zentren des Forschens und der Künste wurden – und die alle Unserer Lieben Frau geweiht waren. Bernhard verfaßte sogar die Ordensregeln der Templer, zu deren Gründern seine beiden Onkeln gehörten. Er war zweifellos ein außergewöhnlicher Mensch. Durch seine zahlreichen Hymnen und Predigten über die Jungfrau gelang es ihm, das weibliche Prinzip innerhalb der Kirche am Leben zu erhalten. Zudem schrieb er etwa 300 Predigten über das Hohelied, das eine ausschließlich weibliche Botschaft der Liebe innerhalb des rein patriarchalischen Alten Testaments darstellt. Dort tritt die Jungfrau in Gestalt von Schulamit auf, die gleichzeitig die Braut Salomons und Christi ist. Ihre Aussage »Ich bin braun, aber gar lieblich, ihr Töchter Jerusalems« hallt im Kult der Schwarzen Madonna wider, der Bernhards Leben bestimmte. Ihm waren die Doktrinen der Katharer vertraut, obwohl er mit ihren Gedanken nicht übereinstimmte, und er brachte viel Respekt auf für den islamischen Wissensschatz, auch wenn er den zweiten Kreuzzug gegen die Moslems einleitete.

Man kann sich gut vorstellen, daß die außergewöhnliche Persönlichkeit des heiligen Bernhard mit ihren weitreichenden spirituellen Interessen Gefallen an den mystischen Sufis des Islams gefunden hätte. Denn für diese ist »der Vielgeliebte« der spirituelle Bräutigam, und der Sufi-Mystiker muß zu seiner empfangsbereiten Braut werden.

Die im Grunde ausgewogene Denkart Bernhards schlug sich in den beiden Orden nieder, die unter seinem Einfluß entstanden, nämlich bei den weiblich orientierten Zisterziensern und den aggressiv männlich ausgerichteten Templern. Es ist kein Zufall, daß gerade diese beiden Orden wesentlich dazu beigetragen haben, daß die Gralslegende nicht in Vergessenheit geriet. Ursprünglich galten die Templer als die Gralshüter, während die Zisterziensermönche den immens umfangreichen Vulgate-Zyklus zusammenstellten, zu dem auch die *Queste del San Graal* gehört. Doch letztlich ist das Geheimnis, das Bernhard umgibt, das der Maria Magdalena.

Am Ostersonntag des Jahres 1146 rief Bernhard von Clairvaux in Vézelay zum zweiten Kreuzzug auf. Es ist bezeichnend, daß sich unter der 100 000 Menschen zählenden Menge, die sich an jenem Tag um ihn scharte, auch Louis VII. und seine lebhafte junge Königin Eleonore befanden, die später als Gattin von Heinrich II. von England die berühmten Liebeshöfe ins Leben rief. In Vézelay

***Gegenüberliegende Seite:* Jungfrau mit Kind,** *Manuskript des Zisterzienserklosters Cîteaux, 14. Jh., Frankreich.*

***Links:** Die* **Schwarze Madonna** *von Einsiedeln, Schweiz.*

befand sich das Zentrum der Magdalenenverehrung. Nur fünfzig Jahre vor Bernhards leidenschaftlicher Predigt war der Grundstein zur großen Basilika der heiligen Maria Magdalena gelegt worden – im gleichen Jahr also, in dem Gottfried von Bouillon zum ersten Kreuzzug aufbrach.

Vézelay muß eine besondere Aura besessen haben. 1217 gründete Franz von Assisi, der häufig als Troubadour der Liebe bezeichnet wird und einer der wenigen wirklich Erleuchteten im Christentum ist, hier seinen Franziskanerorden. Nicht minder bedeutsam ist die Tatsache, daß sowohl die Franziskaner als auch die späteren unabhängigen Kapuziner als die Hüter der Schwarzen Madonna galten.

Aber wer ist diese Schwarze Madonna, und warum sollte sie in ganz Europa, insbesondere in Südfrankreich, derart verehrt werden? Sowohl Wissenschaftler als auch Kleriker hüllen sich in Schweigen über diese rätselhaften schwarzen Bildnisse. In Europa gab es Hunderte dieser Statuen, aber in Südfrankreich traten sie besonders gehäuft auf. Meist war ihre Entstehungszeit unbekannt, aber sie gehörten zweifellos zu den ältesten Darstellungen der Heiligen Jungfrau.

Auffälligerweise ist überall dort, wo es eine Statue der Schwarzen Madonna gibt, auch der Kult der Maria Magdalena besonders stark vertreten. Und einem Großteil der Schwarzen Madonna-Statuen, die über 300 Jahre alt sind, werden wundersame Heilkräfte zugesprochen. Offenbar setzt sich in ihnen die Anbetung heidnischer Göttinnen fort, und einige von ihnen sind möglicherweise der Isis und anderen früheren Gottheiten geweiht, die vom Neuen Bund übernommen wurden.

Magdalena – Der Mythos

Interessanterweise findet sich auch eine kuriose Vermischung von Maria von Ägypten, Maria Magdalena und der Jungfrau Maria, als ob sie die drei Aspekte einer dreifachen Göttin in einer Gestalt beinhalten.

Im gnostischen Evangelium Philipps erfahren wir, daß Maria Magdalena die Begleiterin des Heilands war. Aber Christus liebte sie mehr als die restlichen Jünger. Das verletzte die anderen Jünger, und mißbilligend fragten sie: *»Warum liebst du sie mehr als uns?«*

Laut dem Evangelium Marias blieb Magdalena auch nach der Kreuzigung Christi und seinem scheinbaren Tod mit ihm in Verbindung. Ihre weitsichtigen Visionen und ihr »Wissen« sind weitaus umfassender als die der anderen Jünger. Petrus erzürnte vor allem die Tatsache, daß einer Frau diese Ehre zuteil wurde. Offenbar ging sein besonderer Groll gegen sie auf alle anderen »Patres« über, die den gleichen Haß und das gleiche Mißtrauen gegen diese Tochter der sündigen Eva hegten.

Die Polarität zwischen Maria Magdalena und Petrus innerhalb des Christentums läßt sich ab dem zweiten Jahrhundert erkennen. Die zahllosen Manuskripte und Hymnen, die ihre Rolle als Lieblingsjüngerin und Trägerin der inneren Lehren Christi beschreiben, wurden sorgfältig aus dem Kanon der offiziellen Schriften entfernt.

In *Pistis Sophia* erfahren wir die wahre Ursache dieses problematischen Umstands, denn hier erzählt Maria Jesus von ihrer Angst vor Petrus. *»Petrus macht mich zögern«*, gesteht sie. *»Ich fürchte mich vor ihm, weil er das weibliche Geschlecht haßt.«* Hier sehen wir die zwei gegensätzlichen Traditionen des Christentums. Auf der einen Seite steht die Kirche Petri, des Felsens – orthodox, männlich, dominant und aggressiv –, und auf deren anderen die Kirche Marias, der Liebe – gnostisch, häretisch, eine männlich/weibliche Gottheit verehrend.

Natürlich besiegte die aggressive Römische Kirche, die sich der Macht verschrieb, ihre sanftere Konkurrentin aber es stellte sich als Pyrrhussieg heraus. Indem die Kirche das weibliche Prinzip ausschloß, tötete sie das Herz des Christentums und trieb die Kirche Marias in den Untergrund. Dort blieb sie, um kurzzeitig auf der

Woge einer neu belebten, radikalen Spiritualität wiederaufzuerstehen. An vorderster Front dieser neuen, ausgewogenen Religiosität stand die alternative Katharer-Kirche der Liebe, insgeheim unterstützt von den Templern, den Kulten der Maria Magdalena, der Schwarzen Madonna und den Verfassern der Gralsdichtungen.

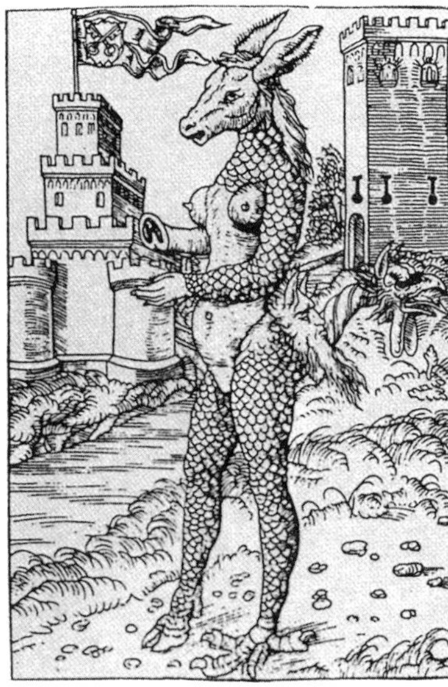

Im 13. Jahrhundert kam die »reuige Hure« auf, dieses seltsame und höchst unterwürfige Phantasiegeschöpf, erfunden und eifrig propagiert von einer Kirche, die angelegentlich versuchte, die Natur im allgemeinen und die Frau im besonderen zu unterdrücken. Dieses jämmerliche Wesen stand im krassen Gegensatz zu der heilenden schwarzen Madonna und der starken Magdalena, die alles andere als eine Büßerin war.

Zwischen dem fanatischen Eifer der Priester, die die Natur leugneten, unterwarfen oder zu transzendieren suchten, und den heilenden, nährenden Kräften der Schwarzen Madonnen stand eine unüberwindbare Kluft. Hinter dem dunklen weiblichen Gesicht verbarg sich ein katharischer Bewußtseinssprung, denn sie wußten um die Bedeutung einer ausgewogenen Beziehung zwischen den Geschlechtern. Das neue Bild der Liebe, das ihre Troubadoure besangen, hatte seinen Ursprung in der alternativen Kirche der Maria Magdalena und der Schwarzen Madonna.

633, während der Herrschaft des fränkischen Merowingerkönigs Dagobert I., landete ein unbemanntes Schiff im Hafen von Boulogne-sur-Mer, während der König an der Messe teilnahm. Das Schiff hatte weder Ruder noch Segel und enthielt nichts als eine Statue der Schwarzen Madonna und eine Kopie des gnostischen Evangeliums. Dieser wahre Bericht erinnert an die Episode in der *Queste del San Graal*, in dem der balsamierte Leichnam von Percevals Schwester in einem Boot nach Sarras gebracht wird. Er zeugt aber auch von der tiefen Verehrung, die dem Kult der Schwarzen Madonna zuteil wurde, und von ihrer rätselhaften Verbindung mit den Gnostikern.

Die vier »Häresien« des 13. Jahrhunderts – die Katharer, die Templer, die Schwarze Madonna und der Heilige Gral – entstanden alle etwa zum selben Zeitpunkt, ebenso wie sie gleichzeitig ihren Höhepunkt und ihren Abstieg erlebten, als wäre ihr Erscheinen von besonders günstigen Bedingungen in den oberen Sphären abhängig gewesen, die zwischen den Jahren 1000 und 1300 vorhanden waren. All diese Gedankengebäude schossen plötzlich aus dem Boden, aber innerhalb von zwei Jahrhunderten waren sie entweder zerstört oder in Vergessenheit geraten, bis unsere heutige Ära anbrach, mit ihrem Interesse für das Metaphysische, mit dem auch eine Neuentdeckung dieses jahrhundertelang vergessenen Gedankenguts einherging.

***Oben:* Der Esels-Papst**. *Dieser seltsame Holzschnitt aus dem 16. Jh. stellt ein monströses Wesen dar, das angeblich in Rom gesehen wurde. Es ist bezeichnend, daß die Gegner der Römischen Kirche noch dem alten Feindbild anhingen und dem Monster weibliche Züge verliehen. Luther glaubte an die Existenz dieses Wesens und schrieb ein Buch darüber.*
***Rechts:* Siegel** *von Peter und Paul, den beiden Frauenhassern.*
***Links:* Wundertätige Maria**, *Guadalupe, Mexiko.*

Die Kirche der Macht und die Kirche der Liebe

Es ist verlockend, die christlichen Kirchenväter als die einzigen Chauvinisten dieser Welt anzuschwärzen, aber leider hatten die Frauen in den letzten fünf Jahrtausenden weltweit einen schweren Stand, insbesondere im religiösen Bereich. Offenbar haben die Männer in allen Weltreligionen das Sagen und betrachten Frauen bestenfalls als unvollkommene Kopien ihrer rechtmäßigen Herren und Meister. Das steht im krassen Gegensatz zu den matriarchalischen Kulturen, die eine große Göttin verehrten.

Selbst der Erleuchtete Gautama Buddha mußte schließlich gezwungen werden, Nonnen zuzulassen, und erklärte, daß seine wahre, lebendige Botschaft, die ohne Frauen 2500 Jahre überdauert hätte, nun doch nur 500 Jahre währen sollte.

Einige islamische Theologen betonen, Frauen fänden niemals Eingang ins Paradies und sollten nicht in der Religion unterwiesen werden. An vielen orthodoxen Moscheen hängt nach wie vor das Hinweisschild: »Für Frauen, Hunde und andere unreine Lebewesen ist der Eintritt verboten.«

Bei den indischen Dschaina gibt es zwar viele weibliche Ordensschwestern, aber trotzdem glauben sie, daß keine Frau erleuchtet werden könne, es sei denn, sie käme in ihrer letzten Reinkarnation als Mann zur Welt. Orthodoxe Hindus verweigern immer noch Frauen den Zutritt zu einigen ihrer Tempel, und während der Menstruation ist Frauen das Betreten der heiligen Gebäude allgemein verwehrt.

Doch selbst heute werden Frauen in keiner Religion derart zurückgesetzt wie von der christlichen Kirche, gleichgültig, ob es sich um die Katholische oder die Reformierte handelt. In ihrer ganzen Geschichte findet sich kein einziges Beispiel, in dem Frauen gleichberechtigt neben Männern stehen. So sagte die amerikanische Suffragette Josephine Henry im 19. Jahrhundert über das Verhältnis der christlichen Kirche zur Frau: » Die Kirche verlangt alles von ihr und gibt nichts zurück.« Dies entspricht genau dem Verhalten König Amangons', als er der Quellenjungfrau seinen Willen aufzwang und ihr weder diente, noch sich für ihre Leistungen erkenntlich zeigte.

Die Reformierte Kirche verhielt sich dabei ebenso chauvinistisch wie ihre katholische Schwester. Selbst der Erzfeind Roms, Martin Luther, beschränkte Frauen auf die Rolle, nützliche, kindergebärende Maschinen für Knaben zu sein. »*Wenn Frauen des Kindergebärens müde werden und daran sterben*«, sagte er, »*so ist das nicht zu Schaden; sollen sie sterben, solange sie gebären; dafür wurden sie geschaffen.*« Angesichts solcher religiöser Führer verwundert es nicht, daß Frauen kaum für wert befunden wurden, eine Seele zu besitzen. Thomas von Aquin glaubte, die Ursünde Evas wiederhole sich jedesmal, wenn jemand den Geschlechtsverkehr vollziehe, ob verheiratet oder nicht.

Neue Vikarin. *Die männliche Hierarchie der Anglikanischen Kirche kämpfte erbittert, wenn auch letztlich erfolglos gegen die Beteiligung von Frauen an religiösen Zeremonien. Als Begründung für den Ausschluß der verhaßten Eva führten sie unter anderem die menstruelle Unreinheit sowie die angeborene Minderwertigkeit der Frau an.*

Kapitel drei

Das wüste Land

Ein Schwert im Paradies

Zu Anfang dieses Buches gingen wir kurz auf die friedliche Agrargesellschaft ein, die vor 6000 Jahren existierte und von einem aggressiven Nomadenvolk mit Krieg überzogen wurde, das durch das Schwert lebte. Archäologen stießen bei Ausgrabungen in verschiedenen Erdschichten unerwartet auf Waffen und Befestigungsanlagen, die scheinbar mit einem Schlag aufgekommen waren, und zwar an Orten, an denen es in den vorhergehenden sechs Jahrtausenden nichts Vergleichbares gegeben hatte. Im Mittelalter wurde wohl kaum eine kollektive Erinnerung an diese Ereignisse wachgerufen; dennoch stellte das Motiv des wüsten Landes in dieser Zeit ein immer wiederkehrendes, bedrohliches Thema dar und erhielt ständig neue Nahrung von den Mythen, die vom Nahen Osten und aus dem maurischen Spanien nach Europa eindrangen. Außerdem sollten wir nicht den keltischen Beitrag vergessen, wie er in den Erläuterungen dargelegt wird.

Trotzdem muß der Anblick der öden arabischen Wüsten und der nordafrikanischen Dünen den europäischen Pilgern und Kreuzfahrern einen immensen Schock versetzt haben. Jene Völker des Ostens, die sich noch nicht zum Islam bekehrt hatten und nach wie vor die Göttin verehrten, waren der Ansicht, die riesigen Wüsten seien auf die Abwendung von der Großen Mutter zurückzuführen, die dem Land seine Fruchtbarkeit entzogen habe. Es herrschte die weitverbreitete Angst, Europa könnte dasselbe Schicksal widerfahren.

Allerdings war das symbolische wüste Land weitaus gefährlicher. Es bedeutete nichts weniger als den spirituellen Tod, bei dem sich eine tiefe Kluft auftat zwischen religiösen Anschauungen einerseits und Gefühlen und Erfahrungen des realen Lebens andererseits. Die Ankunft des *Mahdi*, des ersehnten Ritters, wurde im 12. und 13. Jahrhundert je nach Tradition und Religion als das zweite Kommen Christi gedeutet oder als die langerwartete Wiederkehr König Artus', Merlins oder eines anderen mächtigen Helden, der sich den Unterdrückern widersetzen würde.

Das Wüste Land im Nordosten Englands, wo einerseits Autowraks die Stadtlandschaft verunzieren, anderseits für eben diese Autos geworben wird - alles im Namen des Fortschritts.

Herrscher

In praktisch jeder Version der Gralslegende besteht das Ziel der Suche letztlich darin, das Paradies entweder wiederherzustellen oder das wüste Land in dieses Paradies zu verwandeln. So weit ist dieses Thema ein durchaus gängiger Märchenstoff, dessen Zauber stets auf einer radikalen Verwandlung beruht. Doch im Gralsmythos haben sowohl das Land als auch das innere Leben der Gestalten ihren ursprünglichen paradiesischen Zustand verloren. In allen Versionen werden Gründe für diesen Verlust angeführt, und immer erfahren wir auch, was der Held zu tun hat, um das Paradies auf Erden wiederherzustellen. Wie wir gezeigt haben, entsprechen die jeweiligen Heilmittel in etwa den drei Zweigen des Grals. Für die Kelten bedeutete die Heilung eine Erneuerung der lebenspendenden Kraft des Landes und des Königs. Um den Anforderungen der christlichen Erlösung zu genügen, wurde dieser zyklische, in den Lauf der Jahreszeiten eingebettete Glaube abgewandelt. In dieser historischen Version kann die Ursünde des Ungehorsams, die zu Anfang aller Zeiten begangen wurde, nur durch einen neuen Christus gesühnt werden, der am Ende aller Zeiten in Gestalt eines reinen Ritters wie Galahad erscheint. Der letzte, eher »alchemistische« Zweig der Legende stellt eine Synthese seiner beiden Vorgänger dar; nun kann die Heilung der Wunde nur durch die radikale Verwandlung des Individuums zu einem vollkommenen Wesen bewirkt werden, das sowohl das Männliche als auch das Weibliche in sich trägt. All diese Lösungen sind in sich durchaus schlüssig und sinnvoll, aber sie wurden vor achthundert Jahren entworfen, und seitdem hat man viele Erkenntnisse über gesellschaftliche Verhaltensmuster gewonnen, die jemandem wie Wolfram nicht zur Verfügung standen. Um festzustellen, wie das ursprüngliche Paradies auf Erden ausgesehen haben mag und was historisch tatsächlich oder möglicherweise geschah, müssen wir zuerst die zwei Modelle der gesellschaftlichen Interaktion untersuchen – das Herrschaftssystem und das kooperative Modell.

Obdachlose in Moskau, *1990. Nicht nur im Kapitalismus bildet Armut die Basis der Pyramide. Dieses Bild zeigt das wüste Land, das den Herrschern ihre Stellung an der Spitze der Pyramide erst ermöglicht.*

Die Pyramide

Das hierarchische Herrschaftsmodell sozialer Interaktion stellt man sich vielleicht am besten als Pyramide oder Berg vor. Es enthält eine Reihe gleichermaßen bedeutsamer Aspekte oder Charakteristika. Zum Beispiel beinhaltet jede Herrschaftsform in sich eine Hierarchie, ebenso wie jedes in Rangstufen gegliederte System ein Herrschaftsmodell darstellt. Ebenso impliziert jedes hierarchische Modell die Manipulation, es stiftet Uneinigkeit und ist in Schichten und Klassen strukturiert. Dieses System bedingt stets, daß ein Teil der Gesellschaft sich von der Restbevölkerung absondert und die Anordnungen, Anforderungen oder Wünsche des Herrschers an der Spitze der Hierarchie durchsetzt und überwacht. Diese Elite, die die Gestalt einer Bürokratie, einer Armee, einer Priesterschaft oder einer Polizei annehmen kann, ist per Definition ebenfalls ein autoritäres hierarchisches Modell.

Ähnlich kommt es in jedem Herrschaftssystem zu einer verstärkten Spezialisierung der Rollen und Fähigkeiten innerhalb des beherrschten Gesellschaftsteils. Wenn es in einer Gesellschaft also spezialisierte Klassen oder Gruppen gibt, können wir davon ausgehen, daß diese Gesellschaft nach dem Herrschaftsmodell operiert.

Ein solches System kann nur funktionieren, wenn viel Wohlstand erzeugt wird. Dieser kann in Form von Produkten entstehen, die von der großen Masse an der Basis der Pyramide hergestellt werden, oder das System kann sich Wohlstand und neue Techniken aneignen, indem es sie anderen durch Eroberung und Plünderung entreißt. Tragischerweise ist dies das einzige Modell, das in den letzten fünftausend Jahren zum Zug gekommen ist.

Für die gesellschaftliche Interaktion ist es gleichgültig, welche Gruppen herrschen bzw. beherrscht werden. Die empfindlichsten und am ehesten betroffenen Strukturen sind diejenigen von Geschlecht, Rasse, Religionszugehörigkeit, Nation und Klasse oder sogar alle gleichzeitig. Für uns ist augenblicklich das Herrschaftssystem des Geschlechts von größtem Interesse. Doch was die Auswirkungen betrifft, macht es kaum einen Unterschied, ob die Herrschaftsform matriarchalisch oder patriarchalisch ist, ebenso wie es nichts verändern würde, wenn die Schwarzen die Weißen beherrschten. Es gäbe nach wie vor eine herrschende und eine beherrschte Gruppe.

Allegorie der Kirche, *Florenz, um 1365. Das von Andrea da Firenze gemalte Fresko verdeutlicht die strikte Hierarchie, die das Leben im Mittelalter bestimmte. Die Kirche bildet die Kulisse für alle Akteure. Der Papst steht an der*

Spitze der Pyramide, kurz unter ihm der Vertreter des Staates, der Kaiser des Heiligen Römischen Reiches. Das Volk ist dargestellt als Schafe, die von schwarz-weißen Hunden – den Dominikanern – bewacht werden.

Die in den letzten fünftausend Jahren unbarmherzig praktizierte Unterdrückung der Frauen und ihre Entfernung aus praktisch allen selbstbestimmten Machtpositionen ist ein erschütternder Anklagepunkt gegen die männliche Herrschaftsstruktur.

Andererseits ist das selbstregulative Element dieser Gesellschaftssysteme derart ausgeprägt, daß die beherrschte Gruppe – wenn sich die erwünschte Ordnung erst einmal etabliert hat (in diesem Fall die männliche Herrschaft) – so stark unterdrückt wird und so sehr darauf konditioniert ist, diesen Zustand zu akzeptieren, daß sie das System selten, wenn überhaupt, hinterfragt.

Ein weniger augenfälliges, wenngleich ebenso heimtückisches Anzeichen dieser Sozialform ist die unvermeidliche Kluft, die sich zwischen dem technischen Fortschritt eines Volks und seiner gesellschaftlichen und kulturellen Entwicklung auftut. Dies zeigte sich im Mittelalter in den Waffen, Burgen und Festungen, die zur Erhaltung des gesellschaftlichen Status quo notwendig waren. Was könnte trennender wirken als eine befestigte Bastion, was hält eine Person mehr von ihren Mitmenschen fern als eine Rüstung oder eine tödliche Waffe?

Diese schizophrenen Trennungen ziehen sich durch alle Aspekte des Herrschaftsmodells, und jede Trennung führt zu neuen Hierarchien der Abhängigkeit. Der Staat ist vielfach vom Spirituellen getrennt, das Heilige vom Weltlichen, das Männliche vom Weiblichen, Individuen voneinander, die linke Hemisphäre von der rechten, das Individuum von seiner eigenen Entscheidungsgewalt. Dieses System ist bereits dem Wesen nach geprägt von Zwang, Manipulation, Konkurrenz, Gewalt und Krieg.

Für den Mystiker bestehen die Schutzmauern dieses Systems in der Entwicklung eines falschen, abgetrennten Selbstgefühls, das Ego genannt wird. Meist führt dieser Zustand zur Entstehung von Mißtrauen, Angst und einer auf den Tod ausgerichteten Lebens- und Weltsicht. Zu der Zeit, als die Gralslegenden niedergeschrieben wurden, zogen zwar lediglich die ersten dunklen Wolken auf, doch schon wenig später senkte sich über Europa die Finsternis, die den ganzen Kontinent in den Abgrund der Inquisition, der Verfolgung von Häretikern und des schwarzen Todes stürzte.

Doch die Warnungen der Gralslegenden vor dem Kommen des wüsten Landes waren ungehört verhallt.

Partner im Paradies

Seit fünf Jahrtausenden kennen wir ausschließlich das Herrschaftssystem, doch über ein gleichberechtigtes Modell sozialer Interaktion schweigen sich die Lehrbücher aus. Das kann kaum überraschen, ist doch jedes Herrschaftssystem bestrebt, alle Hinweise auf ein alternatives Modell der Gleichberechtigung auszumerzen. Die wenigen uns verfügbaren Beweise für ein solches System bestehen vorwiegend aus widersprüchlichen Andeutungen von Archäologen und Anthropologen. In den letzten dreißig Jahren jedoch ist ein völlig neues Bild zum Vorschein gekommen, das eine sehr alte, sogenannte primitive Zivilisation beschreibt. Dort lebten die Menschen offenbar glücklich und in Übereinstimmung mit ihrer Umgebung, und so müssen wir uns fragen, ob nicht wir die unglückseligen, primitiven Barbaren sind.

Aus den archäologischen Funden, die in den letzten dreißig Jahren zutage traten, können wir Schlüsse darauf ziehen, wie die neolithischen Völker des alten Europas, Mesopotamiens und Kretas lebten. Daraus geht klar hervor, daß das vereinigende Band zwischen diesen Völkern nicht der Krieg war, sondern die Göttin. Natürlich gilt es im Augenblick als fortschrittlich, ein Loblied auf die Tugenden dieser vagen und doch kraftvollen Gestalt zu singen, was eine Überreaktion auf ihre jahrtausendelange Unterdrückung sein mag. Andererseits läßt sich nicht leugnen, daß es die große Göttin in jeder dieser frühen Gesellschaften gab und ihr Bild in allen Aspekten des täglichen Lebens auftauchte. So tritt sie nicht nur in der Form der gebärmutterförmigen Öfen zutage, in denen die Krüge gebrannt wurden, sondern auch in den Mustern, die diese Gefäße verzierten. Ihr nährendes, erneuerndes Wesen durchdrang und reflektierte die natürliche Welt. Die Welt wurde als das Weibliche gesehen, und das Weibliche als die Welt. Ihr lebenspendender und -bejahender Geist war dem Wesen nach ein ganzheitlicher. Natürlich muß diese schützende, gebärende und fürsorgliche Weltsicht auch beherrschend gewesen sein, doch deswegen galt das Männliche keineswegs als minderwertig, sondern wurde ohne Frage als lebensnotwendig für die Gesundheit des Ganzen betrachtet.

Dieses kooperative oder partnerschaftliche System hatte Gleichheit und gemeinsam getragene Verantwortung zur Folge. Da ein solches System notwendigerweise auf Vertrauen und gegenseitiger Fürsorge beruht, nimmt es verständlicherweise eher die weiblichen Aspekte der Mutter an – die nährende Qualität der Empfänglichkeit und eine konservierende, zyklische und regenerative Sicht der Existenz und weniger die innovativen, linearen Gedanken von Veränderung. Neue Techniken kamen nur langsam auf und wurden eher aus augenblicklicher Not geboren als aus einem langfristigen Planen für die Zukunft. Kontinuität gewährleisteten die Ältesten, das heißt die weisen Frauen und Männer. Im Herrschaftssystem des 13. Jahrhunderts allerdings erreichten nur wenige Menschen ein hohes Alter. Die Besiegten wurden als unnütze Esser getötet. Das Auf und Ab in den Geschicken von Königen und ihren Höfen, von Päpsten und Häuptlingen sowie die daraus resultierenden Fehden begünstigten kaum ein langes Leben, das mit einem natürlichen Tod endete.

Eine Gemeinschaft, die nach dem Prinzip der Kooperation funktioniert, verändert ihre Lebensweise nur langsam. Agrarisch ausgerichtete Kulturen sind meist ortstreu und dehnen sich nur innerhalb des ihnen bekannten Raums aus. Doch im Verlauf großer Zeitabschnitte, und wenn beide Geschlechter gleiche Möglichkeiten besaßen, konnten Neuerungen sehr plötzlich und gehäuft auftreten. Historiker mußten mit einiger Überraschung feststellen, daß die Phasen der größten Innovation und der höchsten kulturel-

len Energie gleichzeitig auch Epochen waren, in denen Frauen ein ungewöhnlich hohes Ansehen genossen. Die Höfe von Eleonore von Aquitanien und Marie de Champagne sind gute Beispiele dafür, und zwar zu jener Zeit, als die Gralslegenden geschrieben wurden; weitere Beweise sind das Elisabethanische Zeitalter in England und die italienische Renaissance.

***Links:* Göttin auf dem Leopardenthron**, *Catal Hüyük, Türkei, 5000 v.Chr.* ***Oben:* Tanzende**, *Tarquinia, 520 v.Chr. Wenn wir die düsteren und oft grausamen mittelalterlichen Bildnisse des gekreuzigten Christus und die unendlichen Leiden von Heiligen und Sündern mit diesem ausgelassenen Tanz eines etruskischen Paares vergleichen, wird uns unser schweres Vermächtnis deutlich.*

Kooperative

Ein modernes Beispiel, an dem man die Funktionsweise des kooperativen Systems gut beobachten kann, sind die Shaker, zweifellos die langlebigste und wichtigste der verschiedenen Religionsgemeinschaften, die im Amerika des 18. und 19. Jahrhunderts ein Paradies auf Erden schaffen wollten.

Gegründet wurde diese Sekte, die sich von den Quäkern abgespalten hatte, von einer Frau – was nicht überrascht. Für Ann Lee stellte jede ihrer dörflichen Gemeinschaften buchstäblich einen kleinen Teil des Gartens Eden dar. Mitte des 19. Jahrhunderts war die Mitgliederzahl der Gemeinden auf sechstausend angewachsen.

Die Sozialstruktur der Shaker beruhte auf dem klassischen System von Kooperation und Partnerschaft. Das gemeinsame Ideal war eine für damalige Zeiten höchst ungewöhnliche Theologie, die sowohl einen Gott Vater als auch eine Göttin Mutter umfaßte. Diese Gottheiten waren spirituell gleichwertig, und entsprechend herrschte zwischen den Geschlechtern in diesen Gemeinschaften absolute Gleichheit, obwohl im Ältestenrat meist Frauen die Führung übernahmen.

Mittelpunkt ihres Lebens bildeten die religiösen Zusammenkünfte, die mit den wirbelnden, schüttelnden Tänzen und den daraus resultierenden Tranccezuständen gefeiert wurden, in denen jeder Anwesende zum Medium für die Worte des Vaters oder der Mutter werden konnte. Zwar hatten die Mitglieder sehr bescheidene materielle Bedürfnisse und nur wenige Besitztümer, doch ihr Leben war offenbar überaus erfüllt und reich. Handwerkliches und kunsthandwerkliches Geschick genossen hohen Stellenwert, und die traditionellen Häuser der Shaker sowie ihre sehr elegant wirkenden Möbel sind ein Beweis für ihre oft ekstatische und lebensbejahende Einstellung. Die Dörfer waren schön angelegt, und die Mitglieder arbeiteten technisch sehr innovativ. Ein Beispiel für die kreative Energie in einer stark weiblich geprägten Gemeinschaft ist Schwester Tabitha Babbit, die 1810 die mechanisch betriebene Kreissäge erfand.

Oben: Fortschritt in Amerika *von J. Gast, 1872.* **Links: Die Gemeinschaft Oneida**, *Bundesstaat New York, eine der erfolgreichsten Kommunen in Amerika, deren Gott sowohl männliche als auch weibliche Gestalt annahm. Diese Gleichheit der Geschlechter war in der neuen, aggressiv männlichen Nation eine Seltenheit.*

Orchard
Wash House
Nurse House
34 by 46
Boys House
30 by 50
Dwelling House
Spin House
33 by 46
Shop
Meeting House
Garden
Carding House
34 by 46
Stable

DAS STREBEN NACH GLÜCK

Die Schilderungen vom Leben der Shaker könnten mit einigen Abwandlungen auch die Strukturen der Gemeinschaften im neolithischen Europa beschreiben; auch diese lebten vom Land und waren geschickte Handwerker und Handwerkerinnen. Zwar verehrten die neolithischen Gemeinschaften offenbar nur eine Göttin – allerdings in ihren vielfältigen Aspekten –, doch in den späteren Kulturen auf Kreta wurden anscheinend die beiden ineinandergreifenden Lebensprinzipien des Männlichen und des Weiblichen anerkannt. In diesem Inselparadies gesellte sich zur Schlangengöttin ein Stiergott; die Schwangere Göttin des Landes wurde mit ihrem Sohn oder dem Jährlichen Gott verbunden. Dies entspricht dem Doppelprinzip der Shaker von Gott Vater und Mutter Göttin.

Es ist wohl kaum ein Zufall, daß viele der Experimente gemeinschaftlichen Lebens, die im Amerika des 18. und 19. Jahrhunderts florierten, religiös geprägt waren und Gleichberechtigung praktizierten. Doch nur wenige von ihnen konnten sich dem aus den Städten kommenden Einfluß der industriellen Revolution entziehen. Doch soweit wir feststellen können, hätten vermutlich auch deren Vorgänger, jene friedfertigen Landbebauer vor über sechstausend Jahren, die mutigen Worte der Amerikanischen Unabhängigkeitserklärung unterschrieben, die betont, daß alle Menschen »gleich geschaffen sind, daß sie von ihrem Schöpfer mit bestimmten unveräußerlichen Rechten ausgestattet sind, zu denen das Leben, die Freiheit und das Streben nach Glück gehören«. Das erinnert an die geheimnisvolle Inschrift auf dem Gral, die lautet:

»*Wenn ein Templer dieser Gemeinschaft durch die Gnade Gottes die Herrschaft über ein fremdes Volk erringt, so soll er ihm zu seinen Rechten verhelfen.*« Soweit wir wissen, sind beide Aussagen ohne Beispiel in den Annalen der westlichen Welt.

Links: *Ausschnitt eines Ortsplans von Alfred, Maine, gezeichnet 1845. In diesem Jahr zählte die Gemeinschaft der Shaker über viertausend Mitglieder, die in mehr als zwei Dutzend Gemeinden zusammenlebten.*

In Memoriam

Den Mythos eines Goldenen Zeitalters, das in einem Paradies auf Erden bestand und in dem alle Lebewesen in Übereinstimmung mit ihren Mitlebewesen, der Natur und dem Kosmos in Glück und Zufriedenheit existierten, gibt es in praktisch allen Kulturen unserer Welt. Der Wunsch, zu diesem heiligen, paradiesischen Garten zurückzukehren, kann als eine der dringlichsten Sehnsüchte der Menschen bezeichnet werden, unabhängig von ihrer Kultur, ihrem Glauben und ihrer geographischen Heimat. Es ist, als erinnerten sich alle Völker vage, daß dieses Paradies tatsächlich irgendwann einmal existiert habe.

In einem Punkt sind die Paradiesmythen der Welt sich verblüffend ähnlich: Sie alle berichten von einer Zeit, in der die Menschen voll Freude über das Leben, das Land, das Lachen, die Liebe und das Licht des allumfassenden Geistes lebten.

Liegt einer der Gründe für die Unsterblichkeit des Gralsmythos möglicherweise darin, daß er eine kollektive, unbewußte Erinnerung an dieses Goldene Zeitalter anrührt, das tatsächlich einmal bestanden hat? Erinnert er uns vielleicht an all das Schreckliche, wodurch wir diese Glückseligkeit verloren haben?

Im Westen ist das höchste Paradies sicherlich das himmlische. Dies ist der Lohn, den die judaische, die christliche und die islamische Religion verheißen. Das Problem mit den himmlischen Reichen des absoluten Glücks und der Erfüllung besteht darin, daß man sie immer erst nach dem Tod betritt – im Jenseits, nicht im Diesseits. Damit gibt uns die Priesterkaste ein Versprechen, dessen Einlösung höchst ungewiß ist.

Doch auch hier auf Erden wurde immer wieder eine neue Welt des Friedens und des Wohlstands in Aussicht gestellt, angefangen von den Verheißungen des judaischen Gottes an sein auserwähltes Volk bis hin zu den Versprechungen, die Columbus dem König von Spanien machte. Sowohl Columbus als auch Amerigo Vespucci glaubten fest an ein jungfräuliches, aber irdisches Paradies, das irgendwo jenseits des westlichen Horizonts lag. Und

Columbus war fest davon überzeugt, daß er der göttliche Bote und Entdecker des Neuen Königreiches sei.

Alle Kolonialmächte, die Spanien auf dem Weg zum Paradies folgten, trugen in sich den Keim, der den irdischen Garten Eden zerstören sollte, sobald sie ihn betraten. Die Seuche der Alten Welt, die die Kolonialisten in die Neue Welt einschleppten, waren nicht die vielen Geschlechtskrankheiten, sondern das weitaus heimtückischere Übel einer Gesellschaft, die schon vor langem aus dem Gleichgewicht geraten war. Als die Europäer auf dem amerikanischen Kontinent vordrangen, zwangen sie ihm dasselbe beengende, manipulative, wettbewerbsorientierte, gewalttätige und kriegerische Herrschaftssystem auf, das den alten Kontinent an den Rand des Ruins getrieben hatte. Und dieses selbstregulative System war einfach nicht darauf programmiert, sich selbst zu hinterfragen. Der Apfel war durch und durch wurmstichig, und Eva mußte feststellen, daß Gott der gleiche mißtrauische, auf den Tod ausgerichtete patriarchalische Chauvinist war wie derjenige, den sie in der Alten Welt hinter sich gelassen hatte. Ganze zwei Jahrhunderte, nachdem die Gralslegenden die Möglichkeit einer Erneuerung und Wiederbelebung des wüsten Landes aufgezeigt hatten und das spirituelle Erwachen im Languedoc nahe davor stand, einen Quantensprung zu einer neuen Bewußtseinsebene zu machen, wurde wieder eine großartige Gelegenheit vertan, ein Paradies auf Erden zu schaffen. Es ist wohl überflüssig zu betonen, daß wir heute – kurz vor der Jahrtausendwende – vor einem fast identischen Wendepunkt stehen. Ob es auf unserem Planeten möglich ist, der geistigen Klarheit zum Durchbruch zu verhelfen, die notwendig ist, um diese Kluft zu überbrücken und den Zyklus des wüsten Landes doch noch zu einem Ende zu bringen, ist eine völlig andere Frage.

Das historische Monument der amerikanischen Republik *von Erasmus S. Field. So wunderschön die Gebäude auch sind, sie folgen doch der gleichen hierarchischen Struktur, die vor fünftausend Jahren eingeführt wurde.*

Kapitel vier
Der verwundete König

Ein existentieller Held

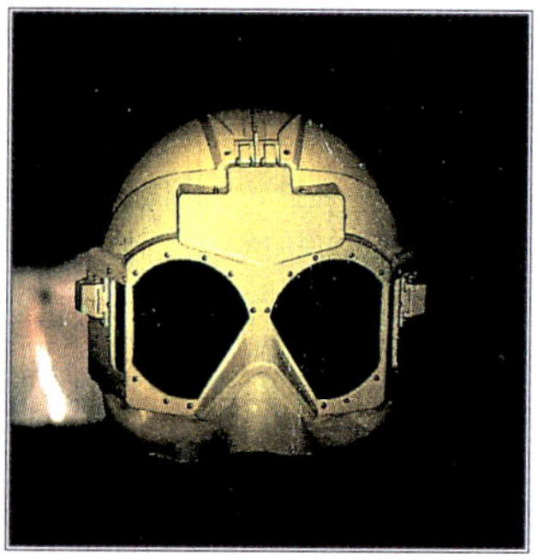

Bis jetzt hat die Notwendigkeit, auf den Verlust des weiblichen Prinzips aufmerksam zu machen, etwas von der ebenfalls dringlichen Wiedereinsetzung des Helden abgelenkt. Nun jedoch können wir die Rolle des Helden aus einer völlig anderen Perspektive untersuchen und herausfinden, mit welchen Mitteln der verwundete Monarch geheilt werden kann.

Das Wesen eines Helden und das häufigste Motiv bei seiner immerwährenden Suche bestehen darin, daß er zuerst seinen bisherigen Zustand aufgeben muß, um später zu einem reicheren, reiferen Zustand gelangen zu können. Letztlich bewegt sich die Reise eines Helden auf eine Transformation zu, und die Verwandlung, die am Ende des Weges liegt, ist meist eine radikale Bewußtseinsveränderung. Helden und Heldinnen sind Menschen, die ihr Leben einer Sache widmen, die über sie selbst hinausweist. Das setzt allerdings voraus, daß der Held und das Ego nicht mehr identisch sind, denn nur dann kann eine heldenhafte Verwandlung des Bewußtseins stattfinden.

Aber nicht nur der Held folgt diesem Weg, sondern auch der Mystiker. Sowohl der wahre Held als auch der Mystiker müssen ihrem Ego entsagen und die Vorstellung ihres eigenen Ichs aufgeben, um dann als etwas anderes, größeres, wiedergeboren zu werden. Nur wenn keine egozentrische Identifikation stattfindet, kann eine Verwandlung überhaupt eintreten. Das Schicksal von Helden besteht darin, auf ihr altes Leben zu verzichten, damit ein neues, höheres oder reiferes Leben an die Stelle der Leere treten kann, die der Verlust des früheren Selbst hinterläßt.

Dieses Heldenmuster zeigt sich auch in der Lebensgeschichte von göttlichen Erlösern wie Jesus Christus: Sie müssen symbolisch oder tatsächlich sterben, um wieder aufzuerstehen oder wiedergeboren zu werden. Die alten Götter des Nahen Ostens – Adonis, Osiris, Dionysos und Tammuz – folgten alle diesem grundlegenden Muster. Und wie Christus wurden auch sie in Form von Brot gegessen, damit ihre Anhänger an ihrer Wiederauferstehung teilhaben konnten.

Der große Narr Parzival muß sterben, damit der neue Parzival den Gral finden kann. Allein durch Leiden sowie die verwandten Erfahrungen von Zweifel und Liebe kann Mitgefühl entstehen. Wie Wolfram sagt, kann nur ein wahrhaft demütiger Mensch Mitgefühl empfinden, wobei der Dichter unter Demut keine äußerliche, fromme Fassade versteht. Wirklich demütig zu sein bedeutet, kein Ego zu haben, das eine Ablenkung oder ein Hindernis darstellt. Ein Held ist ein spirituelles Wesen, weil er einen größeren Teil des Ganzen an die Stelle seines individuellen Ego setzt – und das bedeutet nichts weniger als den Tod dessen, was man für sein Selbst hält. Dies kann ein freiwilliger Akt der Selbstaufopferung sein, wie bei einem Erlöserhelden wie Christus. Der Tod kann auch durch eine Initiationszeremonie ausgelöst werden oder ein spontaner Akt der Liebe oder des Mitgefühls sein, durch den der Goldbarren plötzlich von selbst in das Vakuum des egolosen Zustands fällt. Aber der Schlüssel zu jeder heldenhaften Tat besteht darin, das Selbst fahrenzulassen und damit eine Leere zu schaffen, an deren Stelle etwas Größeres treten kann.

Heute ist es allerdings schwierig, sich in Bezug auf Heldenhaftigkeit nicht völlig machtlos zu fühlen. Es hat den Anschein, als lebten wir in einer unerträglichen Welt, die von Kriegen, Gewalt und Katastrophen heimgesucht wird und in der wir keinerlei Sinngehalt erkennen. Alles besteht offenbar nur aus dem blinden Zusammenspiel von wirtschaftlichen, gesellschaftlichen und politischen Kräften, die meist von den Herrschern an der Spitze der Pyramide ausgelöst und auf das umweltverschmutzte, übervölkerte und möglicherweise gewalttätige Ungewisse losgelassen werden. Wir haben die Fähigkeit verloren, mit unserem inneren Schicksal in Kontakt zu treten, weil wir das Gefühl haben, es sei irgendwo jenseits des Horizonts verlorengegangen.

Der Mensch *von Matt Mahurin. Der Held unserer Zeit wird beherrscht von Zeit, Geld und Information.*

Monty Python und der Heilige Gral. *Diese englische Persiflage auf die Gralslegende beweist, welche Faszination das Thema auch heute noch ausübt. Zwei weitere höchst erfolgreiche und beliebte Filme* – Der Fischerkönig *und* Indiana Jones und der letzte Kreuzzug – *erhalten den Mythos am Leben.*

DER WEG DES HELDEN

Für die Menschen traditioneller Gesellschaften besaßen historische Ereignisse an sich keine Bedeutung. Archaische Konzepte der Realität waren ahistorisch, archetypisch und zyklisch. Die Menschen wehrten sich gegen das, was sie als sinnloses Leiden in einem bedeutungslosen Vergehen historischer Zeit ansahen. Sie wehrten sich, indem sie entweder diese Zeit in Ritualen periodisch aufhoben, oder indem sie ihre jeweiligen Kosmogonien wiederholten oder den Ereignissen archetypische Bedeutung beimaßen. Somit konnte der archaische Held glauben, er wiederhole die Taten von Helden der alten Sagen, wodurch er zu eben diesem archetypischen Helden wurde. Dem modernen Helden steht diese befreiende Möglichkeit nicht offen; er muß die Geschichte bewußt und freiwillig ständig neu für sich erschaffen. Gleichzeitig hat er jedoch immer weniger Gelegenheit dazu, denn die Geschichte wird von jenem gemacht, die an der Spitze der Pyramide stehen, nicht von denen an der Basis. Durch die selbstentfremdende gesellschaftliche Konditionierung, die nicht mehr hinterfragt wird, ist es dem potentiellen Helden unmöglich, spontan aus seinem authentischen Selbstgefühl heraus zu handeln.

Das vielleicht grausamste Vermächtnis der sicherlich grausamsten Religion, die Menschen je auferlegt wurde, ist die Behauptung, daß sie als Sünder auf die Welt kämen. Laut der christlichen Priesterschaft – und im völligen Gegensatz zu den ursprünglichen Lehren Christi – ist das Leben bereits dem Wesen nach böse, und zwar wegen der Erbsünde. In Europa tragen die Frauen seit fast zwei Jahrtausenden das Stigma der Sünderin. Unter der Herrschaft der Priester ist es offenbar unmöglich, unser von Grund auf sündiges Wesen zu verändern, ebensowenig wie wir etwas an der ewigen Strafe der christlichen Hölle ändern können. Somit wuchsen die Menschen Europas und die späteren Kolonisatoren der Neuen Welt in der Überzeugung heran, daß niemand in seinem Urzustand annehmbar sei. Aber nicht nur das menschliche Wesen mußte – notfalls durch Gewalt – verändert werden, sondern auch die Mutter Natur. Nun wird klar, was der verwundete König bedeutet: Indem die Menschen versuchten, zu etwas zu werden, das sie nicht waren, wurde ein ganzes Volk in einen Zustand der Schizophrenie und der Schuld getrieben. Auch heute noch tragen wir schwer an dieser Last.

Der heroische Akt unserer Zeit besteht – ebenso wie zur Zeit Parzivals – darin, seinem Inneren zu vertrauen und ihm gemäß zu handeln. Dem weitsichtigen Mythologen Joseph Campbell verdanken wir die Einsicht, daß einer der großen Helden der achtziger Jahre unseres Jahrhunderts Luke Skywalker aus den *Krieg-der Sterne*-Filmen war. Mitten in einer wilden Schlacht wird ihm befohlen, all seine komplizierten und roboterhaften Geräte abzuschalten und sich »der Macht« zu überlassen – seinem eigenen Inneren. Und diese Macht ist die Natur. Wie Skywalker mußte Parzival darauf vertrauen, daß sein Pferd – seine innere Intuition – ihn dorthin bringen würde, wohin er gehen sollte.

Mehr besagt die Gralsbotschaft nicht. Aber es ist eine überzeugende, ausschließlich westliche Botschaft von großer transformativer Kraft, und zudem die radikalste, die über die letzten achthundert Jahre hinweg vermittelt worden ist. Gerade jetzt sollte sie dringend wieder aufgegriffen werden. Wenn der heutige Held seinem inneren natürlichen Fluß vertraut, wird die Fülle der Natur plötzlich den Raum einnehmen, den das »falsche Selbst« belegte. Dabei dürfen wir nicht vergessen, daß Helden im eigentlichen Sinne jene sind, die ihr Leben einer Sache weihen, die größer ist als sie selbst.

Die Frage

In unserem Bemühen, die wahren Ziele der Gralssuche zu ermitteln, hat sich nun der Kreis geschlossen. Wie wir gesehen haben, besteht das grundlegende Thema des Grals, wie es in allen keltischen Berichten wiederholt wird, darin, daß sich die beiden Prinzipien der Göttin und des Heldenkönigs vereinen. Dies ist die Grundvoraussetzung für das Paradies. Es ist ein großer Traum der Menschheit, ein Paradies nach ihren eigenen Vorgaben zu schaffen, in dem es alles Wünschenswerte gibt, aber keine der unerwünschten Aspekte der sozialen, wirtschaftlichen und spirituellen Welten. Das Problem dabei ist allerdings, daß die hierarchische Struktur der letzten 5000 Jahre sich fest etabliert hat und unsere innere Konditionierung uns deshalb nicht gestattet, diesen Rahmen zu verlassen. Somit fallen selbst Menschen mit den besten Absichten dem Herrschaftssyndrom zum Opfer.

Von den Spartanern im Griechenland der Antike bis zu den Owenite-Gemeinschaften im Amerika des 19. Jahrhunderts haben nur wenige Versuche, ein Paradies auf Erden zu schaffen, länger überdauert. Es ist ein Beweis für die Kraft des weiblichen Prinzips, daß die amerikanischen Shaker-Gemeinschaften am längsten bestanden. Sie wurden von einer Frau gegründet und beruhten auf den Prinzipien von Kooperation, Gleichheit und gemeinschaftlichem Leben. Beinahe gelang es den Shakern, ihren Traum zu verwirklichen, doch leider wichen sie dem einen heiklen Thema aus, das alle Menschen auf der spirituellen Suche belastet – der Sexualität. Sie lösten das Problem, indem sie seine Existenz leugneten. Doch ein Leben im Zölibat ist nicht immer gleichbedeutend mit dem Paradies und führt auch nicht unbedingt zu dauerhaften Gemeinschaften.

Heute stehen wir vor eben der Frage, die der Held stellen mußte, als er den verwundeten König sah und die seltsame Zeremonie verfolgte, die das Leiden des Königs symbolisch darstellte. Der Held hätte nur »Was fehlt Euch, Oheim?« zu fragen brauchen, und der Bann, der auf dem Reich und dem König lag, wäre sofort gebrochen worden. Wenn ein realer, historischer Held gefragt hätte, was den Menschen Europas im 12. und 13. Jahrhundert wirklich fehlte, hätten die Grauen der Kreuzzüge gegen die Albigenser, die Inquisition und die Unterdrückung aller weiblichen Macht vielleicht verhindert werden können. Doch jeder, der Fragen stellte, wurde unbarmherzig verfolgt, und die männliche Herrschaft konnte den Siegeszug antreten, versinnbildlicht durch die Ritter des Nordens und der Kirche Petri und Pauls. Für die nächsten achthundert Jahre fiel Europa dem Alptraum des wüsten Landes anheim.

Und im Bann dieses Alptraums sind wir noch heute gefangen. Er zeigt sich in Gestalt von Kriegen, von fanatischen Fehden zwischen Religions- und Völkergemeinschaften, einem hohlen Materialismus, einer Technologie, die die Welt noch stärker aufteilt und

die außer Kontrolle geraten ist, und einer untergründigen Gewalttätigkeit, die jederzeit ausbrechen kann.

Angesichts einer Zukunft, die schon jetzt Übervölkerung, Umweltverschmutzung und -zerstörung verheißt, besteht ein Gefühl von Hoffnungslosigkeit. Wir empfinden den gleichen Verlust wie vor achthundert Jahren – den Verlust des weiblichen Gleichgewichts, der Empfänglichkeit für die zyklischen Rhythmen der Jahreszeiten, des inneren und äußeren Wachstums und der Fürsorge. Alle ökologischen Hilfsmaßnahmen werden unsere tief verwurzelte Überzeugung, die Natur beherrschen und kontrollieren zu müssen, nicht verändern. Die Stimmen der Brunnen sind nicht vernehmbar über dem Kreischen der Kreissägen, die die Lungen unseres Planeten vernichten, und über dem Rattern der Computer, die die Gewinne der multinationalen Konzerne in endlosen Statistiken ausdrucken. Die Stimmen, die für eine Kooperation mit der Natur sprechen, sind noch zu wenige.

Was können wir also tun? Enthalten die Legenden, die wir untersucht haben, eine Botschaft, die uns die Frage beantwortet, wie wir vorgehen sollten?

Links: Der Kelch. *Die Flagge der Christen im Schimabara-Aufstand, Japan, 17. Jh.* **Oben: Denkmal**. *USA, 1813. Dieses stilisierte Bild einer unbekannten Malerin bringt offenbar den Verlust der Stimmen der Brunnen zum Ausdruck.*

Das Reich des Handelns

Um herauszufinden, worin die Heilung der drei Wunden bestehen könnte, könnte uns möglicherweise ein unerwartetes Medium Hilfestellung leisten: Das Tarot, das bei näherer Betrachtung geheimnisvolle Verbindungen mit dem Gral aufweist.

Die meisten Menschen sind mit diesen 78 Karten zumindest vage vertraut. Der Ursprung dieses Decks ist zwar unbekannt, aber viele Theorien wurden dazu aufgestellt. Als am wahrscheinlichsten gilt, daß die Karten aus dem Orient stammen, doch als sie – vermutlich während des 13. Jahrhunderts – im Nahen Osten auftauchten, veränderten sie sich unter dem Einfluß der jüdischen Kabbala, der gnostischen Katharer, der Zigeuner und der hermetischen Magie.

Unsere heutigen Spielkarten entwickelten sich aus den Kleinen Arkana des Tarotspiels, denen allerdings vier Karten entnommen wurden. Ursprünglich gehörten zu den Hofkarten nämlich vier Ritter, und einige Forscher sind deshalb der Ansicht, daß das Tarot von den Rittern des Templerordens erfunden wurden. Als die Templer zu Häretikern erklärt wurden, verschwanden die Ritter aus den Karten. Von der Kirche wurde behauptet, daß die Katharer Karten verwendeten, um ihre gnostischen Lehren zu vermitteln, doch es ist möglich, daß die Templer dieses Spiel von ihren Feinden, den Sarazenen, erlernten.

Es ist ein weiterer erstaunlicher Zufall, daß das Tarot wenige Jahre nach den Gralslegenden aufkam, zu einer Zeit also, als sowohl die Katharer als auch die Templer unbarmherzig ausgerottet wurden. Das geheimnisvolle Verschwinden der 22 Trumpfkarten – der Großen Arkana – und der vier Ritter stand mit der zunehmenden Ablehnung der Kirche gegenüber allen Spielkarten in Zusammenhang.

Den Zorn der Priester erregten vor allem diese 22 Karten, die sie »die Trittleitern zur Hölle« oder »das Gebetsbuch des Teufels« nannten. Natürlich stellt sich die Frage, warum die Kirche diese scheinbar unschuldigen Karten verfemte. Der Grund liegt wohl darin, daß religiöse Einsichten leichter durch einen Code von Symbolen vermittelt werden können, der nur Eingeweihten bekannt ist. Auf diese Weise kann Wissen direkt unter den Augen der orthodoxen Priester gelehrt werden, ohne deren Mißtrauen zu erregen. Doch der Kirche war alles ein Dorn im Auge, das spielerisch oder vergnüglich sein könnte, und eben das trifft auf die Karten zu. Zum einen sind die Bilder des Tarot sehr weiblich ausgerichtet und legen zyklische Konzepte von Erneuerung und Wiedergeburt nahe – Ideen, wie die Gnostiker sie vertraten. Das Mischen der Karten symbolisiert den Vorgang, bei dem die großen Elemente über die Bühne des Lebens bewegt werden. Das Schicksal ließ den Deuter Karten herausgreifen, deren Kombination den Augenblick einfing, aber auch verwandte Ereignisse in der Vergangenheit und der Zukunft aufzeigte. Die Verbindung der Kleinen Arkana mit der Gralslegende und die Beziehung der Asse der vier Serien mit den vier heiligen Insignien des Grals sind im folgenden dargestellt:

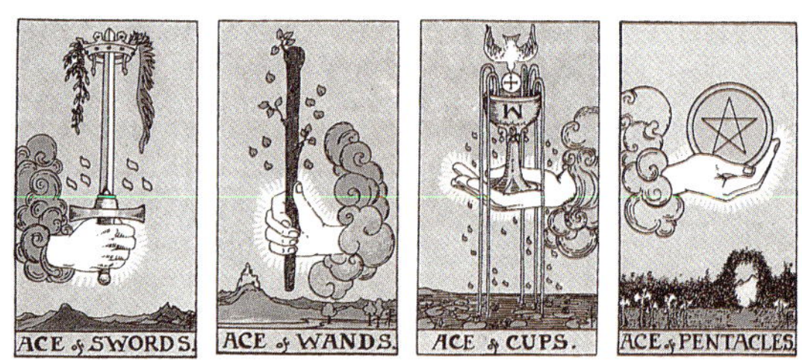

Schwerter **Stäbe** **Kelche** **Münzen**

Gral	Tarot	Spielkarten	Jahreszeit	Element
Schwert	Schwerter	Pik	Frühjahr	Luft
Lanze	Stäbe	Kreuz	Sommer	Feuer
Gral	Kelche	Herz	Herbst	Wasser
Schale	Münzen	Karo	Winter	Erde

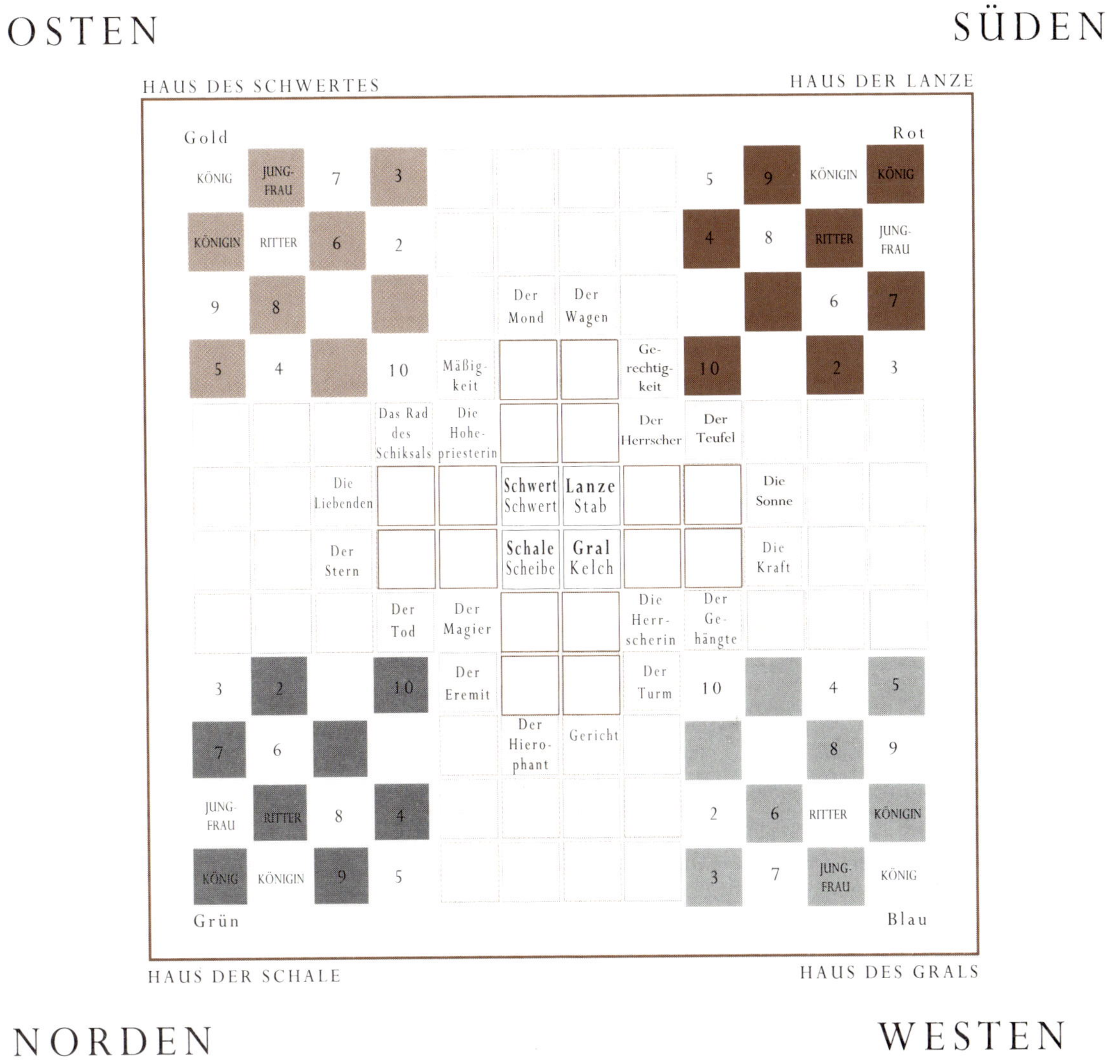

Das Spielbrett des Grals

ZYKLEN DER EWIGEN WIEDERKEHR

Das Wunderbare an den symbolischen Bildern jeder Karte ist, daß sie die Sprache des Verstandes umgehen und statt dessen das Unbewußte selbst ansprechen. Mystische Bilder können eine komplexe Vision vermitteln und die Tür zu unterirdischen Gängen unserer kollektiven Träume und unseres spirituellen Lebens aufstoßen, zu denen die Alltagssprache uns keinen Zugang gewährt.

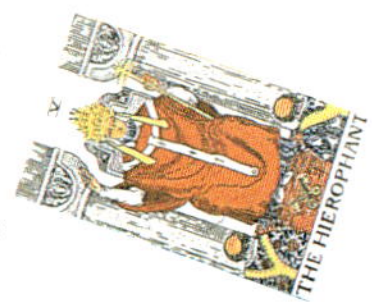

Wie die gegenüberliegende Darstellung zeigt, erzählen diese Karten eine Geschichte, die im starken Gegensatz zu den Lehren des orthodoxen Christentums steht. Als erstes fällt an der Möbius-artigen Doppelschleife der Wiederkehr auf, daß das Tarot – anders als die christliche Religion, die die Vorstellung der linear-historischen Zeit vertritt – auf eine zyklische Religion der Wiedergeburt, der Erneuerung und der Transformation verweist. Der Schlüssel zur Bedeutung des Unendlichkeitssymbols in der Zahl acht findet sich in der Karte des Magiers, der Karte der Kraft und der Zwei der Münzen.

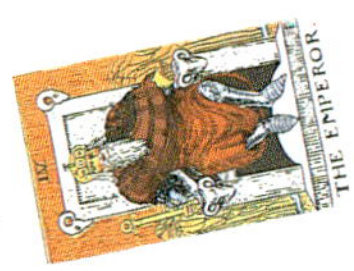

Der erste Kreis der Karten – die linke Schleife der liegenden Acht – folgt im Uhrzeigersinn dem äußeren Sonnenweg. Dies ist der männliche Weg der rechten Hand. Die Karten selbst liegen nach außen gewandt und versinnbildlichen die bewußte Welt der Tat. Die zweite Schleife folgt dem linkshändigen, weiblichen, inneren Mondpfad zu den Geheimnissen. Dort, wo sie aufeinandertreffen, liegen zwei Mandalakarten – das Rad des Schicksals und die Welt. In dieser Anordnung liegen die gnostischen Geheimnisse, die vor der Kirche verborgen wurden. Es erstaunt nicht, daß die kirchliche Macht diese Trumpfkarten verdammte und aus dem Spiel entfernte, sobald sie dieses Geheimnis entdeckte.

Das Geheimnis liegt darin, daß jede Karte des Sonnenkreises ihre Entsprechung in der gegenüberliegenden Zahl im Mondkreis findet. Die Summe dieser Zahlen ergibt jeweils 20 – eine heilige Zahl im Dezimalsystem des Ostens, woher das Spiel ursprünglich stammte. Oben, also gegenüber, stehen die jeweiligen Ent-

sprechungen. Daraus ersehen wir, daß der Magier einen Aspekt des Sonnenhelden darstellt und mit der männlichen Kraft der Sonne verbunden ist, während sein weibliches Gegenstück – die Hohepriesterin – die Personifizierung des Mondes darstellt. Die Herrscherin ist in Wahrheit die nackte Göttin der Herrschaft, die die Erde mit ihrem Wasser nährt, die alte Astarte oder Ischtar. Der Herrscher steht in gnostischer Sicht für das Heilige Römische Reich, das später durch den Blitz Luzifers zerstört wird, während die zwei Figuren, die von den Zinnen des Turms stürzen, den Kaiser und den Papst darstellen. Aber die wirkliche kodierte Botschaft liegt natürlich in der Karte, die mit dem Papst (Hierophant) selbst in Beziehung steht, nämlich dem Teufel.

Bei der Karte der Liebenden erschließt sich der Sinn der untergründigen Botschaft der Gnostiker, der Katharer und des Grals. Die Liebenden sind eine Karte des harmonischen Gleichgewichts und der Ganzheit, die eine Entsprechung in ihrem Gegenstück, der Mäßigkeit, hat. Hier sehen wir das Bild der Göttin Isis, die mit einem Fuß auf dem Boden und mit dem anderen im Wasser steht, was ihre Unabhängigkeit von beiden Elementen versinnbildlicht. Sie gießt Wasser zu Wasser von einem Krug in den anderen und vereint damit symbolisch Isis und Osiris. Dieses alte Bild ist auch im »Amulett der zwei Krüge« zu sehen, das den Katharern als Verbindung von Gott und Göttin galt. Sogar das kleine Dreieck auf der Brust der Mäßigkeit enthält eine geheime Lebensbotschaft – die Kraft der dreifachen Göttin, aus ihren Geschlechtsorganen Leben zu schaffen. Und der Weg zum Licht in der Landschaft unten links in der Karte führt zwischen zwei Gipfeln hindurch – *Perce à Val*, das ist der Name des Gralshelden.

Jetzt wird uns die Schönheit der Anordnung der Zahl acht wirklich bewußt; denn sie versinnbildlicht die Vereinigung und das Gleichgewicht der Geschlechter. Bei keltischen Hochzeitsritualen, die in Schottland noch heute eingehalten werden, fassen sich Braut und Bräutigam an ihrer jeweils rechten »männlichen« und ihrer linken »weiblichen« Hand und bilden damit das Unendlichkeitssymbol mit seiner zweifachen Botschaft, dem in diesen Karten so große Bedeutung zukommt.

ARKANA

NUN, DA WIR DAS WESEN DER KARTEN ergründet haben, überrascht es kaum, daß die patriarchalischen Christen das Tarot als Bibel der Häretiker bezeichneten. Ebenso verständlich ist, warum die Katharer und die Templer die Karten aus dem Osten als perfektes Medium für ihre Gedanken betrachteten. Denn das Tarot versinnbildlicht die Suche eines Individuums, das eine Reihe von Initiationsprüfungen durchlaufen muß und symbolisch den Tod erleidet, um einer Begegnung mit der Göttin würdig zu sein. Dies nimmt seinen tatsächlichen Tod und die Begegnung mit der gnostischen Großen Mutter vorweg, ebenso wie die sexuelle Begegnung mit seiner Geliebten das Auffinden seiner ihm innewohnenden Frau darstellt.

Inwieweit die Templer oder die Katharer daran beteiligt waren, den Karten ihre Bedeutung als geheime Suche nach dem Gral zu geben, bleibt dem Leser überlassen. Unten sind einige mögliche Verwandtschaften aufgeführt.

DIE GROSSEN ARKANA

Die Entsprechungen von Gralslegende und Tarotkarten:

0	Der Narr	Der Suchende/Parzival
1	Der Magier	Merlin
2	Die Hohepriesterin	Herrin vom See
3	Die Herrscherin	Ginevra
4	Der Herrscher	Artus
5	Der Hierophant	Die Kirche Petri
6	Die Liebenden	Parzival/Condwiramurs
7	Der Wagen	Das Gralspferd, Der natürliche Wille
8	Kraft	Gawain
9	Der Eremit	Der Einsiedler des Grals
10	Das Rad des Schicksals	Die Tafelrunde
11	Gerechtigkeit	Herrschaft/Herrin des Landes
12	Der Gehängte	Der Fischerkönig
13	Tod	Der Bann über dem Land
14	Mäßigkeit	Der Weg der Natur
15	Der Teufel	Der Grüne Mann/Die Neun Hexen
16	Der Turm	Das wüste Land
17	Der Stern	Göttin der Herrschaft
18	Der Mond	Die Gralsträgerin
19	Die Sonne	Der Weg der Sonne, Die männliche Kraft
20	Gericht	Erleuchtung
21	Die Welt	Wiedererblühen des Paradieses

DIE KLEINEN ARKANA

Die vier Asse	Die vier Heiligen Insignien Schwerter = Schwert; Kelch = Gral; Stäbe = Lanze; Münzen = Schale
2 bis 9	Die Landschaft der Gralssuche
Karte 10	Die vier Höfe der Heiligkeiten
Hofkarten	Der Bube (ursprünglich die Jungfrau), der Ritter, die Königin und der König der vier Burgen, die da sind: die Gralsburg, die Burg Mortal, die Burg Artus' und die Burg Belrepaire

Es gibt zahlreiche alternative Deutungsmöglichkeiten für die vier Höfe des Grals, und die auf der gegenüberliegenden Seite aufgeführten zeigen einige der komplexen Geschlechterverbindungen, sind aber dem Geist des Tarot verhaftet.

Norden

Hof der Schale und das Haus Benwick

Erde (zwischen Winter- und Frühjahrssonnenwende)

Westen

Hof des Grals und das Haus Pellinor

Wasser (zwischen Herbst- und Wintersonnenwende)

Osten

Hof des Schwerts und das Haus Pendragon

Luft (zwischen Frühjahrs- und Sommersonnenwende)

Süden

Hof der Lanze und das Haus Lothian and Orkney

Feuer (zwischen Sommer- und Herbstsonnenwende)

Die Vision des heiligen Eustachius. *Pisanello, Italien, 15. Jh. Der heidnische Ritter Eustachius traf auf einen Hirschen, der zwischen dem Geweih ein Kreuz trug. Dieses Bild entspricht der Begegnung der drei Ritter in der* Queste del San Graal*. Der Hirsch versinnbildlicht den wilden, natürlichen Zustand und sein Geweih die transformative Erneuerung. Das Vermächtnis, das das Mittelalter uns hinterließ, ist der scheinbare Verlust der Fähigkeit, auf die Wege der Natur einzugehen. Die Religion befaßte sich zu sehr mit himmlischen Dingen und hat dadurch ihre Verbindung mit dem irdischen Leben verloren. Dies zeigt sich in unseren zukunftsorientierten Religionen, die eine Verheißung für das Jenseits verkünden, das Diesseits im Hier und Jetzt jedoch völlig vernachlässigen.*

Kapitel Fünf
Die Heilung

Verwandlung

Wir haben gesehen, dass der Gral für jeden Menschen jede nur mögliche Bedeutung annehmen kann. Wenn wir dennoch versuchen, den wesentlichen Inhalt des Mythos zusammenzufassen, könnten wir ihn in etwa so beschreiben: Wir sind ständig in einem gewohnheitsmäßigen, sich laufend selbst reproduzierenden Muster gefangen, das uns daran hindert, die mißliche Lage zu erkennen, in der wir uns befinden; dies hindert uns auch daran, etwas dagegen zu unternehmen. In der Gralserzählung wird diese unauflösliche Verstrickung durch das unbesonnene, unreflektierte Verhalten des jungen Parzival dargestellt.

Der Gewöhnungsprozeß läßt sich vielleicht am besten beschreiben als eine Konditionierung auf das hierarische System der sozialen Interaktion. Im 13. Jahrhundert wie auch heute sind es die Männer, die an der Spitze der Pyramide stehen. Dies ist der Punkt, an dem Parzival sich den Rittern der Tafelrunde anschließen will.

Um dieses Muster aufrechtzuerhalten, mußte sich der Mensch von seiner Umwelt trennen, anstatt sich mit ihr zu verbinden. Diese Trennung macht sich in jedem Lebensbereich und bei jeder Handlung bemerkbar, sei es nun in der Spaltung des Atoms, der Trennung von Männlichem und Weiblichem oder der Teilung der linken Gehirnhälfte von der rechten. Parzival entscheidet sich für die zerschneidende Klinge des Rittertums und den aggressiven Kampf.

Doch die schlimmste Trennung fand im Menschen selbst statt, denn in seiner Begeisterung durchschnitt er auch seine Verbindung zur Natur, ohne zu erkennen, daß er nach wie vor ein Teil von ihr ist. Dadurch geriet er in einen Zustand der Schizophrenie. Außerdem identifizierte er sich nun nur noch mit dem kleineren Teil seines Selbst – der größere Teil ist verborgen, und dieser ist die Natur, die Ganzheit darstellt. Parzival folgt den Lehren Gurnemanz'; er ist dazu erzogen, also programmiert, keine Fragen zu stellen.

Unter diesem System haben die Frauen zwar grausam gelitten, doch gleichzeitig konnten sie den schlimmsten Exzessen dieser Trennung entgehen, und zwar einfach durch die Tatsache, daß sie durch ihren Körper und ihre Gebärmutter dem natürlichen Lebenszyklus enger verbunden sind als die Männer. Die Gralsjungfrauen haben dem Verwundeten König gedient und geduldig darauf gewartet, daß er von einer Wunde geheilt werde, die er sich selbst zugezogen hat. Diese Trennung von der Natur hat nicht nur die meisten Männer von dem weiblichen Prinzip abgespalten, das einen Teil von ihnen darstellt, sondern hat ihnen auch den Zugang zu ihrer inneren Empfänglichkeit und ihrem spirituellen Leben verwehrt. Parzival verleugnet einen Gott, der zu einem ihm aufgezwungenen Glaubenssystem gehört, doch indem er diesen Gott verneint, negiert er auch seine eigene Spiritualität.

Von allen Jahrhunderten, über die wir Aufzeichnungen besitzen, erlebt das 20. Jahrhundert die extremste Ausprägung des wüsten Landes. Und doch trägt jeder von uns in sich den tödlichen, sich selbst reproduzierenden Virus, der das wüste Land entstehen ließ. In uns allen liegt ein Mikrokosmos des wüsten Landes in Gestalt von Konditionierung und Programmierung. Die Gralslegenden zeigen eine Möglichkeit auf, dieses Muster zu durchbrechen. Heute stellt die heldenhafte Tat – der Entschluß, unser Leben einer Sache zu widmen, die größer ist als wir selbst – die einzige Möglichkeit dar, zum spirituellen Geist zurückzufinden. Diese heldenhafte Tat besteht nicht darin, sich für eine Nation, eine Religion oder für einen Mitmenschen einzusetzen. Vielmehr bedeutet sie zuzulassen, daß der größere Teil dessen, was von uns abgeschnitten wurde, das Vakuum füllt, das dann entsteht, wenn wir das falsche Selbst – das Ego – aufgeben. Parzival ist seiner Liebe treu geblieben, und ebenso seiner Suche nach etwas Größerem als er selbst, und dabei ist er demütig geworden und somit würdig, es zu empfangen. Er hat dem Natürlichen, dem Spontanen vertraut und die Vorstellungen anderer über das Übernatürliche vermieden. Es ist ihm gelungen, das Leben nicht mehr in Schwarz und Weiß zu unterteilen, sondern die Existenz als ein einheitliches Ganzes anzuerkennen, genauso, wie er und sein gescheckter Bruder Feirefiz eins werden. Parzival akzeptiert die Ganzheit der Natur, einschließlich seiner selbst, in seiner Eigenschaft als spiritueller Mensch und gleichzeitig als gewöhnlicher, glücklicher Ehemann und Vater. Sein Kampf mit seinem schwarzen Bruder ist der letzte, den er ausfechten muß, denn er findet sich schließlich im natürlichen Fluß der Natur und des Grals.

DER GEIST DES TALES

Der Geist des Tales ist unvergänglich.
Er heißt das mystisch Weibliche.

Das Tor zum mystischen Weiblichen
Ist die Wurzel von Himmel und Erde.

DIES SIND DIE WORTE DES CHINESISCHEN MYSTIKERS und Weisen Lao Tse. Der Legende nach ist er der Begründer des Taoismus, aber wie bei Christus gibt es keine historische Aufzeichnungen über diesen Mann – bis auf seine Lehren, die im *Tao te king*, im »Weg des Tao«, festgehalten sind, aufgeschrieben vor 2500 Jahren. Lao Tse sagt wiederholt, daß die Existenz ihrer Natur nach wie eine Frau ist. Damit meint er nicht, daß die Natur weiblich sei, sondern daß die Natur eine weibliche Empfänglichkeit besitze. Die Existenz ist ein Schoß, und der Mystiker nimmt einen Teil dieses empfangenden, gebenden und schützenden Wesens in sich auf. Die östlichen Religionen des Buddhismus, des Dschainismus und des Hinduismus sind mehr dem weiblichen Weg verbunden und deshalb wesentlich gewaltfreier als die westlichen, männlich ausgerichteten Religionen.

Der Geist des Tales ist der Geist der Leere. Lao Tse begreift ihn als eine Senke zwischen zwei Gipfeln, ebenso wie *Perce à Val* die die Durchquerung eines Tales bedeutet. Die Frau ist das Tal, während der Mann den Gipfel darstellt; eines ist empfangend, das andere handelnd. Offenbar besteht ein großes Ungleichgewicht im Bedürfnis des Mannes zu handeln und seinem Wunsch, sich seine Existenz zu beweisen. Die Frau hingegen ist ausgewogener und ruhiger. Ihr Schoß ist mit dem Lebenszyklus verbunden, der sie umgibt. Dieser Lebensfluß durchströmt sie auf eine Art, die Männern unbekannt ist und ihnen verwehrt bleibt. Der Mann ist ein Nomade, der ständig unterwegs sein muß und sich wie ein Vagabund auf ewiger Wanderschaft befindet. Die Frau kann – wie die Natur – eher zulassen, daß alles zu seiner Zeit geschieht, denn sie nimmt viel mehr am Lebensfluß teil als der Mann. Schon rein körperlich erlebt sie die Phasen des Mondes, den menstruellen Zyklus ihres Körpers und den Kreislauf, Leben auszutragen, zu gebären, zu ernähren und zu erneuern. Indem die Frau den inneren Fluß des Lebens akzeptiert, steht sie unter weitaus geringerer Spannung als der Mann. Auch von den beiden untersuchten Gesellschaftsmodellen kann man behaupten, daß sie nach diesem natürlichen System von männlich und weiblich funktionieren. Es ist kein Zufall, daß die ersten Gesellschaften, die seßhaft wurden, matriarchal und matrilokal waren. Und es überrascht auch nicht, daß die Gruppen, die diese Tal-Kulturen zerstörten, nomadische Männer waren, die sich beständig durch Gefahren und Tod beweisen mußten.

Das Tao ist ein leeres Gefäß.
Es ist unerschöpflich.
Unergründlich.

Die Analogie der Leere wird im *Tao te king* immer wieder angeführt. Für Lao Tse sind ein goldener und ein irdener Topf gleichwertig in bezug auf die Leere, die sie umschließen. Das gleiche gilt für einen Sünder oder einen Heiligen. Die sichtbaren Handlungen sind keine Entsprechungen der inneren Leere. Und für Lao Tse ist diese innere Leere in Wahrheit die Existenz selbst. Dasein ist kein Ding oder eine Reihe von Dingen, sondern ein Nicht-Ding, also nichts. Und die Natur erscheint aus diesem Nichts, ebenso wie nur ein leerer Raum mit Möbeln gefüllt werden kann. Auch der Gral ist ein leeres Gefäß. Er ist das Prinzip der Empfänglichkeit, und damit kann er – wie wir gesehen haben – für jeden Menschen jede mögliche Bedeutung annehmen. Darum sagte man auch von dem Gral, daß er jeden mit dem ernährte, »was er begehrte«.

Snowdonia, *Wales. Der legendäre Geburtsort des ursprünglichen Gralshelden Parzival.*

Der Suchende des 20. Jahrhunderts

Dieser Ort ist das Lotus-Paradies
Dieser Körper ist der Buddha

Weisheit der Zen-Buddhisten

Wolfram von Eschenbach war von der Richtigkeit eines spontanen, natürlichen Verhaltens überzeugt. In dieser Hinsicht war er der erste, wenn nicht der einzige westliche Taoist. Jedesmal, wenn Parzival die Zügel seines Pferdes schleifen läßt, entspannt im Sattel sitzt und mit jedem Ort zufrieden ist, an den ihn sein Pferd trägt, wendet sich alles zum Besten. Doch sobald er die Kontrolle übernimmt und der natürlichen Ordnung sein überlegenes Wissen aufzwingt, verliert er sich im wüsten Land.

Das kürzlich erwachte große Interesse und die Faszination an den Prinzipien des Tao gehen seltsamerweise auf wissenschaftliche Grundlagen zurück. Viele Physiker stellen fest, daß die Einsichten dieser uralten »Religion der Natur« mit ihren eigenen naturwissenschaftlichen Entdeckungen in Laboratorien und an mathematischen Modellen übereinstimmen. Nach Erkenntnissen der theoretischen Quantenphysik sieht die Materie zunehmend wie eine Leere aus, ein unendliches Gefäß, aus dem Formen – oder zumindest die Illusion von Formen – entstehen. Wolframs große kreative Einsicht bestand darin, daß er die Gralsjungfrau einen gestaltlosen Lapis exilis tragen ließ, in dem die Natur ihre Jahreszeiten und ihre einzigartige Gestalt entfalten konnte. Damit dieser Reichtum in ihn eingehen konnte, brauchte Parzival nur all seine Konditionierung und Programmierung aufzugeben.

Im Gegensatz dazu erfaßt sein heidnischer Bruder Feirefiz – der weniger christlich und ritterlich programmiert ist und damit der Natur näher steht – die Schönheit der Gralsträgerin und ihre Empfänglichkeit sofort. Im Grunde war die Taufe für ihn unnötig; was er wirklich brauchte, war das Wasser aus der unversiegbaren Quelle des Grals, das ihm die Augen für die tiefere Leere öffnete. Wolfram läßt in seiner Dichtung hieran keinen Zweifel.

Das neue metaphysische Zeitalter, das in der westlichen Welt angebrochen ist, hat sich zu einem Supermarkt für alles Spirituelle entwickelt. Alle Suchenden bemühen sich verzweifelt, sich zu verwandeln. Jeder Guru, jeder Therapeut und jeder Priester erklärt uns, daß wir mit nur ein wenig Bemühen jedes Ziel erreichen können, das wir erstreben, sei es Mokscha, Befreiung, ein höheres Bewußtsein, mediale Fähigkeiten oder Erleuchtung. Aber wie nicht anders zu erwarten, ist diese neue Priesterschaft ebenso in der altvertrauten Pyramidenhierarchie verhaftet wie die Päpste des 13. Jahrhunderts.

Die metaphysische Priesterschaft unseres Jahrhunderts behauptet, sie könne uns alle in etwas Außergewöhnliches und Besonderes verwandeln; Parzival hingegen wurde ständig zu Demut angehalten. Erst als er aufhörte, der größte Ritter zu sein, der sich auf der heiligsten Suche nach dem bedeutendsten Gegenstand der Welt befand und dabei den größten Gott verwarf ... siehe da! Plötzlich fand es ihn.

Dozmary Pool *in Bodmin Moor, Cornwall, England. Der Kreis, der mit dem Paradies begann und über das wüste Land zum Paradies zurückkehrte, schließt sich. Das wüste Land entstand als Folge des verlorenen Kontakts mit der Natur, der Gegenwelt und der Mutter Erde. Das Paradies ist die Wiederherstellung dieser lebensnotwendigen Kommunion. Der geheimnisvolle, legendäre Teich, oben, im einsamen Moor im Westen Englands, ist angeblich abgrundtief. Der Sage nach gab hier der sterbende König Artus das Schwert Excalibur an die Herrin vom See zurück, womit er sein Verwalteramt an die Königin der Herrschaft überreichte. Dieser Schoß der Natur erinnert uns daran, daß sie unsere untrennbar mit uns verbundene Mutter ist, aber auch an die buddhistische Weisheit, daß dies der Ort des wahren Lotus-Paradieses ist.*

Der Gral füllt sich

Wolfram beschrieb das Handeln des Ego und dessen verzweifeltes Bedürfnis, außergewöhnlich zu sein. Und das Ego ist der Stützpfeiler des Herrschaftsmodells. Dieses System ist dermaßen in uns verwurzelt, daß wir nicht erkennen können, wie sehr wir selbst uns in diesem wüsten Land spiegeln. Doch ebensowenig erkennen wir die Hauptursache für die Unfruchtbarkeit und den Mangel an Selbsterkenntnis. Doch beides hat den gleichen Ursprung – das Ego. Es gibt keine andere Möglichkeit, uns aus eigenem Antrieb von diesem falschen Selbst zu befreien, als uns dessen bewußt zu werden und uns mehr mit der Leere zu identifizieren als mit der sie umgebenden Form. Die letzten fünftausend Jahre hindurch haben wir uns offenbar dafür entschieden, mit dem üppigen goldenen Gefäß identifiziert zu werden, das über und über mit kostbaren Edelsteinen besetzt ist. Jetzt ist es an der Zeit, einen Blick in die darin enthaltene Leere zu werfen, denn das ist die Quelle der Heilung, die Quelle der Ganzheit, der Gral. Es hat den Anschein, als biete Lao Tse einen der wenigen vernünftigen Hinweise auf die entscheidende Frage »Was fehlt Euch, Oheim?«

Unsere Krankheit besteht in der Unmöglichkeit, uns so zu akzeptieren, wie wir sind. Offenbar können wir uns nicht einfach als natürlich und naturgegeben hinnehmen, so, wie die gesamte Existenz natürlich und naturgegeben ist. Wenn wir spontan handeln können, ohne das Glaubenssystem anderer Menschen zu übernehmen, dann können wir selbst die Frage stellen. Dann ist das Gefäß des Grals einen Augenblick lang leer – und im nächsten Moment mit der Pracht und der Herrlichkeit aller Dinge erfüllt.

Das Gute Regiment, *Ausschnitt eines Freskos von Ambrogio Lorenzetti, Siena, 14. Jh., ermöglicht in Analogie zur Gralslegende die Wiederherstellung des verlorenen Paradieses auf Erden. Es war nie wirklich verloren – sondern wurde nur vergessen.*

Das Ende

Galahad, Parzival und Bors verehren den Gral, *Illumination, 14. Jh.*

FOTONACHWEIS

Malcolm Godwin, *11, 15, 18, 19, 92, 94, 102, 103, 156/157, 235, 236/237, 239;* British Museum, *10, 12, 36, 38, 39, 66b, 67b, 69c, 86, 143a, 175, 177a;* J. Lathion, Nasjonalgalleriet, Oslo, *21;* Museum of Antiquities, Newcastle-upon Tyne, *23b;* Simon McBride, *25, 35, 43, 106/107, 245;* Trundholm, Denmark, *27;* British Library, *28, 140a, 152;* National Museum of Ireland, Dublin, *29a, 48, 52/53, 67a;* Metropolitan Museum of Art, New York, *30;* Nationalmuseet, Kopenhagen, *31, 55b;* Österreichische Nationalbibliothek, Wien, *32;* Musée des Antiquités Nationales, Saint Germain-en-Laye, *33;* Dean & Chapter of Gloucester, *4;* Church of St James the Great, Paulerspury, *5;* Victoria & Albert Museum, London, *51b, 117, 196;* Bibliothèque Nationale, Paris, *16, 17, 23a, 44, 49, 51c, 64, 68, 80, 116, 118, 120, 121, 125, 127, 133, 151, 172;* Guildhall, Carlisle Museum, *54a;* Rijksmuseum Kröller-Müller, Otterlo, *54b;* John Rylands University Library, Manchester *7;* Schloßmuseum, Weimar, *26;* Private Collection, *45;* Hessisches Landesmuseum, Darmstadt, *56;* Birmingham City Museum & Art Gallery, *134/135;* Walker Art Gallery, Liverpool, *149;* Christie's, London, *166;* York City Art Gallery, *185;* Private Collection, *199;* Palazzo Pubblico, Siena, *246;* Roland Pargeter, *61, 96, 98;* Musée de Cluny, Paris, *63;* Alan Lee, *65, 178;* Bodleian Library, Oxford, *13, 66a, 169a;* Society of Antiquaries of London, *70;* Leiden Universiteits Bibliotheek, *72;* Kevin Redpath, *73;* Universität Heidelberg, *75;* Trinity College, Dublin, *76;* Ashmolean Museum, Oxford, *77;* Clonfert Cathedral, Galway, *79;* Scala, *41, 85, 155, 218;* Pinacoteca Nazionale, Ferrara, *87;* Musée Royaux des Beaux-Arts, Brüssel, *90;* San Marco, Venedig, *93;* S. Apollinare in Classe, Ravenna, *95;* Taunton Museum, *97;* Langport Church, Glastonbury, *99;* Museo Nazionale, Florenz, *100;* Courtesy the Trustees of The National Gallery, London, *59, 104, 240;* Tower of London, *101, 108;* St Mary, Chartham, Kent, *109a;* All Saints, Acton, Suffolk, *109b;* Private Collection, *110;* Universitätsbibliothek, Heidelberg, *111;* Chicago Art Institute, *113;* San Giovanni, Rom, *114;* Biblioteca Nazionale, Florenz, *119a, 130, 132;* Courtesy of Wincester Castle, Hampshire County Council, *122, 123;* San Zeno Basilica, Verona, *129b;* Sta. Anastasia, Verona, *131a;* Tate Gallery, London, *138, 163;* Fersfield, Norfolk, *142;* Dorchester Abbey, England, *143b;* Evora Cathedral, Portugal, *145a;* U.S. Games, *144, 177b, 234;* Bayerische Staatsbibliothek, München, *148;* Comstock, *159, 161, 207;* Simant Bostock, *182/183;* Galleria dell' Academia, Florenz, *187;* Schweizerisches Landesmuseum, Zürich, *189;* Salisbury Cathedral, England, *193;* Universitets Olsaksamlingen, Oslo, *197;* Public Record Office, London, *190a;* Canterbury Cathedral, England, *204;* Einsiedeln, Schweiz, *209;* Church of The Virgin of Guadalupe, Mexico, *210;* Lutherhalle, Wittenberg, *211a;* I Berry/Magnum, *213;* Oneida Community, *222;* Gast, Whitney Museum, *223;* Format Partners /Ulrike Preuss, *215;* P. Le Segretin/Sygma, *217;* Library of Congress, Washington, *224;* Sandak Inc, New York, *226;* Matt Mahurin, *229;* British Film Institute, *230, 231;* Jean Williamson/Mick Sharp *71, 243;* Kunsthistorisches Museum, Wien, *255.*

Wir haben jede erdenkliche Mühe unternommen, die augenblicklichen Copyright-Inhaber des in diesem Buch verwendeten Materials ausfindig zu machen, ob nun Institutionen oder Privatpersonen. Fehlende oder unkorrekte Angaben sind unbeabsichtigt und werden in späteren Auflagen gerne berichtigt.

Bibliographie

Dieses Buch ist kein akademisches oder wissenschaftliches Werk, und somit erhebt die folgende Auflistung keinen Anspruch auf Vollständigkeit. Wir haben uns dabei mit wenigen Ausnahmen auf Bücher beschränkt, die noch im Handel erhältlich sind oder leicht in Bibliotheken eingesehen werden können und deren Lektüre keine allzu großen Schwierigkeiten bereitet.

Quellentexte

Nachfolgend sind die wichtigsten Quellen aller im Text erwähnten Gralslegenden aufgeführt. Einige davon liegen leicht erreichbar in Taschenbuchausgaben vor, andere dagegen sind nur in Bibliotheken einsehbar. Wo keine deutschen Übersetzungen vorhanden sind, wurden ersatzweise Ausgaben in anderen modernen Fremdsprachen aufgenommen.

Chrétien de Troyes, **Der Karrenritter [Lanzelot] und das Wilhelmsleben,** hrsg. von W. Foerster, Nachdruck Amsterdam 1965

Chrétien de Troyes, **Lancelot und Ginevra,** Übersetzung von R. Schirmer, Zürich 1961

Chrétien de Troyes, **Le Conte del Graal** or **Perceval,** Übersetzung ins Englische von N. Bryant, Cambridge, N.J., 1982

Chrétien de Troyes, **Perceval oder Die Geschichte vom Gral,** Übersetzung von K. Sandkühler, Stuttgart, mehrere Aufl. ab 1927

The Mabinogion, hrsg. und ins Englische übers. von J. Gantz, London 1988

Die vier Zweige des Mabinogion, Übersetzung von L. Mühlhausen, Halle 1925

Die vier Zweige des Mabinogion. Ein keltisches Sagenbuch, Übersetzung von Martin Buber, Frankfurt/Main 1966

Malory, Sir Thomas, **Le Mort d'Arthur,** hrsg. und ins Englische übers. von Caxton, Harmondsworth 1969, New York 1970

Malory, Sir Thomas, **Die Geschichte von König Artus und den Rittern seiner Tafelrunde,** Übersetzung von H. Findeisen nach K. Lachmann, Frankfurt/Main 1977

Romance of Perceval in Prose (Didot-Perceval), Übersetzung ins Englische von D. Skeeles, Seattle 1966

Perlesvaus. The High Book of the Holy Grail, Übersetzung ins Englische von N. Bryant, New York 1978

Prester John. The Letter, Übersetzung ins Englische von V. Slessarev, University of Minnesota Press 1989

Robert de Boron, ***Joseph d'Arimathie. Le Roman de l'Estoire del Graal,*** hrsg. von F. Michel, Bordeaux 1841

Robert de Boron, ***Die Geschichte des heiligen Gral,*** Übersetzung von K. Sandkühler, Stuttgart 1958

Sir Gawain und der grüne Ritter, hrsg. von Manfred Markus, Stuttgart 1974

Sir Gawain and the Grail Castle, Übersetzung ins Englische von J. Weston, London 1903

The Vulgate Version of the Arthurian Romances, hrsg. vom Carnegie Institute, Washington, D.C., 1909

Wolfram von Eschenbach, ***Parzival,*** Text nach K. Lachmann, Übersetzung von Wolfgang Spiewok, Stuttgart 1981

Wolfram von Eschenbach, ***Parzival*** und ***Titurel,*** Übersetzung von K. Simrock, Stuttgart 1842, 1857

Der Parzival des Wolfram von Eschenbach, siehe Allgemeine Literatur: Kühn, Dieter

Allgemeine Literatur

Vielen Autoren der unten genannten Bücher bin ich zu Dank verpflichtet. Ein Großteil des Materials, das in diesem Buch erscheint, geht auf diese Werke zurück; sie bereicherten den Inhalt und gaben wertvolle Anregungen. Es gibt nur ein Problem, wenn man sich auf ein umfassendes Studium der Gralslegende einläßt – es ist ein allzu weites Feld. Je tiefer man in die mystische Jenseitswelt vordringt, desto größer ist die Gefahr, faszinierende, unendliche Pfade und Umwege zu beschreiten. Im folgenden werden einige hervorragende Wegweiser in die wichtigsten Richtungen genannt.

Anmerkung des Verlages: Für die deutsche Ausgabe wurde diese Liste umgearbeitet. Sie kann daher nicht in erster Linie als Quellennachweis im streng wissenschaftlichen Sinne verstanden werden, sie beschränkt sich vielmehr bewußt auf Publikationen des deutschsprachigen Buchmarktes, die einem interessierten Leser ohne größere Schwierigkeiten zugänglich sind.

Achterberg, Jeanne, ***Die Frau als Heilerin,*** Die schöpferische Rolle der heilkundigen Frau in Geschichte und Gegenwart, Bern, München 1991

Bahrs, Ulrich, ***Gral-Wanderer,*** 1928

Bayer, Hans, **Gralsburg und Minnegrotte,** Berlin 1978

Bayer, Hans, **Gral,** Die hochmittelalterliche Glaubenskrise im Spiegel der Literatur, Stuttgart 1983

Berling, Peter, **Die Kinder des Gral,** Bergisch Gladbach 1991

Birch-Hirschfeld, Adolf, **Die Sage vom Gral,** Ihre Entwicklung und dichterische Ausbildung in Frankreich und Deutschland im 12. und 13. Jahrhundert, Eine literarhistorische Untersuchung. Wiesbaden 1969

Borne, Gerhard von dem, **Der Gral in Europa,** Wurzeln und Wirkungen, Stuttgart 1976

Brall, Helmut, **Gralssuche und Adelsheil,** Heidelberg 1983

Bumke, Joachim, **Höfische Kultur,** Literatur und Gesellschaft im hohen Mittelalter, München 4. Auflage 1987

Burdach, Konrad, **Gral,** Darmstadt 1974

Burdach, Konrad, **Der Gral,** Forschungen über seinen Ursprung und seinen Zusammenhang mit der Longinuslegende, Stuttgart 1938

Emmel, Hildegard, **Formprobleme des Artusromans und der Graldichtung,** Die Bedeutung des Artuskreises für das Gefüge des Romans im 12. u. 13. Jahrhundert in Frankreich, Deutschland und den Niederlanden, Bern 1951

Evola, Julius, **Das Mysterium des Grals,** München-Planegg 1955

Fiebag, Johannes und Peter, **Die Entdeckung des Grals,** Auf den Spuren der Manna-Maschine, der Bundeslade und des Templerordens, München 1990

French-Wieser, Claire, **Der Prinz von Annun,** Aus der geheimnisvollen Welt der Kelten, Innsbruck, München u. a. 1974

Goelzer, Georg, **Palladion, Gral und Grundstein,** Der Kampf um das kosmische Menschentum, Dornach 1989

Goetz, Wolfgang, **Gralswunder,** Berlin 1926

Golther, Wolfgang, **Parsifal und der Gral in der deutschen Sage des Mittelalters und der Neuzeit,** Leipzig 1913

Greiner, Wolfgang, **Grals-Geheimnisse,** Dornach 1983

Greub, Werner, **Wolfram von Eschenbach und die Wirklichkeit des Grals,** Dornach 1974

Jung, Emma und Franz, Marie-Louise von, **Die Graalslegende in psychologischer Sicht,** Zürich 1960

Kircher, Bertram (Hrsg.), **Das Buch vom Gral,** Mythen, Legenden und Dichtungen um das größte Geheimnis des mittelalterlichen Abendlandes, München 1989

Krämer, Gabriele, **Artusstoff und Gralsthematik im modernen amerikanischen Roman,** Giessen 1985

Kühn, Dieter, **Der Parzival des Wolfram von Eschenbach,** Frankfurt/Main 1986

Lampe, Bernd, **Gralssuche und Schicksalserkenntnis,** Die Wirklichkeit des Gral im Werk Wolframs von Eschenbach und in der geistesgeschichtlichen Situation des Menschen im 20. Jahrhundert, Dürnau

Lampo, Hubert, **Artus und der Gral,** München 1985

Leu-Schmidt, Elisabeth, **Gralsimpuls im Osten,** Dornach 1980

Lincoln, Henry, **Das Vermächtnis des Messias,** Auftrag und geheimes Wirken der Bruderschaft vom Heiligen Gral, Bergisch Gladbach 1987

Lincoln, Henry, **Der heilige Gral und seine Erben,** Ursprung und Gegenwart eines geheimen Ordens, Sein Wissen und seine Macht, Bergisch Gladbach 1992

Matthews, John (Hrsg.), **Der Gralsweg,** München 1989

Matthews, John, **Der Gral,** Die Suche nach dem Ewigen, Braunschweig 1992

Mergell, Bodo, **Der Gral in Wolframs Parzifal,** Entstehung und Ausbildung der Gralssage im Hochmittelalter, Halle 1952

Meyer, Rudolf, **Der Gral und seine Hüter,** Stuttgart 1956

Miller, Arthur M., **Der Gral,** Kempten 1982

Prutz, Hans, **Die geistlichen Ritterorden,** Ihre Stellung zur kirchlichen, politischen, gesellschaftlichen und wirtschaftlichen Entwicklung des Mittelalters, Nachdruck Berlin 1968

Rahn, Otto, **Kreuzzug gegen den Gral,** Die Tragödie des Katharismus, Stuttgart 1964

Ravenscroft, Trevor, **Der Kelch des Schicksals,** Die Suche nach dem Gral, Basel 1982

Regber, Dorothea, **Der Gral und der Ur-Europäer,** Essen 1987

Riley-Smith, Jonathan, **Großer Bildatlas der Kreuzzüge,** Freiburg 1992

Ringbom, Lars-Ivar, **Graltempel und Paradies,** Stockholm 1951

Rohr, Wulfing von (Hrsg.), **Glastonbury,** Das englische Jerusalem – Avalon und der heilige Gral, München 1991

Schmidt, Karl Otto, **Die Grals-Botschaft,** München/Ergolding 1971

Schmidt, Karl Otto, **Dreistufenweg zum Gral,** München/Ergolding 1990

Sommer, Oskar (Hrsg.), **Die Abenteuer Gawains, Ywains und Le Morholts mit den drei Jungfrauen aus der Trilogie des Pseudo-Robert de Boron,** Die Fortsetzung des Huth-Merlin, Halle 1913

Stadicz, Georg M. de, **Ritter des heiligen Gral,** Wien 1992

Stein, Walter Johannes, **Weltgeschichte im Lichte des heiligen Gral,** Das 9. Jahrhundert, Stuttgart 1977

Storch, Wolfgang (Hrsg.), **Auf der Suche nach dem Gral,** Berlin 1991

Strauß, Margarethe, **Der Gral,** Eine Zusammenstellung, Magdeburg 1934

Szabó, Zoltán, **Astrologie der Wandlung,** Der Weg zur Gralsburg im Horoskop, München 1985

Teichmann, Frank, **Der Gral im Osten,** Motive aus der Geistesgeschichte Armeniens und Georgiens, Stuttgart 1986

Teutschmann, Heinrich, **Der Gral,** Weisheit und Liebe, Dornach 1984

Ungern-Sternberg, Olga von, **Die Sternenschrift im Gralsgeschehen,** Vorträge zur Gralsgeschichte, Krinsau 1984

Vaillant, Bernard, **Westliche Einweihungslehren,** Druidentum, Gral, Templer, Katharer, Gesellenbruderschaften, Rosenkreuzer, Alchemie, Freimaurer, Martinismus, München 1986

Veltman, Willem F., **Tempel und Gral,** Die Mysterien des Templerordens und des heiligen Gral, Die Bedeutung dieser Impulse für die Gegenwart, Frankfurt/Main 1993

Walton, Evangeline, **Die vier Zweige des Mabinogi,** Stuttgart 1979

Wehrli, Max, **Die Suche nach dem Gral,** Zürich 1971

White, Terrence H., **Der König auf Camelot,** Stuttgart 1978

Wieland, Friedmann, **Die ungeladenen Götter,** Selbsterfahrung mit Mythen und Märchen, München 1986

Wyatt, Isabel, **Von der Artusrunde zum Gralsschloß,** Studien zum Artusweg und zum Gralsweg im Lichte der Anthroposophie, Stuttgart 1987

Belletristik

Hier folgen einige Romane, die sich mit dem Sagenkreis um König Artus befassen.

Bradley, Marion Zimmer, **Die Nebel von Avalon,** Frankfurt/Main 1984

Chapman, Vera, **Die drei Demoiselles,** München 1984

MacGregor, Rob, **Indiana Jones und der letzte Kreuzzug,** München 1989

Stewart, Mary, **Merlins Abschied,** München 1989

Stewart, Mary, **Flammender Kristall,** München 1989

White, Terrence H., **Das Buch Merlin,** München 1983